VOYAGE AU CŒUR D'UNE FRANCE FASCISTE ET CATHOLIQUE INTÉGRISTE

Rémy Langeux
Matthieu Maye

VOYAGE AU CŒUR D'UNE FRANCE FASCISTE ET CATHOLIQUE INTÉGRISTE

Préface de l'abbé de La Morandais

COLLECTION **DOCUMENTS**

cherche midi

Vous aimez les documents ? Inscrivez-vous à notre newsletter pour suivre en avant-première toutes nos actualités :
www.cherche-midi.com

Direction éditoriale : Pierre Drachline

23, rue du Cherche-Midi
75006 Paris

Préface

Fascistes ou contre-révolutionnaires ?

Les catholiques intégristes ne sont pas des idéologues de salon, loin des tentations de la violence physique ou verbale. Par trois fois, dans ma vie, j'ai eu à subir leurs agressions, depuis les années 1970 où un commando est venu casser un gospel à Saint-Éloi (Paris 12e) jusqu'aux attaques brutales lors d'un meeting de protestation contre l'occupation de Saint-Nicolas-du-Chardonnet et aux joutes médiatiques rugueuses avec l'abbé Laguérie. Ce n'est donc pas en historien ou en théologien que je vous invite à la lecture de cet ouvrage mais au titre de la résistance contre cette liberté évangélique qui refuse la loi de « la fin justifie les moyens ».

Les catholiques d'extrême droite qui infiltraient les centaines de milliers de manifestants contre le « mariage pour tous » n'étaient pas le moteur de ce mouvement de masse mais profitaient de l'aubaine pour tenter de développer leur propagande : ils ne sont pas nouveaux dans le paysage idéologique et politique de la France. Depuis la Restauration, la grande interrogation des esprits, dans le monde catholique, portait d'abord et avant tout sur la Révolution : est-ce qu'elle était un mouvement intrinsèquement pervers qui portait atteinte à l'ordre légitime du monde, une rébellion sacrilège de l'homme contre tout ce que pouvait avoir de providentiel une tradition maintes fois séculaire ? Depuis Napoléon jusqu'à nos jours, les catholiques ont connu la tentation « réactionnaire » qui rêvait de combattre les libéraux, tels que les adversaires des régimes politiques d'autorité tout comme les doctrinaires de l'irréligion, les anticléricaux et les francs-maçons. Le premier maître à penser de la réaction catholique était Joseph de Maistre pour qui la Révolution était l'ennemi numéro 1, parce que destructive, nuisible et satanique, et contre laquelle il fallait lutter avec les propres armes de l'adversaire.

Dans les cinquante dernières années, les héritiers les plus récents de la contre-révolution, nous les retrouvons infiltrant l'armée française avec Verbe et La Cité catholique, en allant jusqu'à justifier l'usage de la torture détective et en infiltrant les Ves bureaux (chargés du renseignement et de l'action psychologique), puis, avec Mgr Marcel Lefebvre, à Rome, pendant le concile de Vatican II, suscitant, au cœur même des murs du Séminaire pontifical français, qui abritait la majorité des évêques de France, la contre-réaction aux orientations réformistes.

La doctrine de « La Cité » était simple : le royaume du Christ est le règne de l'esprit et de la vérité. Ses grands ennemis sont le naturalisme qui détruit le spiritualisme et le libéralisme qui dissout la vérité. Les sacro-saints principes de 1789 ruinent la notion fondamentale du droit, de la justice, méconnaissant la loi divine qui, seule, détermine le bien et le mal. Il faut lutter contre tous les « fils de la Révolution » que sont tous ensemble les libéraux, les radicaux, les socialistes et les communistes. En avril 1961, au moment du putsch des généraux à Alger, *La Cité catholique* n'hésite pas à écrire : « Lorsque les titulaires de l'autorité, reniant les devoirs sur lesquels se fondait la légitimité de leur autorité, viendront employer la contrainte pour obtenir la soumission, ils pourront se heurter à la résistance licite ou même à la révolte légitime des assujettis. » L'année suivante, le 22 août 1962, un colonel se réclamant des idéaux de cette extrême droite catholique intégriste, le colonel Bastien-Thiry, fomentera l'attentat du Petit-Clamart contre le général de Gaulle.

Depuis la rupture de Mgr Lefebvre avec Rome, la contre-révolution catholique ne se retrouve plus dans les milieux militaires mais dans les chapelles « lefebvristes », d'Écône jusqu'à Bordeaux, ou dans des cercles touchant au Front national. La main tendue du pape Benoît XVI, soucieux légitimement de réintégrer les brebis perdues, ayant échoué, le mouvement contre-révolutionnaire catholique n'a guère à attendre de la sollicitude pastorale du pape François. Raison de plus pour maintenir la vigilance.

Père Alain de La Morandais
Docteur en théologie morale et en histoire

Introduction

En France, en ce début d'année 2013, des milliers de personnes battent le pavé pour faire opposition à la loi Taubira. Une loi qui ouvre le mariage aux couples homosexuels. Au sein des opposants, un noyau dur se distingue par la radicalité de ses propos et de ses actes. Très rapidement, lors des manifestations, certains vont jusqu'à attaquer directement les forces de l'ordre. Ces agresseurs peuvent succinctement se scinder en deux groupes. D'un côté, ceux que l'on range par commodité dans la catégorie des « casseurs » : des voyous désœuvrés en rébellion contre la société, sans appartenance politique, qui profitent de la moindre manifestation pour exprimer violemment leur colère. De l'autre, des militants très politisés en provenance de l'extrême droite, en particulier de sa frange religieuse. Pour ces derniers, les événements qui se sont succédé autour du mariage pour tous ont une saveur toute particulière que peu de gens ont sentie.

Le plus évident lorsque l'on souhaite comprendre les réactions de l'extrême droite face au mariage des couples homosexuels est de se référer à leurs valeurs. Centrés sur la famille traditionnelle comme pilier de la société, fortement homophobes, les militants d'extrême droite ne peuvent qu'accueillir avec horreur cette loi. Mais si la défense de la famille traditionnelle est évidemment au centre de leurs préoccupations, leur activisme en ce début d'année a une autre portée… Entre deux happenings, ils rêvent de révolution… ou plus exactement de contre-révolution… Toute la mouvance de l'extrême droite catholique intégriste, du plus petit groupuscule jusqu'aux plus hautes sphères de l'armée, bruit à l'idée d'un effondrement de la République.

Dans leur esprit, une bataille a été engagée en ce début d'année, et ils s'y préparent en secret depuis longtemps. Les réseaux se tissent, les idées se répandent, les militants se forment, les enfants se font endoctriner, les stratégies se mettent en place.

Tout a commencé dans le milieu des années 1970. L'extrême droite en Europe de l'Ouest décide de se restructurer. Considérée comme totalement infréquentable depuis la fin de la guerre, marginalisée, reléguée aux caves et aux réunions secrètes, elle fait le choix, à cette époque, de redevenir fréquentable. Elle sait qu'il lui faudra du temps, probablement une à deux générations, mais elle y croit et elle bâtit un projet de reconquête : réinvestir l'espace social pour faire avancer les plus acceptables de leurs idées et les faire progresser pour réduire chaque fois un peu plus la distance qui les sépare des autres courants de pensée politiques.

Sans être monolithique dans son acception, cette volonté de reconquête discrète et progressive des esprits est très largement partagée par les différents courants de l'extrême droite. Quarante ans plus tard, on ne peut que constater la réussite de cette « opération séduction ». Un peu partout en Europe, les idées de l'extrême droite sont en effet passées des caves à la une des journaux. Elles ont retrouvé une place privilégiée dans le débat public. Aujourd'hui, la crise économique aidant, l'extrême droite se sent de plus en plus forte et légitime, mais elle n'a pas encore repris le pouvoir.

Pour y accéder, deux écoles s'affrontent. D'un côté, les légitimistes, parfaitement représentés en France par le Front national, qui veulent accéder par les urnes au sommet de l'État. De l'autre, la frange plus radicale qui croit que, dans le marasme économique actuel, l'avancée des idées de l'extrême droite est telle qu'il suffit d'une étincelle pour provoquer l'effondrement du pouvoir et le récupérer par la force.

Parce qu'ils n'étaient pas à l'origine de la contestation contre le mariage pour tous, parce qu'ils ont senti qu'autour de cette question se fédérait un pan important de la société qui dépassait de loin les frontières de l'extrême droite, bon nombre de militants radicaux ont cru très sérieusement, et pour la première fois en quarante ans, que l'heure du soulèvement et de la conquête du pouvoir avait sonné.

Dans les rangs de mouvements comme Civitas ou des identitaires, des voix ont commencé à évoquer un

« Printemps français » et, dans la rue, le ton s'est durci. Au même moment, *La Revue de l'Arsenal*, une publication militaire éditée par des sympathisants d'extrême droite, lance un appel au putsch afin de stopper les dérives d'une société qui validerait le mariage entre personnes du même sexe. Sur Internet, ils annoncent la possibilité d'un coup d'État militaire mené par de hauts gradés liés à la mouvance catholique traditionaliste. Au ministère de la Défense, l'information est prise très au sérieux. La liste des militaires cités par l'article aurait atterri sur le bureau du ministre. Sur cette liste figurent, entre autres, trois généraux : Benoît Puga, chef d'état-major particulier du président de la République, Pierre de Villiers, numéro deux des armées, et Bruno Dary, ancien gouverneur militaire de Paris.

Une enquête est demandée à la Direction de la protection et de la sécurité de la défense, la DPSD, au sujet de l'association catholique intégriste Civitas, au sein de laquelle se retrouvent de nombreuses familles de militaires. La police constate que de nombreux enfants de militaires, pourtant peu habitués aux contestations publiques sont en première ligne dans les manifestations contre la loi Taubira. Certains sont arrêtés pour violence ou incitation à la violence.

Dans la rue, dans les médias, les invectives et les affirmations les plus radicales se succèdent. L'extrême droite prend tribune et gangrène l'ensemble du débat. À l'été 2013, il est impossible en France de ne pas avoir entendu les discours de fin du monde prononcées à longueur d'interviews sur le mariage pour tous. Les commentateurs nomment cette catharsis la « parole décomplexée ». Elle ne l'est pas, car elle n'a jamais été complexée. Elle était simplement réservée à un cercle privé, jusqu'à ce premier semestre de 2013 où, tout à coup, le rêve d'une extrême droite capable de s'imposer dans le chaos de la rue a pris forme dans la tête de nombreux militants. Personne ne semblait véritablement comprendre que cela ne devait rien au hasard, que cette prise de position ouverte et massive de l'extrême droite radicale et des catholiques traditionalistes n'était pas qu'une posture morale mais découlait d'un long processus mis en place il y a environ quarante ans.

Et si la guerre civile était aujourd'hui possible ? Voilà ce en quoi ils ont cru secrètement à l'ombre des « manifs pour tous ».

Pour comprendre cela en profondeur, il faut vivre au cœur de ces groupes, partager leur intimité, connaître leurs rêves, leurs espoirs et leurs projets pour amener un jour la société à vivre selon leurs valeurs. C'est ce que nous avons fait. En 2008, nous avons appris qu'un groupuscule extrémiste se formait à Bordeaux autour d'un ancien candidat du Front national. Nous avons décidé de nous infiltrer dans ce groupe, Dies Irae, de vivre avec eux et de tout filmer secrètement pour avoir la trace la plus authentique possible de ce qu'ils sont. En 2010, ce travail a donné naissance à un documentaire qui généra une onde de choc dans la ville de Bordeaux et dans les milieux d'extrême droite à travers tout le pays. Aujourd'hui, il nous a paru essentiel d'aller plus loin et de mettre par écrit notre expérience. Car ce qui s'est joué en ce début d'année 2013, dans la tête des militants d'extrême droite et dans les rues des grandes villes de France, était entièrement contenu dans l'éducation et la formation de ces jeunes militants avec qui nous avons vécu pendant près de six mois.

Au début de notre infiltration, nous souhaitions uniquement faire un travail sur l'extrême droite. Vivre au plus près de cette jeunesse néofasciste afin de l'entendre parler et de la voir agir, comme personne ne peut le faire. Puis, très rapidement, nous avons été amenés à étendre notre infiltration à la mouvance catholique intégriste issue du courant lefebvriste car, dans ce cas précis, le lien entre les deux univers est des plus directs et il va nous mener très loin, à la source de l'éducation radicale. Un constat s'impose, tant par l'analyse historique que par l'étude empirique que nous avons réalisée : extrême droite et catholiques traditionalistes se rejoignent fréquemment tant sur le fond que sur les méthodes de reconquête des esprits.

Au sortir du concile Vatican II, en 1965, la frange intégriste dite « traditionaliste » est essorée ; non seulement elle n'a pas réussi à arrêter la « révolution » dans l'Église mais, en plus, elle se retrouve rejetée sur les marges, ne pouvant compter que sur une poignée de prélats de haut rang pour la soutenir. Dispersés, affaiblis, ils vont peu à peu se reconstruire. Ils refondent des prieurés, des séminaires, des écoles, jusqu'à devenir aujourd'hui une Église à côté de l'Église officielle. Alors, ce qui anime désormais la mouvance catholique traditionaliste, ce n'est plus sa survie mais bien la reconquête de l'Église et de la société. De ce point de vue, elle se retrouve en tout point avec l'extrême droite radicale. C'est pourquoi l'approche de l'une nous a conduits directement dans les bras de l'autre.

Dans les pages qui vont suivre, tout ce que vous allez lire a été filmé. Les prénoms des protagonistes ont été changés, à l'exception des personnages parfaitement identifiables de par leur fonction ou leurs prises de position publiques. Les dialogues sont retranscrits au mot près à chaque fois que cela a été possible. Quand le niveau de français de nos interlocuteurs était trop chaotique et la compréhension difficile, nous avons simplifié les dialogues tout en gardant très fidèlement l'essence de ce qu'ils exprimaient. Même si ce que vous allez lire est par moments choquant, notre but n'a jamais été de l'être. Nous voulons juste être les révélateurs d'une parole de plus en plus répandue et que personne, en dehors de ces groupes, ne peut entendre.

1

La première phrase est importante. C'est sur elle que va se bâtir l'édifice. C'est elle qui va donner la couleur du personnage, son accent, son rythme, sa texture. En infiltration, plus que dans n'importe quelle autre enquête, chaque phrase compte. Si elles n'ont pas toutes une importance majeure pour l'avancée de votre enquête, elles peuvent toutes se transformer en piège. Chacune est une chausse-trape. Elles recèlent des failles qui peuvent d'un seul coup engouffrer votre projet et, parfois, vous avec... Alors, pour cette première phrase, je dois être juste. Elle doit me définir par son style, donner envie de me rencontrer par son ton et inspirer de la confiance chez ces jeunes que je ne connais pas encore, mais qui (je m'en doute car c'est un point commun à tous les milieux d'extrême droite) sont pétris de paranoïa, persuadés d'être en permanence victimes de tentatives d'infiltration par les services de l'État...

L'écran de mon ordinateur passe en mode veille. Déjà plus de quinze minutes que j'attends devant une page Internet m'invitant à laisser un message. C'est celle de « Dies Irae », un nouveau groupuscule fondé par un ancien du Front national à Bordeaux. Dans ma tête, les mots se bousculent. Aucun n'atteint mes doigts.

Je réactive l'écran.

« DIES IRAE, enraciné, patriote et alter-européen. »

À première vue, le site présente bien. C'est l'une des particularités récentes de l'extrême droite, elle a fait de sa maîtrise de l'Internet un outil prioritaire de ses nouveaux modes de fonctionnement. Les sites des groupuscules d'extrême droite, autrefois grossiers, caricaturaux et à l'esthétique très identifiable, ont laissé place à une nouvelle génération de sites bien organisés, sobres et à l'apparence anodine. Comme me le disait Gabriele Adinolfi, cet ancien terroriste italien rencontré lors d'une précédente enquête, reconverti aujourd'hui en intellectuel et penseur du fascisme contemporain : « Le nouveau fascisme ne doit pas avoir honte de ses racines. Elles ont fait la grandeur de son passé et elles feront la grandeur de son avenir. Mais nous devons encore être discrets. Même si ici (en Italie) les gens comprennent l'intérêt du fascisme, il nous faut encore avancer à couvert... »

Avancer masquée pour réhabiliter leurs idéaux politiques, c'est la croyance la plus partagée au sein de la nouvelle extrême droite. Une visite sur la plupart de leurs sites Internet permet immédiatement de s'en rendre compte.

J'active l'onglet « Contact » :

> « Contactez-nous.
>
> Une question, un conseil, des idées à nous soumettre, devenir un de nos rédacteurs... ? Vous souhaitez avoir plus d'informations au sujet de notre mouvement ? N'hésitez pas à nous écrire. »

Je me lance...

> « Nom : Matthieu
>
> Prénom : Maye
>
> Message : "Bonjour, moi c'est Matthieu..." »

Je veux faire simple, presque simpliste, pour les rassurer. Un idiot, ça ne fait pas peur. La tournure sera enfantine.

> « Bonjour, moi c'est Matthieu, j'aimerais participer à vos activités... »

Ma main s'arrête, bloquée par l'incertitude du début. Le début d'une infiltration, c'est un peu comme un grand saut dans le vide. On a beau s'être préparé, connaître le milieu à infiltrer depuis des années, pour l'avoir observé, étudié et filmé à de nombreuses reprises, la peur est toujours présente. Dès lors, ce que l'on appelle le premier pas est le plus souvent un ensemble d'allers-retours avant le grand saut, celui qui vous rendra visible et vous fera passer dans votre autre vous.

J'efface ce premier texte. Au vu du site qu'ils ont mis en place, je sens chez eux une volonté d'intellectualiser leur démarche. Organisation de conférences, soirées thématiques pour débattre des enjeux de société...

Je devrais peut-être adopter un ton plus soigné. Je repense au style ampoulé, presque pompeux, «des revues d'études» publiées par le GRECE[1] que j'ai si souvent lues. Le mail que je veux écrire doit reprendre leur style, leur manière de voir et de parler du monde. L'extrême droite a ses codes, son vocabulaire, ses modes de fonctionnement. Les leurs, basés sur une vision binaire du monde (le bien et le mal clairement définis, représentés par des groupes nationaux, des religions, des races, etc.), sont soit clairement exprimés, soit sous-entendus dans la plupart de leurs conversations... dans tous les cas, le vocabulaire utilisé fait partie du processus de reconnaissance.

Je recommence:

> «Bonjour, je me nomme Matthieu Maye, j'ai entendu parler de vous par la presse, un article dans notre torchon local: *Sud-Ouest...*»

Le «notre», c'est pour l'implantation géographique. Ils doivent me prendre pour un Bordelais. Quelqu'un de local, c'est mieux, cela fait de moi un militant potentiellement actif, ce qui augmente mes chances d'obtenir

1. Le GRECE (Groupement de recherche et d'études pour la civilisation européenne) se veut depuis 1969 le laboratoire d'idées des «nationalistes européens» (expression qu'ils utilisent généralement pour éviter l'appellation «extrême droite»). Il est devenu aujourd'hui une sorte de club des anciens, militants de la première heure, intellectuels passionnés d'histoire et de politique. Ils ont créé une maison d'édition (Éditions Copernic devenues Éditions du Labyrinthe) et une revue trimestrielle (*Éléments*).

une réponse. «Torchon», c'est pour le positionnement idéologique, l'extrême droite déteste la presse traditionnelle.

> «... Un article pas très flatteur comme toujours. Depuis longtemps, je souhaite militer auprès de gens comme vous. Jusqu'ici je n'osais pas m'engager. Étudiant en droit...»

Généralement, les militants d'extrême droite chérissent la présence d'étudiants en droit ou d'avocats à leurs côtés. Ils leur permettent d'organiser leurs actions dans le sens de la loi. De connaître la ligne rouge à ne pas franchir pour pouvoir continuer à exister en tant que groupe. De connaître les limites de ce qu'ils peuvent dire et faire publiquement sans se mettre hors la loi. La plupart des groupes d'extrême droite constitués savent pertinemment que le système démocratique qu'ils détestent les tolère, à condition qu'ils ne fassent pas trop de vagues. Le moindre faux pas et c'est le procès, le risque d'amendes lourdes et parfois la dissolution du groupe. Même si ce genre de groupe finit toujours par se reconstituer sous un autre nom[1], dans la bataille, il aura perdu de l'argent, du temps, de l'énergie et quelques militants découragés...

> «... Étudiant en droit, je me suis laissé endormir par la pensée dominante. Celle qui prône que la

1. Unité radicale, dissous après l'attentat raté contre Chirac en 2002, s'est reconstitué sous une autre forme quelques années plus tard sous le nom de «Bloc Identitaire», qui est aujourd'hui le groupe d'extrême droite radicale le mieux structuré de France.

révolution vient des urnes. Je croyais qu'en votant pour le Front national notre heure viendrait. Mais il n'en fut rien et, pour tout vous dire, j'ai perdu l'once d'espoir à laquelle je me suis accroché pendant toutes ces années. Le Front est dépassé. Je milite comme vous pour un positionnement régionaliste, enraciné et patriote. Je crois comme vous qu'il faut que nos idées retrouvent du poids et c'est pour cela que je vous écris. Comment se rencontrer ?

Salutations nationalistes.

Matthieu Maye »

« Salutations nationalistes », c'est ainsi que la plupart des militants d'extrême droite signaient les mails qu'ils m'envoyaient lors de mes précédentes enquêtes.

Soudain, je doute.

Et si c'était trop ? Trop argumenté, trop de mots méticuleusement choisis, trop plein d'une volonté ostensible de leur plaire, d'être comme eux. Si c'était ça, le premier piège ? Pour réussir une infiltration, il faut vous construire un personnage tout à la fois cohérent, dans lequel vous pourrez vous installer sans risques de dérapage, et qui puisse être accepté par l'environnement que vous visez. L'équilibre est fragile, l'alchimie délicate.

Pour trouver l'inspiration, je retourne sur leur site Internet. Une conférence sur la guerre d'Espagne est annoncée dans les jours suivants... Je décide de changer mon fusil d'épaule. Je ne serai pas un militant de plus mais, au contraire, un jeune homme naïf, un peu déboussolé en manque de repères sociaux à la recherche d'une famille de substitution qui pourrait donner un sens à sa vie... Un profil psychologique que j'avais souvent rencontré parmi ces jeunes militants.

> « Bonjour, je suis un militant nationaliste. Je suis très intéressé par votre discussion sur la guerre d'Espagne. Est-ce que vous pouvez me donner le lieu de rendez-vous ?
>
> Merci d'avance.
>
> Matthieu Maye »

Pourvu qu'ils ne me prennent pas pour un flic.

Envoyer.

Deux jours plus tard, la réponse tombe.

> « Bonjour Matthieu,
>
> Peux-tu nous dire avec qui, et dans quel mouvement bordelais tu milites ?
>
> Nous donnerons le lieu de RDV ce soir ou demain.
>
> Vale »

J'ignore qui est Vale, en revanche, je sais qu'un ancien candidat frontiste aux législatives de 2007, un certain Fabrice Sorlin, est à l'origine de ce nouveau groupe. D'après mes informations, il en est même le principal instigateur et son chef autoproclamé. J'avais rencontré Fabrice et échangé un peu avec lui lors de ma précédente infiltration au sein du FNJ (le Front national de la jeunesse) à Bordeaux. Un atout considérable qui devrait les rassurer.

> «Bonjour Fabrice,
>
> Je n'étais plus dans la région depuis quasiment un an, mais sinon je suis un militant FN, d'ailleurs on a déjà collé ensemble.
>
> Je te donne mon n° 06 ** ** ** **.
>
> Matthieu»

Les choses sérieuses pouvaient commencer.

2

Pour avoir suivi le Front national et les nombreux groupuscules radicaux qui gravitaient en son voisinage le plus direct, je connaissais sur le bout des doigts le style des gens qui les composent.

Un avantage ? Pas forcément. La contrainte est double : arborer leur style sans pour autant parler comme eux. D'un point de vue journalistique, lorsque vous naviguez en eaux troubles, muni d'une caméra cachée, avec comme seul objectif de recueillir l'image d'une vérité la moins déformée possible, pour la crédibilité et la force du témoignage, il vous est interdit de proférer des paroles choquantes ou passibles de condamnations judiciaires. Votre vocabulaire doit en tout temps rester neutre. Par le jeu des questions, vous ouvrez la porte à des thématiques qui permettent d'entendre et de mieux comprendre leur pensée, mais vous devez le faire sans jamais lancer la première pierre de l'injure ou de la provocation, pourtant si fréquentes dans la façon de s'exprimer propre à ces milieux.

En outre, plus je feindrai de ne pas savoir, plus je pourrai les pousser à la confidence. Leur prosélytisme prolixe aura plus de latitude devant un individu globalement novice. Je dois donc composer un personnage suffisamment engagé pour que ma présence avec eux ait un sens, et suffisamment ignorant pour être en demande d'apprentissage permanent.

La solution m'apparaît pour une raison que j'ignore alors que, dans ma cuisine, je découpe des poivrons. Je serai issu d'un milieu qui les hait et qu'ils haïssent en retour. Je serai fils de communiste !

Sauter d'un côté à l'autre de l'échiquier politique est plus fréquent qu'on ne le pense. Lors de mes précédentes infiltrations, j'avais rencontré de nombreux militants du Front national issus de milieux communistes. Un profil familial crédible donc, et qui m'offrait aussi l'avantage d'éliminer ma famille de toutes les discussions. Notre différend idéologique faisait d'eux des êtres infréquentables. Je ne souhaitais pas en parler.

Étape suivante, mon activité professionnelle. Trentenaire, il me faut une activité. Non que les chômeurs soient absents de leurs rangs. En 2007, j'avais infiltré le local des jeunesses du Front national, le FNJ. Un repaire composé en grande partie de mis au ban de la société. Rmistes à la dérive, chômeurs de longue durée : très peu politisés. Le local était avant tout un lieu de rencontre pour venir cracher son venin en toute impunité, sorte de club pour racistes anonymes désœuvrés. Mais la première raison qui me pousse à m'inventer un travail est la sécurité.

Ce sera un mi-temps dans une entreprise de nettoyage. Le travail à mi-temps est l'allié parfait d'une bonne couverture. Il vous permet beaucoup de présence et, au besoin, il est une bonne porte de sortie pour disparaître quelques jours ou justifier une absence. Dans mon cas, j'y ajoute un troisième avantage. Ne gagnant pas suffisamment bien ma vie, je suis obligé de loger chez mes parents, « ces ennemis » à qui je cache mon nouveau militantisme d'extrême droite. Je ferme, d'un coup et logiquement, toute possibilité de faire entrer mes futurs contacts dans mon intimité.

Pour le reste de mon parcours de vie, il puise dans le quotidien d'un enfant bordelais. Je me choisis donc un collège, un lycée, je mémorise le nom des salles de cinéma, des parcs et cafés, quelques adresses importantes, le nom d'un médecin... Ces petites choses dont vous vous nourrissez pour faire face avec naturel aux questions les plus banales qui peuvent surgir au quotidien, lors d'une discussion autour d'un verre, ou dans un moment d'intimité que j'espérais obtenir avec des membres de ce groupe que je m'apprêtais à infiltrer. Des questions simples qui sont le plus souvent celles qui peuvent vous faire tomber. J'étais prêt, du moins je le souhaitais : mes précédentes infiltrations, ma connaissance du milieu, la chance et un bon sens de l'improvisation feraient le reste.

3

Il est 19 h 30. Dans une ruelle sombre de Bordeaux, mes doigts engourdis par le froid peinent à terminer les branchements de la caméra dissimulée dans la doublure de ma veste. Je suis équipé d'un minuscule objectif doublé d'un micro miniature, le tout dissimulé dans le bouton de ma veste. Le système est raccordé à un disque dur permettant d'enregistrer jusqu'à huit heures d'images et de son sans interruption, un dispositif spécifiquement mis au point pour cette infiltration. Je ne souhaitais en aucun cas réaliser cette immersion au sein de l'extrême droite avec un enregistreur à cassettes, dont la durée de captation ne dépasse pas une heure. D'ailleurs, je ne pouvais pas me le permettre.

Le temps d'enregistrement est un facteur clef pour la mise en place de ce travail. D'une part, il permet plus de sécurité. Avec une capacité d'enregistrement continu de huit heures, pas besoin de m'isoler à longueur de journée pour changer de cassette. D'autre part, anticipant le caractère explosif de ce que j'allais filmer, je voulais un enregistrement dans la continuité. Une fois exposés dans le film, les militants ne manqueraient pas de m'attaquer (ce qui est le cas aujourd'hui : de nombreuses plaintes ont été déposées contre l'équipe qui a participé à ce travail). Il faut donc être irréprochables dans notre démarche et pouvoir prouver, images et son à l'appui, la véracité de nos dires et la bonne conduite de notre enquête. Seul l'enregistrement en continu offre cette garantie de preuve irréfutable. Connaissant le caractère infiniment procédurier des milieux d'extrême droite, je n'allais pas m'en priver.

Dans quelques minutes, la première rencontre va se faire. Après avoir imaginé les membres de ce nouveau groupuscule radical, après avoir fictivement élaboré leurs profils psychologiques pour, en miroir, construire le mien, je vais enfin établir un contact. J'ai travaillé ma couverture, rabâché sans cesse les questions pièges qu'ils pourraient me poser, les limites que je devais me fixer, les phrases d'évitement qui me permettront de répondre sans rien dire tout en restant crédible : je me sens prêt. Les branchements sont terminés, la petite lumière rouge apparaît sur mon boîtier, signalant que l'enregistrement est en cours. Il faut y aller. Un violent mal de ventre me saisit. Je me dis qu'il est inévitable (il a précédé la plupart de mes infiltrations). Je pense au trac du comédien, mais je n'en suis pas un et ce jeu-là se joue dans la vraie vie.

J'arrive dans une ruelle étroite, à quelques encablures de la Grosse Cloche qui surplombe l'église Saint-Éloi.

Sur le trottoir, un attroupement : des filles et des garçons en nombre égal. Ils ont entre 20 et 25 ans... Ce sont les membres de Dies Irae.

Les discussions vont bon train. Aucun doute, ici, chacun se connaît. Alors qu'il s'agit ce soir d'une réunion quasi inaugurale du mouvement[1], la proximité de leurs échanges me laisse même penser qu'ils se fréquentent depuis longtemps. J'en déduis que Dies Irae, qui est en train de naître sous mes yeux, est l'excroissance d'un groupe déjà largement constitué. J'ignore encore lequel.

En guise de première explication, j'opte pour un glissement de jeunes pousses du Front national déçues par ce qu'elles considèrent comme l'embourgeoisement du parti. Avec la fin du règne de Jean-Marie Le Pen qui approche et la succession plus que probable de Marine, la politique de bienveillance à l'égard des couches les plus radicales de l'extrême droite au sein du Front s'est étiolée. De nombreux militants quittent le navire avec, pour certains d'entre eux, la volonté de refonder de nouveaux groupes capables de faire perdurer, loin du parti, les valeurs auxquelles ils croient.

Seul m'étonne le grand nombre de filles. Au FNJ de Bordeaux, rares étaient les femmes, et celles qui s'y aventuraient ne restaient pas longtemps tant l'atmosphère y était misogyne. Ici, elles représentent la moitié

1. Le mouvement a fait quelques petites actions militantes les trois années précédentes mais sans structure forte ni action régulière. Leur véritable démarrage comme groupe politique constitué doit se passer ce soir-là.

du groupe et semblent parfaitement intégrées. Celui qui a plus de mal à s'intégrer, pour le moment, c'est moi, seul inconnu sur ce trottoir. Soudain, la porte de l'immeuble s'ouvre, dessinant sur les pavés un faisceau de lumière. Les ombres s'activent et se déplacent en direction de la porte. Je les suis et entre avec le groupe.

Au fond d'un couloir, une autre porte donne sur un escalier en colimaçon fait de vieilles planches de bois vermoulues et fixées à une structure métallique branlante. Les premiers jeunes s'y engouffrent, la descente est malaisée, la cage étroite, les marches irrégulières et instables. L'atmosphère viciée et humide est celle des caves anciennes. Même pour les militants, l'ambiance semble glauque. « Le but d'un rendez-vous dans ce genre de lieu, c'est de rester groupusculaire et sectaire, pour éviter toute déviance idéologique, là, franchement, ça commence bien ! » ironise mon voisin.

Arrivé en bas des marches, nous sommes reçus par un militant. Il me serre la main sans que nos regards se croisent.

– Bonjour.

– Bonjour, moi, c'est Matthieu.

Il n'en dit pas plus et salue déjà la personne qui me suit. J'entre dans une grande pièce. Une cave.

Cette cave, c'est le local qu'ils viennent d'acquérir. Il leur a été prêté par un libraire proche des mouvements catholiques traditionalistes dont la boutique se situe non loin de là. Une cave constituée de quatre grandes salles en pierre de taille, sans fenêtre malgré les quatre mètres sous plafond qui laissent imaginer que, au plus haut de la voûte, la salle atteint le niveau du trottoir sur lequel je les ai rencontrés. C'est dans ce lieu sale et obscur qu'ils souhaitent développer leurs activités.

Derrière moi, la porte se referme, tout le monde s'assied. Les discussions ont cessé. Nous sommes une trentaine à attendre en silence. Au mur, seul un drapeau phalangiste et un drapeau franquiste rappellent à la fois que je suis bien dans une mouvance d'extrême droite et que le thème de la soirée est : « Conférence sur la guerre d'Espagne ».

Rompant le silence et en guise d'introduction, Fabrice Sorlin, l'ancien candidat FN et actuel chef de la bande, se lève, des feuilles à la main :

> « On va commencer, mais juste avant, je vais vous distribuer une liste d'ouvrages intéressants à vous procurer ou à lire si le sujet de la soirée vous passionne. Je vous préviens tout de suite, ça ne va pas être facile de vous les procurer, les livres intéressants sont rares. »

Une liste de dix-sept ouvrages nous est remise. Hétéroclite, surprenante, pour ne pas dire choquante. On y trouve côte à côte un ouvrage de référence, *L'Histoire de la guerre d'Espagne* de Hugh Thomas, et des ouvrages à la facture historique plus que douteuse. Parmi ceux-là, une autre *Histoire de la guerre d'Espagne* mais celle-ci est signée Robert Brasillach, partisan zélé d'un fascisme à la française et antisémite notoire. Un *Franco* de Léon Degrelle[1], engagé volontaire dans la Waffen-SS, négationniste et ardent défenseur du nazisme. Ou encore *Réponse de l'Espagne* et *Face à face* de José Antonio Primo de Rivera, fils du général dictateur Miguel Primo de Rivera et fondateur du parti phalangiste espagnol d'inspiration fasciste. La salle parcourt des yeux la liste sans surprise apparente ni commentaire. Voilà ce que l'on appelle ici des « livres intéressants et rares ». Debout, face à nous, Fabrice Sorlin enchaîne :

> « Comme vous le voyez, on a trouvé un local pour le mouvement. Pour le moment, on est en pleins travaux. L'idée, c'est de commencer par nettoyer toutes les pierres au Kärcher, de rendre les lieux propres et accueillants afin de construire ici un bar associatif, une salle de conférences avec un coin musculation et une bibliothèque. »

Ce lieu, qui n'est pour l'instant qu'une cave vétuste éclairée par des projecteurs de chantier, a ainsi vocation à devenir un espace de vie pour le mouvement et une passerelle vers le monde extérieur. Sorlin annonce sa volonté d'y faire venir des « non-membres » pour donner à la nouvelle extrême droite un côté plus ouvert, voire branché. En chef de bande, Sorlin invite trois cadres du parti à venir prendre la parole. René, tailleur de pierre dans le civil, le plus souvent sans emploi, vient d'une famille de quatre enfants. Au sein de DI, il

1. Léon Degrelle, l'homme dont Hitler a dit : « Si j'avais eu un fils j'aurais voulu qu'il lui ressemble. »

est responsable du chantier dans le local. «Je ne vous cache pas qu'on a besoin d'argent, il nous faut des volontaires.» Puis lui succède Antoine, étudiant discret inscrit dans un IUT en génie civil. Il annonce la création prochaine d'un syndicat universitaire qui défendra leurs valeurs. Reste à en définir le nom.

> «On est en train de monter un syndicat étudiant. L'idée, avec Dies Irae, c'est de s'infiltrer dans toutes les strates de la société bordelaise, la politique, le social, le culturel, les sports et, bien évidemment, la faculté. Ce syndicat étudiant, on va lui donner un autre nom que celui de Dies Irae, il est évident qu'on ne donnera le nom de Dies Irae à aucun des groupes que nous allons créer. Ils devront être indépendants en apparence, mais devront tous converger vers nous pour servir notre cause...»

C'est alors au tour de Tonio d'annoncer la mise en œuvre d'un atelier de *self-defence*. Dans cette cave seront donnés des cours de krav maga, un art martial qui s'inspire du combat de rue et dont les techniques ont été inventées par les instructeurs de Tsahal, l'armée israélienne. La fierté de Tonio: avoir recruté, comme entraîneur pour les jeunes de DI, un instructeur de l'armée française qui s'occupe habituellement de former une unité d'élite au sein du 8e RPIMA[1].

1. Le 8e régiment de parachutistes d'infanterie de marine, fondé en Indochine en 1951, s'illustra dans de nombreuses batailles (Indochine, Algérie, Liban) et fit tristement la une de l'actualité en 2008 après la perte de huit de ses hommes lors de la bataille de Surobi en Afghanistan.

Mais, pour le moment, l'heure est à la première manifestation du mouvement, celle qui doit donner le *la* et imprimer l'esprit de ce qu'ils prétendent être « un groupe culturel et social aux valeurs anticonformistes ».

Le conférencier se présente, Paul, la quarantaine, charpenté comme un demi de mêlée.

> « Je ne suis ni professeur d'histoire ni conférencier, je suis un militant passionné de certaines périodes historiques que j'ai étudiées plus que d'autres. »

Cet amateur d'histoire annonce la couleur. Ce soir, il va « nettoyer » tous les mensonges colportés dans les écoles, les médias, les livres. En une heure, il promet de nous laver de « soixante-dix ans d'intoxication ». Dépourvue d'ironie, lâchée au premier degré, la harangue a de quoi faire sourire. Il n'en est rien. Autour de moi, les visages sont attentifs, concentrés, déjà convaincus. La rengaine d'un monde intellectuellement dominé par des usurpateurs qui passent leur temps à manipuler l'histoire pour mieux contrôler les peuples est un argument dans lequel la plupart des jeunes issus des milieux d'extrême droite baignent depuis l'enfance. Ils attendent avec impatience qu'une autre version de l'histoire leur soit dite. Ils ne vont pas être déçus.

Devant un parterre qui mélange, jusqu'à les confondre, histoire et idéologie, le conférencier en herbe va réécrire la guerre civile espagnole au service de sa cause. Le verbe est hésitant mais l'exercice est maîtrisé, il consiste à cracher sa haine des républicains, assimilés à d'invétérés vandales, bouffeurs de curés et violeurs de femmes, tout en encensant l'héroïsme, la bonté et la tempérance des partisans de Franco.

Cette manière de faire n'a rien d'une exception, au contraire, il n'est pas exagéré d'écrire qu'elle s'érige en règle dans les débats sur l'histoire au sein de l'extrême droite. Donner une conférence historique pour la jeunesse d'extrême droite, c'est « se désintoxiquer de l'idéologie dominante tout en puisant dans le passé les sources d'une grandeur idéologique aujourd'hui bafouée ». Honorer les hommes qui ont servi « la cause nationaliste », glorifier leurs actes, dans ce milieu, on appelle cela « la nécessité du combat culturel ». Paul enchaîne :

> « Tout commence lorsque, de 1930 à 1936, l'Espagne instaure une république. Grâce à elle, ont pu évoluer différents mouvements politiques que nous autres nationalistes avons rencontrés un peu partout en Europe. Des communistes, des socialistes, des anarchistes, etc. Des forces dites progressistes qui ont passé leur temps à lutter contre tout ce qui représentait l'identité nationale et religieuse des Espagnols. Portée par ces courants, cette république s'est surtout manifestée par son très fort anticléricalisme. Les églises étaient pillées, brûlées, de même que les couvents et les écoles (...) Pour résumer, l'objectif principal de cette république fut de détruire le ciment de la société espagnole, à savoir le catholicisme, aidée en cela par les marxistes et les francs-maçons. (...) Pendant six années, ils ont tout détruit pour installer ce que les

uns appellent une dictature du prolétariat et les autres une démocratie, mais pas celle des Grecs, non, une démocratie néfaste comme la démocratie parlementaire dans laquelle nous vivons et que je n'approuve pas (...) six ans de grand trouble et de grand chaos, voilà comment je peux vous résumer ces six années qui ont précédé la guerre. En juillet 1936, les nationalistes se révoltent... On nous a toujours dit que c'était une révolte fasciste, un putsch, un coup d'État, d'ailleurs, toutes les démocraties en Europe se sont unies pour dénoncer le fascisme de Franco. En fait, il en va tout autrement. C'est une multitude de petites associations comme la nôtre, des mouvements catholiques qui se sont unis après s'être formés grâce à des conférences, des entraînements militaires un peu comme nous souhaitons le faire ici, et qui se sont soulevés. (...) Ce n'est donc pas un coup d'État mais bien un soulèvement populaire qui met à sa tête un jeune général, héros des guerres du Rif au Maroc. Son nom : Francisco Franco.

La chance que l'on a eue, c'est que Franco a réussi à fédérer la multitude de ces petites associations dans un but commun : la reconquête de l'Espagne. Pour ce faire, il a utilisé un terme fondateur aux yeux des Espagnols : La "*Reconquista*". Un mot qui leur rappelle la fameuse reconquête de l'Espagne face aux Maures. Donc il a joué sur des termes et des idées pour aider les nationalistes à gagner. Il a permis à un pays d'éviter le basculement dans un régime soviétique

> et a pu instaurer un régime, certes dictatorial, mais somme toute équilibré au regard de la situation de l'époque. C'est ce que l'on essaye de faire nous aussi à notre niveau en définissant notre ennemi, en définissant notre objectif et nos moyens d'action. (...) Bien entendu, le gouvernement en place ne s'est pas laissé faire, surtout qu'il avait volé les élections précédentes. Il avait perdu numériquement, mais avait réussi à s'emparer du pouvoir par un tour de passe-passe électoral comme on le voit très souvent encore aujourd'hui, chez nous. Un gouvernement qui a gagné en supprimant la proportionnelle. On retrouve toujours les mêmes schémas et les mêmes au pouvoir. Vous voyez pourquoi je vous parle de ça ? Vous voyez les similitudes avec notre époque, avec nous ! »

Plus d'une heure de parole à enchaîner les erreurs historiques et les analyses tronquées qui n'ont d'autre fonction que celle de faire passer son message : « la prédominance des idéaux nationalistes sur tous les autres courants de pensée politique ». Paul est là pour convaincre et asseoir dans l'esprit de ceux déjà convaincus que le combat initié par Dies Irae est juste et que, s'il a pu aboutir une fois en 1936, cela peut se reproduire aujourd'hui.

Après avoir ajouté que le massacre de Guernica était une invention des communistes et que la répression franquiste d'après-guerre avait été très largement surévaluée, Paul quitte le récit historique pour en projeter sa vision dans le monde d'aujourd'hui.

« Nous le savons, le communisme s'est cassé la gueule, le capitalisme est en train de se casser la gueule, nous croyons en une troisième voie (...). Mais franchement, aujourd'hui, je suis pessimiste car l'Espagne est très mal partie. La seule chose qui me remonte le moral, c'est de savoir que les Espagnols ont le sang chaud ! C'est ce qu'on a pu constater quand il y a eu des problèmes avec les immigrés. Les campagnards se sont réunis et pendant trois semaines, ils les ont massacrés ! (Paul sourit.) Ça, ça me donne de l'espoir mais, malheureusement, je n'ai pas encore vu de réaction pareille en France.

Je ne sais pas si nous serons capables, demain, de reprendre un village, de le nettoyer à la fourchette en jetant les immigrés par les fenêtres (...) parce qu'à la guerre c'est comme ça que cela se passe, mais je veux y croire. Demain nous vivrons une guerre plus ethnique que civile, mais il se pourrait que l'on se retrouve face à des amis, des cousins, des voisins qui, comme les médias, auront décidé de marcher avec l'ennemi. (...) Il faudra alors choisir. C'est pour cela qu'on a décidé avec DI de s'organiser. On fait des trucs par-ci, par-là, on organise des réseaux. Ce sont des petites choses qui, prises séparément, peuvent paraître inutiles, inoffensives, peut-être même ridicules, mais ce sont les petites gouttes qui font les fleuves.

Ce n'est pas à nous de déclencher les hostilités, nous sommes trop petits, nous n'en avons pas les moyens ! Mais le jour où ça éclatera, le jour où la

> guerre civile s'épanchera dans nos rues... Eh bien, ce jour-là, nous serons prêts. »

Dans un milieu protégé où sa parole peut se libérer sans crainte de poursuite judiciaire, Paul ne mâche pas ses mots. Il se sert de la guerre civile espagnole comme modèle à suivre pour la jeunesse de DI. Son espoir : la voir se reproduire dans la France d'aujourd'hui. « Franco, modèle à suivre ! » voici en réalité le thème et la vraie raison de cette conférence.

> « Franco s'est appuyé sur des valeurs simples, les valeurs de la famille, du travail, de la patrie, des choses qu'on retrouve partout à l'époque. »

Alors que notre expert ne fait pas mystère de son adhésion à ces « valeurs simples », il se met à en déplorer l'abandon par l'Espagne à la mort de Franco avec « la réouverture des loges maçonniques, la dépénalisation de la drogue et enfin les lois et la morale complètement décadentes ». Avant d'ajouter, découragé : « Ils ont fait plus vite et pire que nous ! Ce qui n'est pas peu dire. » Et de conclure :

> « Dans cette société défoncée par la drogue, on perd du terrain. On est une vingtaine ici, ce soir. En comparaison, si vous allez à un concert de NTM, vous y trouverez combien de personnes ? Réfléchissez-y et demandez-vous, lorsque nous allons sortir d'ici : qu'allons-nous faire face à eux ? C'est pour cela que le but de DI est de s'oxygéner la tête à travers ce genre de conférence et d'autres réunions culturelles. Mais aussi, et c'est très important, de s'oxygéner les bras

le week-end. Ça compte beaucoup, la préparation physique, car tout peut péter comme en 1936 et souvenez-vous de ce que je vous ai dit: "En trois ans, ils ont réussi à reconquérir le pays." (...) Ils ont fait des préparations militaires, des formations idéologiques et ils étaient prêts! Alors soyez prêts et dépêchez-vous, car plus le temps passe et plus ce sera difficile d'y arriver.»

L'auditoire applaudit, satisfait mais rincé. Finalement, Paul aura parlé deux heures. Un peu trop pour ces intellectuels débutants qui se ruent sur les quelques boissons apportées dans la cave pour agrémenter la soirée.

Après ce long silence contraint, les langues se délient, les conversations se mélangent et un petit groupe accepte de m'inclure à la leur. Face à moi, une femme et deux jeunes hommes d'environ 25 ans. Le style des garçons est à ce point similaire qu'une seule description suffit à les dépeindre tous deux. Leurs cheveux sont blonds, courts de quelques millimètres sur les tempes et la nuque. Sur le sommet du crâne, la longueur augmente progressivement de l'arrière à l'avant. Le front reçoit une mèche volontairement trop grande. Les cheveux de la fille, noirs et mi-longs, sont retenus par une queue-de-cheval stricte.

Leurs tenues sont quasi identiques: vestes en toile verte ou grise, chemises à dominante beige, polos et pantalons gris ou bruns. Le tout est propre et repassé. Pour se distinguer et relever l'ensemble, un foulard en soie teinte de rose pâle le cou de la jeune femme. Une paire de lunettes fines orne le nez du plus petit des deux garçons. Discret, sobre, terne, c'est à peu près tout ce qu'il y a à dire du look étrangement uniforme de mes plus proches voisins. Mais le plus étonnant est qu'ils ne contrastent en rien avec celui des autres convives présents dans cette cave. Il plane sur l'ensemble du groupe une sensation de mimétisme. Les habits, les postures, leurs façons de parler signent leur appartenance à ce qu'il est commun d'appeler « la petite bourgeoisie bordelaise ».

En ne se fiant qu'aux apparences, les gens présents dans cette cave n'ont rien de bien révolutionnaire. Les codes vestimentaires propres aux milieux d'extrême droite radicale sont absents. Ici, le style « facho » ne fait pas recette, très rares sont ceux qui s'en approchent. Une différence de taille avec ce que j'avais vu lors de mon travail sur les jeunes militants frontistes. Chez ces derniers, la tenue « facho » est de rigueur et rares sont ceux qui dérogent à cette règle. Vêtements sombres (noirs le plus souvent), jeans, tee-shirts et vestes sont la tenue de base du jeune militant frontiste. Pour ceux qui en ont les moyens, les vêtements sont de marques. Fred Perry et Lonsdale sont les marques les plus répandues dans les milieux d'extrême droite et ce n'est pas un hasard. La présence des vêtements Fred Perry est liée à leur logo : une couronne de laurier. Elle représente la puissance des grands empires et fut récupérée par l'iconographie nazie. Une raison suffisante pour que ces jeunes soient fiers de la porter. Le succès de la marque britannique Lonsdale s'explique encore plus simplement. C'est la suite de lettres « NSDA » au centre du nom qui en fait une marque de référence absolue dans les milieux néonazis. Le parti national-socialiste (nazi) qui régna sur l'Allemagne de 1933 à 1945 se nommait le NSDAP. Porter un vêtement de cette marque c'est, dans ces milieux, affirmer son appartenance à l'héritage nazi. Pour pousser l'affichage encore plus avant, une marque de vêtements, Consdapl, a même été créée. L'ensemble des lettres du parti hitlérien sont ici présentes. Le succès de la marque a été immédiat au sein des mouvances radicales d'extrême droite.

Pour la plupart des militants « nationalistes », l'identification au groupe par la tenue est poussée jusqu'au détail. Les chaussures sont presque toujours les mêmes, style militaire façon Doc Martens avec des lacets larges de couleur blanche ou rouge, et des pin's accrochés au blouson. Des pin's criant leur haine de la société moderne ou affichant des logos allant puiser dans l'imagerie celtique, très prisée par ces jeunes. Un choix vestimentaire qui confère à l'ensemble un arrière-goût vieillot de culture skinhead.

Au sein de DI, c'est tout le contraire. Même si j'aperçois quelques vestes Lonsdale, ici les militants passent inaperçus, la discrétion vestimentaire est la norme.

Une opposition de style qui s'inscrit justement dans leur volonté de se différencier des militants du FNJ. Au sein des nouveaux mouvements d'extrême droite comme DI, on a analysé les raisons des échecs du FN. Et, parmi les nombreux reproches faits au parti des Le Pen, revient très souvent l'image déplorable véhiculée par les militants : leur manque d'éducation et leur apparence « facho » qui enlève toute crédibilité au mouvement.

En continuant de regarder autour de moi, je ne peux que constater qu'à côté du FNJ bordelais, peuplé pour sa majorité de loubards à la dérive, de chômeurs, d'agriculteurs ou d'ouvriers, DI, c'est le gotha de la droite radicale. Plus éduqués, plus cultivés, avec leurs airs de grands enfants sages, on leur donnerait, de loin, « le bon Dieu sans confession ». De près, c'est une autre histoire.

> « Quand on assiste à ce genre de conférence, lance le plus trapu de mes voisins, ce que l'on comprend, c'est qu'on nous ment en permanence, et depuis la naissance. Tout le monde nous ment, l'école, la société, même nos parents sont intoxiqués. C'est difficile à entendre mais c'est la vérité. On construit nos vies sur des mensonges. Dans le programme scolaire, on nous parle à fond de la Seconde Guerre mondiale, du fascisme, du nazisme, pour en dire du mal, mais de Franco, de Salazar, de Pinochet, de ces trois-là, on ne nous parle jamais ! Pourtant, c'est la base. Ces trois-là, ils incarnent la base de ce que devraient être nos sociétés actuelles. (...) Mais ils sont traînés dans la boue. Je comprends que les professeurs orientent leurs cours en fonction de ce qui leur fait plaisir, mais de là à nous enseigner des mensonges ! Oui, en effet, Franco a organisé une répression. Mais attends ! Les républicains, eux, ils ont tué 7000 prêtres. Il faut rester

objectif. On a eu 80000 martyrs en Espagne pendant la guerre civile, merde, c'est pas rien. On se devait de réagir ! Alors qu'on les attrape et qu'on les bousille, c'est normal... Une balle dans la tête à chacun, c'est normal ! »

Même si, avec les années, je me suis familiarisé avec leur discours, ma gorge se noue. Je reste pétrifié par cette violence vécue comme la conclusion évidente de tout processus historique. Je noie mon silence dans une gorgée de bière. Les deux autres ne disent rien non plus, mais acquiescent sans broncher.

La discussion continue sur le même terrain. Ces jeunes militants se réjouissent que Dies Irae prenne forme de pareille manière. Un groupe qui leur offrira non seulement des occasions de rencontres, mais surtout la possibilité d'engranger des arguments culturels pour améliorer leurs connaissances. Grâce à DI, ils disent pouvoir faire évoluer leurs esprits de façon positive, loin des clichés de ce qu'ils nomment en permanence « la pensée unique et dominante ». Une expression très reprise aujourd'hui mais qui leur appartient de longue date et qui nomme en réalité tout ce qui se dit en dehors de leurs rangs, toute forme de pensée qui diverge de la leur.

« La pensée dominante » est une grosse boue discursive uniforme à l'intérieur de laquelle ils ne distinguent que d'infimes nuances d'ordre cosmétique. Grâce à DI, ils vont pouvoir laver leurs esprits de ces scories malsaines, devenir des hommes nouveaux. Mes interlocuteurs s'en montrent convaincus.

> «On a vu ce qui s'est passé avec le Front national. À la dernière élection, après trente ans de combat, on a fait 20% puis tout s'est effondré. La raison de tout cela, c'est qu'il n'y a pas de formation profonde, il n'y a pas de bonne éducation dans la tête des gens qui ont voté pour nous. Disons que si tu inculques bien les choses à un mec, si tu le formes, si tu lui dis la vérité, au bout d'un moment, il jette sa télévision, il n'achète plus que nos journaux, il ne va plus que dans nos magasins! C'est ça, la vérité. Il faut que DI ait cet objectif. Il faut orienter notre action dans cette direction. Pour nous, cela doit être une logique de vie.»

Derrière moi, le conférencier reçoit les compliments d'un petit groupe satisfait, visiblement heureux de se retrouver entre penseurs de même engeance. Ensemble, ils surenchérissent sur «le ridicule du message historique officiel». Un message qui «derrière une réécriture de la guerre d'Espagne à l'avantage des républicains, cache si mal la volonté concertée d'enterrer l'action glorieuse du général Franco».

Je me retourne pour quitter mon groupe et me joindre à la bande des flatteurs. J'avais envie d'approcher le conférencier d'un soir pour en savoir plus sur sa vision de cette guerre ethnique qui nous menace et qui semble lui paraître inévitable.

> «La guerre civile, ou ethnique, appelle-la comme tu veux, elle arrive. Ça ne fait aucun doute!»

Il lance cela impérieusement, fort de l'assurance gagnée par son tout neuf statut d'orateur star.

> «Et il faut t'y préparer au plus vite. Le plus important, c'est d'adopter une bonne discipline de vie, c'est comme ça qu'on va s'en sortir. On n'aura jamais la supériorité numérique, mais combien de batailles ont été gagnées par des minorités disciplinées, formées techniquement et préparées mentalement? Notre but, aujourd'hui, c'est que quand on croise un mec, même rien que deux ou trois fois, on lui bourre le crâne avec cette idée, pour que dans dix ans, quand il aura fait des enfants, il les élève dans cette même optique. C'est important pour les mecs que tu croises, mais ça l'est encore plus pour nous. Pour nous, c'est même essentiel. Nous devons épouser une femme qui a les mêmes idées que nous, lui faire des enfants et les éduquer dans le même sens.»

Un cloisonnement mental et familial, du sport, voilà la recette proposée pour faire face à l'inévitable guerre civile qu'il voit poindre de manière obsessionnelle. Contre qui? Contre quoi? Dans sa bouche, la réponse semble englober la grande majorité de la société française.

> «Les étrangers, en priorité les musulmans, les Juifs et tous ceux qui dépravent notre culture.»

Ce type de guerre menée contre un ennemi de l'intérieur, il s'enorgueillit de bien la connaître, car il m'avoue avoir combattu du côté des Serbes «en indépendant» durant la guerre de Yougoslavie.

Avoir fait la guerre des Balkans dans les rangs serbes, c'est le *nec plus ultra* sur le CV d'un militant d'extrême droite. Je souris, l'air impressionné, tout en pensant que, dans ce milieu, les mythomanes sont légion.

Progressivement, la cave se vide. En haut de l'escalier, dans le petit hall d'entrée, je croise Antoine. C'est l'étudiant qui avait pris la parole avant que la conférence ne commence pour annoncer la formation prochaine d'un syndicat étudiant qui défendra les idées de DI.

C'est la première fois que je me retrouve seul avec un militant de ce nouveau groupe. Je veux saisir l'occasion. Entamer la conversation peut créer une proximité qui me sera utile par la suite. Il est toujours bon dans une infiltration d'avoir dès le départ une ou deux personnes avec qui tisser des liens privilégiés. Cela me permet d'asseoir plus confortablement ma présence au sein du groupe, d'augmenter mes chances d'obtenir des confidences et, plus simplement, d'éviter de me retrouver isolé lors de ma prochaine sortie avec eux. Lorsque vous fréquentez ces militants, vous réalisez très vite que celui qui est à l'écart est toujours suspect.

L'approche doit se faire en douceur, je suis encore un inconnu, il va devoir me tester, m'évaluer avant d'accepter peut-être de m'intégrer à sa famille de pensée. Il lance la première question.

– Tu connaissais un peu DI avant ?

– Je connaissais Fabrice Sorlin. En fait, avant, je militais au FN.

– Ah ouais, carrément, c'est bien...

Il se tait. Antoine me balaie brièvement des yeux, puis regarde ses pieds bien plus longtemps. Est-il timide, prudent ou peu enclin à la discussion ? Je décide d'attendre qu'il se remette à parler. Blouson en simili cuir noir porté sur un survêtement à capuche, jean usé, vieilles baskets. Avec son style de petite frappe, Antoine dénote un peu. Je tousse. Il enchaîne :

– C'est bien que tu sois venu. De toute façon, on a toujours besoin de main-d'œuvre.

Retour du silence. Je m'en amuse un peu et ne fais rien pour l'empêcher. C'est un quitte ou double, soit il parle et se livre davantage pour rompre la glace, soit il s'en va. Je n'attendrai pas longtemps pour être récompensé. Après un bref échange de banalités, rassuré par mon parcours de prétendu militant frontiste, il va m'annoncer brutalement, comme une évidence, ce qui se cache derrière la naissance de Dies Irae.

– Faire un coup d'État, c'est fini, on sait très bien comment ça se terminerait. Alors pour faire triompher nos idées, nous devons nous implanter dans une ville et essayer de tout noyauter. C'est comme ça que ça marche. Pour mettre au point le groupe et ce qu'on doit y faire, on s'est inspiré de pas mal de bouquins. Je sais pas si tu connais *Les Hordes* ?

– Non. Je ne connais pas.

– Et *Les Carnets de Turner*, tu connais ?

Les Hordes et *Les Carnets de Turner*, deux classiques de la littérature d'extrême droite. Des ouvrages explosifs. Des lectures obligatoires que j'avais préalablement faites, comme toute personne devant travailler sur les groupuscules de cette mouvance...

– *Les Carnets de Turner*? C'est quoi ça, *Les Carnets de Turner*?

– C'est un bouquin que tu peux télécharger sur Internet (...). Il raconte l'histoire d'un groupe de combattants américains qui se sont battus contre leur propre pays et qui vont gagner à la fin.

Son visage s'éclaire, ses yeux ont fini par quitter ses chaussures, son débit s'accélère un bref instant avant de s'interrompre aussi sec.

– C'est assez intéressant, parce qu'on peut voir pas mal de choses dans le livre qui peuvent être copiées et appliquées complètement ici... Et ça, c'est vachement bien. C'est captivant comme lecture, tu passes deux jours dessus, ça fait plaisir et en plus t'auras tout compris.

Selon ce cadre de Dies Irae, son mouvement politique utilise *Les Carnets de Turner* comme ouvrage de référence pour définir ses objectifs et ses moyens d'action. Même si les intentions belliqueuses de DI commençaient à m'apparaître de manière assez claire suite à la conférence, l'information que je viens de recevoir est à peine croyable.

Écrit en 1978 par William Luther Pierce, un leader néonazi américain, *Les Carnets de Turner* est un brûlot haineux, véritable mode d'emploi de la guerre civile contemporaine. L'auteur y prône la création de milices autonomes entraînées et prêtes à détruire le système démocratique. Il y décrit la préparation et les actions terroristes d'un groupuscule contre l'État américain, le tout entrecoupé de massacres de citoyens noirs ou juifs présentés le plus souvent comme les véritables maîtres de l'Amérique. Au fil du récit, le « nettoyage ethnique » se fait de plus en plus systématique jusqu'à déboucher sur un chaos atomique. L'ouvrage est interdit dans la plupart des pays du monde.

En France, par arrêté ministériel[1], la circulation, la distribution et la mise en vente des *Carnets de Turner* sont interdites car ils sont de nature à causer des troubles à l'ordre public en raison de l'apologie du racisme, de l'antisémitisme et du recours à la violence qu'il fait. Un cas rare.

Pour en savoir plus sur ce groupe qui dit vouloir s'inspirer des *Carnets de Turner*, je parviens à me faire inviter à une nouvelle réunion.

1. Arrêté du 21 octobre 1999.

4

Après une heure de route à travers la campagne, au bout d'un petit chemin de terre, j'arrive au milieu d'un grand champ complètement isolé. Sorte de terrain vague recouvert de ronces dont les seuls reliefs sont un amoncellement de pneus usés qui s'élève sur plusieurs mètres, et quelques amas de gravier recouverts de mousse. Malgré le soleil, le lieu est peu accueillant et le stress qui m'habite contribue sans doute à me le rendre sordide. Au nord, une rangée d'arbres cache le lit de la Garonne. Au sud, la petite route de terre par laquelle je suis arrivé. Puis plus rien, sauf ces deux granges en ruine devant lesquelles ils m'ont donné rendez-vous.

Une centaine de personnes de 15 à 65 ans sont déjà là à attendre. Parmi elles, j'en reconnais certaines présentes lors de la conférence sur la guerre d'Espagne.

Sous un auvent qui jouxte la première des deux granges, des bancs et quelques chaises ont été installés en forme de fer à cheval. Fabrice Sorlin nous invite à y prendre place. Accompagné de Charles, sorte de numéro deux de DI qui joue le rôle d'intellectuel de la bande, il va poser les bases de leur mouvement dans ce qu'ils nomment « un atelier Politique » :

> « Si je vous ai fait venir ici, c'est qu'il y a forcément une finalité politique à ce que nous avons entrepris, la politique, c'est l'essence même de notre mouvement. »

Une brève introduction et l'ancien candidat du Front national se fait soudain analyste et stratège. Il va calmement annoncer l'objectif de ce que lui et sa bande entreprennent avec la création de DI : la mise à mort du système démocratique.

> « Le constat des sciences politiques nous prouve, car la philosophie politique est une science exacte, que la démocratie moderne est la négation du bien commun. Ce bien commun qui devrait pourtant être la recherche de toute société. (...) En conséquence, la véritable ennemie que nous avons aujourd'hui en tant que nationalistes, en tant que patriotes, c'est la démocratie moderne. C'est-à-dire : le système politique dans lequel nous vivons aujourd'hui. »

Le silence est marqué, personne dans l'assistance ne réagit. Fabrice Sorlin aura beau s'en défendre par la suite, il a mis sur pied un mouvement politique discret et groupusculaire dont l'objectif est d'abattre la démocratie. Une volonté qu'il partageait avec ses anciens amis du Front national. Et c'est en réaction à leur manque de volontarisme que Sorlin a décidé de faire sécession en créant son propre mouvement.

> « La démocratie moderne est notre ennemie. C'est très important d'avoir cette nuance-là en tête et de se fixer l'adversaire à combattre pour éviter de s'éparpiller ou de faire des erreurs dans ses choix stratégiques. »

Dies Irae n'a pas vocation à parler au nom du peuple. Pour eux, le suffrage universel est une hérésie. Il prône le retour à une forme de société totalitaire et royaliste. En s'appuyant sur le corpus idéologique de l'ancien régime, où Dieu est au centre avec le roi comme premier serviteur, ils vomissent la Révolution française et récusent toutes les bases de la démocratie. Jouer le jeu des démocrates en participant à des élections comme le fait le Front national est pour Sorlin une aberration qui assoit la démocratie au lieu de la détruire.

> « Aujourd'hui, la démocratie se nourrit des partis qu'on dit nationalistes et patriotes. Ne vous y trompez pas, tout cela renforce le système pourri dans lequel nous vivons. Le fait qu'on ait le droit de s'exprimer en tant que mouvement politique représenté lors des élections... ça renforce le système démocratique. Grâce au FN, les démocrates peuvent dire : "Regardez, vous voyez bien, même les racistes, les néofascistes, néonazis ont le droit de s'exprimer." (...) s'il n'y avait pas ces partis nationalistes dans la course aux élections, cela apparaîtrait clairement aux yeux de tout le monde que nous vivons en fait dans un totalitarisme démocratique. »

> «Le système véreux qu'on nous a imposé aujourd'hui, c'est celui de la démocratie. Pour gagner, il faut plaire au plus grand nombre, or, pour plaire au plus grand nombre, il faut lisser son discours, il faut lisser sa doctrine, il faut lisser ses opinions politiques. Et pour y parvenir, on est forcés d'opérer un nivellement par le bas afin de rassembler un maximum de monde. Avec DI, nous voulons exactement le contraire. Nous tenons à nos valeurs, à notre doctrine, à nos engagements. Ici, on se bat pour la vérité, on se bat pour le bien. Des valeurs objectives qui, contrairement à ce qu'on ne cesse de nous dire aujourd'hui, existent! Des valeurs qui sont les nôtres.»

Au-delà de la charge anti-démocratique, le message est orienté contre le FN. Fabrice Sorlin, dont tout le monde ici connaît le précédent engagement politique, explique qu'il y a été «manipulé par le système qu'il voulait combattre», et que depuis qu'il s'en est «sorti» il veut éviter aux autres de faire «les mêmes bêtises». Le Front n'est plus seulement une voie militante inutile, il est même, à ses yeux, devenu un combat contre-productif qui ne leur a jamais vraiment offert la moindre possibilité d'accéder un jour au pouvoir. Contrairement au Front national, les membres de DI ont définitivement renoncé à l'idée de faire adhérer la majorité de la population à leurs thèses. Ils ont parfaitement intégré le fait d'avoir perdu la bataille idéologique et d'avoir des rangs trop clairsemés pour remonter la pente. Sorlin se veut réaliste.

> « Comment fait-on, maintenant qu'on sait quel est notre ennemi et quels sont les points que l'on doit défendre ? Il n'y a, *a priori*, que deux solutions. La première, passer en force de façon directe : c'est le coup d'État. La seconde : c'est passer par les urnes.
>
> Le coup d'État. Beaucoup de personnes s'y sont intéressées. Nous l'avons étudié mais sans trop y croire car, dans une démocratie moderne, c'est complètement impossible. Dans les pays d'Afrique, il y a des coups d'État chaque semaine, mais dans un pays aussi bien structuré – et surtout aussi bien fliqué – que la France, avant même d'avoir bougé le petit doigt ce serait terminé. Il nous reste les urnes, mais les urnes, c'est malheureusement là-dedans que la plupart des personnes de chez nous se font rouler dans la farine. Je pense que tout le monde aura bien compris que DI n'est pas un mouvement à finalité électoraliste. »

Alors, pour changer les choses, les dirigeants de DI voient à long terme. Ils souhaitent créer un groupe de fidèles, une communauté prête à se sacrifier en cas de guerre civile. Dans cette perspective, ils visent une reconquête des esprits sur plusieurs années, s'inscrivant dans la droite ligne de la mutation voulue par les intellectuels néo-fascistes de la fin des années 1970. C'est peut-être la seule pertinence stratégique de ce parti naissant, cette volonté de se projeter sur le long terme pour grignoter progressivement les esprits. L'objectif est simple : faire évoluer la lecture du monde, « aujourd'hui dominée par l'idéologie humaniste des lumières », vers une lecture plus nationaliste, rationnelle et totalitaire. Pour y arriver, il faut commencer tout petit et modestement « agir dans l'ombre, hors du système ».

> « L'échelle de grandeur nationale nous dépasse…
>
> On n'a pas les moyens financiers, on n'a pas les moyens humains, je ne vois pas ce qu'on peut faire aujourd'hui à ce niveau-là pour changer les choses. En revanche, au niveau local, là où l'on habite, là où nos enfants vont à l'école, là où est notre paroisse, nous pouvons agir… Je ne dis pas qu'on va reprendre la mairie de Bordeaux (…) Mais il peut y avoir un travail concret fait sur le terrain pour changer les mentalités. (…) nous devons être dans le concret. Il est plus facile de faire adhérer à nos idées par l'exemple que par le discours. En faisant des actions de type métapolitique, en montrant sur le terrain ce qu'est l'entraide et quelles sont nos valeurs. »

Le coup d'État trop risqué, les urnes une utopie, il ne leur reste qu'une option : organiser des petits groupes répartis sur tout le territoire, intellectuellement et physiquement prêts au combat. Leur but, outre se préparer à la guerre, est de diffuser l'idéologie nationaliste par des actions précises mais aussi par des discours simples basés sur des formules efficaces. L'ambition un peu folle, mais déjà à l'époque de moins en moins improbable, est de voir leurs vocables s'insinuer dans la tête des gens et dans les discours des partis politiques dominants. « Préférence et solidarité nationales », « respect du drapeau », « respect des valeurs chrétiennes », « ethnisation des rapports sociaux», «risque de guerre ethnique», «racisme anti-Blanc[1]». Antoine, l'étudiant avec lequel je m'étais entretenu après la conférence sur la guerre d'Espagne, n'avait pas menti, Dies Irae suit la méthodologie d'élaboration de groupuscules et de préparation en vue d'une guerre civile décrite dans *Les Carnets de Turner.*

> «Voilà donc l'idée: partir du local et essayer de multiplier ce nombre de structures-là dans toutes les villes de France. Il faut que ces groupes soient autant de pôles de résistance indépendants et décentralisés. L'avantage d'avoir autant de structures décentralisées, c'est que si demain, par miracle, les Français se mettent à ouvrir les yeux, qu'ils se réveillent et se rassemblent derrière un chef qui a du charisme, rien ne nous empêchera, en tant que groupe, de venir nous greffer à lui. En revanche, si tout continue à aller aussi mal qu'aujourd'hui, eh bien ces groupes seront autant de pôles de résistance éparpillés à travers toute la France. Et s'il y en a un qui est décapité, il en restera suffisamment qui seront prêts à agir. Voilà la stratégie qu'on a adoptée aujourd'hui.»

1. Les auteurs rappellent qu'ils ont réalisé cette infiltration en 2008. En 2012, pour la première fois, un leader de la droite modérée (Jean-François Copé, UMP) reprenait à son compte, dans un de ses livres, l'expression «racisme anti-blanc». Il s'inscrivait ainsi dans la lignée de certains ministres de la deuxième moitié du mandat présidentiel de Nicolas Sarkozy qui avaient depuis 2010 commencé à faire entrer les terminologies de l'extrême droite dans leurs rhétoriques quotidiennes. Leur pari: faire perdre de sa force à la droite radicale en se servant de leurs éléments de langage. Alors que le résultat est le même, le pari va à contre-courant de ce qu'envisageaient les jeunes de DI. Seul l'avenir dira qui d'entre eux a eu la stratégie la plus payante.

Le potentiel radical de cette nouvelle bouture de l'extrême droite, structurée autour d'un livre nauséabond, dépasse ce que j'avais imaginé. Je vais, dès lors, m'intégrer pleinement à ce mouvement, m'impliquer physiquement pour rester au plus près d'eux, capter leurs pensées les plus intimes, témoigner de leurs méthodes de travail et de leurs modes de fonctionnement. Être le témoin privilégié d'un groupe de jeunes bourgeois qui, le jour où la démocratie tombera, veulent orner de sa tête fraîchement coupée les pointes de leurs fourches.

5

Le mercredi suivant, j'apprends que les travaux sont en cours dans la cave où j'avais rencontré le groupe la première fois. Je décide d'aller leur apporter mon aide.

Quand j'arrive sur place, la porte du couloir qui mène à la cave est grande ouverte. Des panaches de poussière blanche viennent mourir sur le trottoir, à mes pieds. D'un doigt, j'évalue la pellicule crayeuse. De la poudre de pierre : pas de doute, au sous-sol, les choses sérieuses ont commencé. Je descends l'escalier obstrué par des outils et des débris en tout genre laissés négligemment sur les marches. En bas, l'air complètement saturé de particules arrachées aux murs ne permet pas de voir à plus d'un mètre, on respire difficilement et le son violent d'une machine – un compresseur à sable – résonne dans toute la pièce.

Après quelques pas lents et prudents à l'intérieur, je devine une silhouette qui se détache dans la lumière de deux projecteurs de chantier. Le son du compresseur s'interrompt, laissant planer le bourdonnement d'un moteur au repos. Une voix s'élève au loin :

– Putain, quelle galère, je vois rien !

Une silhouette s'approche, suivie d'une deuxième.

– L'essentiel, c'est qu'il faut que ce soit propre. Le reste, je m'en fous ! Je ne suis pas là pour faire de l'art... je ne suis pas payé.

– Putain, à ce rythme-là, on en a pour des mois de boulot.

Je m'aventure à travers l'épaisse brume de poussière pour me rapprocher d'eux et signaler ma présence. Le compresseur, même en pause, émet un bruit qui m'oblige à élever la voix.

– Salut ! Il y a quelqu'un ?... Je suis venu vous aider...

Je reconnais René, le tailleur de pierre responsable de ce chantier. À côté de lui, Garance, un militant d'environ 25 ans, cheveux bruns et bouclés, tête d'enfant sage derrière ses lunettes d'écaille. Ils sont entièrement recouverts de poussière blanche, avec leurs casques antibruit sur la tête, ils ont l'air de deux gros insectes ayant passé la journée à ramper dans la craie. Leur apparence presque comique dans cette lumière irréelle, voilà, me dis-je, ce qui m'aidera à tenir au milieu de ces militants. Garder une distance mentale permanente, pour ne rien laisser transparaître de mes émotions face à ces jeunes gens qui se posent comme les héritiers de ceux qui ont écrit les pages les plus meurtrières du XXe siècle. Débusquer l'humour partout où il se loge, m'y accrocher pour mieux rester impassible face à leurs propos le plus souvent haineux, racistes et incohérents. Vivre avec eux comme s'ils étaient des personnages de fiction, que j'observerais avec ironie, comme dans un grand jeu de rôle en somme. Mais une fois la porte refermée, ne jamais oublier que tout cela est une réalité.

René me salue et retourne à son compresseur. Garance me convie à un tour du propriétaire. Nous avançons au milieu des débris. La poussière est partiellement retombée, mais la visibilité reste quasi nulle. Mis à part leur superficie, les quatre pièces se ressemblent toutes. Les murs en pierre de taille noircis par la crasse s'élèvent jusqu'à environ quatre mètres et définissent des espaces carrés sans ouverture, hormis une porte étroite. Garance s'y promène comme à la maison.

– Ici, il y aura la salle de musculation, juste à côté la salle de conférences et la bibliothèque. Dans la dernière pièce, on fera une salle de jeux... Si tout se passe bien, on espère ouvrir dans quatre mois. Mais avant, il faut laver chaque pierre, installer l'électricité, l'eau, les toilettes, et après ce sera fini.

Le compresseur se remet à cracher son sable dans un vacarme assourdissant. Alors qu'il abrase les murs depuis plus de cinq heures, seule une petite portion de la salle principale semble nettoyée. Ce qui les préoccupe le plus, c'est qu'ils n'auront pas les moyens de louer le compresseur au-delà du week-end. Les caisses du mouvement sont quasi vides. Garance a une idée.

– Le jour de l'inauguration, on fera payer 10 euros l'entrée : ça permettra de rembourser un dixième des travaux. Et puis on fera une quête à la fin pour la cause !

Puis il ajoute :

– Les seuls qu'on devra inviter, ce sont les gens de la fraternité Saint-Pie X. Pour eux, c'est gratuit.

C'est la première fois que j'entends l'un de ces jeunes militants parler de la fraternité Saint-Pie X, je m'en étonne. Fondée en 1970 par Mgr Marcel Lefebvre, la fraternité sacerdotale Saint-Pie X est une société de prêtres née du refus de la modernisation de l'Église mise en place par le pape Jean XXIII lors du concile de Vatican II[1]. Les prêtres conservateurs accusent Jean XXIII de vouloir détruire la chrétienté. La fraternité se constitue comme le fer de lance du courant dit « traditionaliste » de l'Église. Excommuniés par le pape dont ils refusent l'autorité, chassés de la cour de Rome, les hommes de la fraternité, considérés comme des intégristes par la majorité des chrétiens, sont connus pour leurs accointances avec les mouvements d'extrême droite.

1. Extrait du manifeste de Mgr Lefebvre paru en 1974 : « Nous refusons et avons toujours refusé de suivre la Rome de tendance néomoderniste et néoprotestante qui s'est manifestée clairement dans le concile Vatican II et après le concile dans toutes les réformes qui en sont issues. (...) Aucune autorité, même la plus élevée dans la hiérarchie, ne peut nous contraindre à abandonner ou à diminuer notre foi catholique clairement exprimée et professée par le magistère de l'Église depuis dix-neuf siècles. (...) Cette Réforme étant issue du libéralisme, du modernisme, est tout entière empoisonnée ; elle sort de l'hérésie et aboutit à l'hérésie, même si tous ses actes ne sont pas formellement hérétiques. Il est donc impossible à tout catholique conscient et fidèle d'adopter cette Réforme et de s'y soumettre de quelque manière que ce soit. »

– Pourquoi gratuit pour la fraternité ?

– Ils nous ont offert toutes les chaises qui sont dans la salle de conférences.

– Ce sont les seuls à vous avoir aidés ?

– Non, il y a aussi les gens de Saint-Éloi. C'est leur paroisse qui nous a prêté presque tous les outils qui sont ici pour que nous puissions faire nos travaux.

La paroisse Saint-Éloi est le siège bordelais de l'Institut du Bon Pasteur, une excroissance de la fraternité Saint-Pie X dont elle a fait sécession. À la différence de la fraternité Saint-Pie X, l'Institut du Bon Pasteur est reconnu par l'Église qui lui accorde l'« usage exclusif de la forme extraordinaire du rite romain[1] » ainsi que le droit à une « critique constructive » du concile de Vatican II. Rassemblée sous l'autorité de l'abbé Philippe Laguérie, ancien prêtre de la fraternité, la paroisse Saint-Éloi a son église au pied de la Grosse Cloche de Bordeaux. En plein centre-ville, à quelques mètres de la cave où nous nous trouvons.

René est toujours accroché au tuyau du compresseur. Sa silhouette s'efface progressivement sous un rideau de particules en suspension. Malgré sa bonne volonté, le travail n'avance pas comme il l'espérait. Pris d'une

1. Appelé aussi « rite tridentin » ou « rite traditionnel », il reprend la forme exécutoire de la messe et autres sacrements fixée au milieu du XVIe siècle par Pie V. Très codifiée dans son déroulement, la messe est dite en latin et ne tient pas compte des modifications apportées par le concile de 1962 dit de « Vatican II » qui impose, entre autres, que la messe soit dite dans la langue vernaculaire, que les prières méprisantes à l'égard des Juifs soient supprimées et que l'Église s'ouvre aux autres religions.

colère soudaine, les doigts tétanisés par l'effort et les yeux irrités par la poussière, il jette l'outil au sol.

– Allez, ça suffit, je n'y vois plus rien et j'en ai ma claque. Là, je souffre pour le Christ et pour DI, c'est plutôt pas mal. (...) je propose qu'on aille à la messe maintenant ! Tu t'imagines les mecs qui se ramènent comme ça à la messe ? Ah ! voilà les crados !

La boutade déclenche des rires, les premiers que j'entends chez ces jeunes militants. Des rires qu'interrompent rapidement des bruits de pas précipités provenant de l'escalier. Paul déboule dans la cave. Petit, le crâne rasé, portant un treillis militaire et un maillot de corps laissant apparaître des bras secs et musclés, Paul a une vingtaine d'années mais le regard agité d'un enfant pris en flagrant délit. Sa lèvre inférieure tremble au rythme de son angoisse. Sans autre forme de présentation, il nous lance :

– Il y a quelqu'un qui gueule dehors à cause du bruit du compresseur. Il dit que si demain on remet ça, il appellera la mairie. Il est musicien, il m'a expliqué que ça fait des infra basses qui remontent dans l'immeuble et que c'est infernal...

– C'est pas le connard de nègre qui est rue Saint-James ?

Roland l'interrompt :

– Non, il est blanc. Il doit avoir entre 35 et 45 ans. C'est un nez crochu[1]. Qu'est-ce qu'on fait ?

1. Insulte désignant un Juif.

– Bon, on s'en occupera plus tard. S'il nous fait encore chier demain, j'irai lui parler…

Paul s'assied sur la dernière des marches. Il se calme. Son regard perdu cherche un point où se fixer dans l'étendue blanchâtre du chantier. Sa tension extrême pour un événement si bénin traduit le sentiment de transgression que procurent, pour beaucoup de ces jeunes, les actions du mouvement. Le monde extérieur est un ennemi et toute interaction est donc perçue comme une menace. Cet état d'esprit paranoïaque est commun à beaucoup des militants d'extrême droite que j'ai pu croiser au cours de ces dix dernières années. C'est le fil rouge de leurs raisonnements et de leurs actions.

Les opinions racistes de Paul n'ayant plus besoin d'être confirmées, je reprends le fil de la nouvelle information que je viens d'obtenir : et si ces jeunes étaient tous issus de courants catholiques traditionalistes ?

– T'es depuis quand à DI ?

– Oh, depuis le début.

– Et tu es lié à l'Institut du Bon Pasteur ?

– Non, moi je suis à la fraternité Saint-Pie X depuis ma naissance.

– Il y a des différences avec l'Institut du Bon Pasteur ?

– Non, pour moi il n'y en a pas. C'est juste un problème de personnes. Mais ici on est tous les mêmes.

Roland nous rejoint. Il sort de sa poche une liste qu'il transmet à Paul. Une liste de courses pour un dîner qu'ils doivent partager en petit comité ce vendredi.

– Tu fais bien gaffe à ne prendre que ce qu'il y a sur la liste et surtout n'achète pas de viande !

– Pourquoi pas de viande ? rétorque Paul.

– C'est pour le dîner de vendredi…

Je fais mine de ne pas comprendre. René m'éclaire :

– On ne mange pas de viande le vendredi pour faire abstinence. De nos jours, ce n'est plus appliqué par l'Église… Pour les progressistes, il suffit de remplacer ça par une bonne action, pas pour nous.

La liste à la main, Paul se lève et prend congé. René le salue et me regarde, l'air sombre sous la poussière blanche. Ma question l'a froissé et a laissé entrer un doute en lui.

– Tu ne vas pas à la messe ? Il faut que tu y ailles…

– Je ne suis pas très croyant. Nationaliste mais pas croyant Mes parents sont communistes, alors tu sais, l'église, chez nous…

– Tu dois aller à la messe ! En réalité, c'est même obligatoire, mais après chacun fait comme il veut. Le dimanche, à Saint-Éloi, tu peux y aller le matin, tu en as une à 8 heures et une à 9 heures. Ce sont les messes basses. Ou sinon, il y a celle du soir, elle démarre à 18 h 30.

Je ne cesserai d'en avoir la confirmation, en plus d'être des antidémocrates acharnés, ces jeunes sont tous des chrétiens traditionalistes. Pour eux, politique et religion sont inséparables. Et justement, aujourd'hui, en plein chantier, ils reçoivent la visite d'un abbé. Il s'agit de l'abbé Philippe Laguérie, fondateur et supérieur général de l'Institut du Bon Pasteur et de l'église Saint-Éloi dans laquelle il officie. Visiblement flattés de cette visite, les jeunes militants l'accueillent avec mansuétude. L'abbé fait un rapide tour des lieux, commente l'avancée des travaux et se réjouit de voir des jeunes pareillement mobilisés.

– Je n'ai aucun sens de l'orientation. On est dans quel sens, là ? On est où ?

– L'église est pile en face de nous, monsieur l'abbé.

Frappant un des murs de la cave, René ajoute :

– L'église est juste là.

L'abbé prend ses repères dans cette cave qu'il visite pour la première fois. Charismatique, la voix grave et profonde, il continue sa tournée, entouré par des militants de plus en plus excités par l'intérêt que leur porte cet homme d'Église, véritable référence intellectuelle et morale dans les milieux traditionalistes. Chacun se presse à ses côtés pour lui commenter la moindre pierre, le moindre débris. La scène est étrange : l'abbé, en soutane sombre, marchant au milieu des décombres recouverts de poudre blanche, suivi à la trace par une petite cour agitée, fébrile et sale comme des gueux faisant à chaque pas virevolter la poussière. Il y a quelque chose de moyenâgeux dans cette image. Dans la lumière réfractée en tous sens, je crois voir s'animer un tableau. Sous mes yeux, Giotto rejoint Bruegel. Instinctivement, mon cerveau commence à prendre ses distances. Un phénomène de distanciation instantané que j'éprouverai fréquemment, véritable réflexe animal de survie dans cet univers psychologiquement oppressant. Je me joins à la bande et entreprends l'abbé :

– Monsieur l'abbé, vous soutenez notre mouvement ?

– C'est Dies Irae ! C'est Fafa le patron. Ah ! mais Fafa, c'est un copain !

Fafa, c'est le surnom donné par ses amis à Fabrice Sorlin, le chef de la bande. L'abbé ne se prononcera jamais ni pour ni contre DI mais, à l'évidence, il fait partie des initiés.

Ma décision est prise, ce dimanche, j'irai à la messe quelques mètres plus haut.

6

L'église Saint-Éloi est l'une des quatre cents églises traditionalistes de France. Situé au cœur de la vieille ville, l'édifice est remarquable. Bâtie au XIIe siècle en hommage à saint Éloi, conseiller du roi Dagobert, elle s'est développée au fil du temps jusqu'à atteindre sa forme actuelle au milieu du XIXe siècle. Adossée aux anciens remparts de la ville dont elle suit le prolongement, son axe a cette particularité de ne pas être droit. Ainsi, de la première travée à la nef, la ligne se brise. Un inhabituel décalage qui donne à ce lieu un charme particulier. Sa façade, qui jouxte le beffroi de la Grosse Cloche, s'orne de trois portes imposantes, surmontées de voûtes néogothiques sculptées dans une pierre couleur crème typique de Bordeaux.

Après huit siècles d'activités qui la placèrent le plus souvent au centre de la vie religieuse et politique de la ville, l'église Saint-Éloi, progressivement désertée dès le milieu des années 1960, perd son prêtre en 1973. En 1981, pour des motifs de «sécurité des usagers», la ville ferme l'église au public. Ainsi, pendant près de vingt ans, elle restera à l'abandon. Tantôt abritant les archives municipales, tantôt refuge de squatteurs. Ce n'est qu'au début des années 2000 que les traditionalistes commencent à s'y intéresser. Un courant se forme alors autour de l'association Église Saint-Éloi. Ils veulent s'approprier ce lieu de culte, le restaurer et en faire un symbole, celui de leur détermination au service de la foi chrétienne dans la région.

Très rapidement, des membres de l'association vont faire du lobbying dans l'entourage du maire de la ville, Alain Juppé. Dans les coulisses, l'opération se prépare. Elle paraît anodine. Un groupe de militants religieux se propose de restaurer un lieu de culte symbolique dont la ville ne s'occupe plus. Lorsque le projet est présenté à M. Juppé, il n'y voit aucun inconvénient. Certes, il connaît les liens entre cette association et le courant schismatique de Mgr Lefebvre, mais dans une ville à la sociologie très largement bourgeoise, catholique, de droite et dont le courant traditionaliste n'est pas forcément mal perçu, il voit là un bon moyen de restaurer un monument à peu de frais et de faire un geste envers une frange de son électorat pour laquelle il n'a jusqu'ici pas fait grand-chose.

C'est donc sans débats préliminaires que, le 28 janvier 2002, Alain Juppé fait adopter un délibéré de mise à disposition de l'église dont la convention stipule:

> «La ville de Bordeaux met l'église Saint-Éloi, rue Saint-James à Bordeaux, à la disposition de l'association Église Saint-Éloi en vue de son ouverture au public. Cette mise à disposition s'inscrit dans un projet visant (entre autres, N.D.A.) l'achèvement de la restauration de l'église Saint-Éloi conformément aux règles et directives qui s'appliquent aux monuments historiques.»

De manière surprenante, le texte fait abstraction de la dimension religieuse de l'association Saint-Éloi:

> «(L'association Église Saint-Éloi sera responsable de) l'animation culturelle des lieux en y organisant des expositions, des concerts, des conférences et toutes autres activités qui mettent en valeur la beauté architecturale des lieux et en respectent la destination originelle.»

L'opposition municipale s'offusque alors et, par la voix de son leader, Gilles Savary, informe le maire de Bordeaux, Alain Juppé, qu'il est en train de donner l'église à la fraternité Saint-Pie X, un acte politiquement et moralement surprenant mais surtout illégal, précise l'élu socialiste: car l'église Saint-Éloi n'a pas été désaffectée, donc ne peut être réattribuée.

> «Elle n'était pas désaffectée du tout, c'est-à-dire qu'elle appartenait à l'État en vertu de la loi de 1905 et devait être dévolue au culte catholique romain et que M. Juppé, volontairement, essayait de lui soustraire pour la donner à l'équipe de l'abbé Laguérie et de la fraternité Saint-Pie X.»

Les socialistes insistent pour que soit présentée la preuve qu'une procédure de désaffectation de l'église a bien été exécutée. En guise de réponse, le préfet de l'époque, Christian Frémont, fait parvenir ce courrier officiel, surprenant :

> « Vous avez attiré mon attention sur la situation juridique de l'église Saint-Éloi à Bordeaux. (...) Malgré les recherches entreprises par mes services dans les archives conservées par la préfecture, l'arrêt préfectoral prononçant la désaffectation n'a pas été retrouvé. »

Au conseil municipal, le bras de fer s'engage entre le maire et l'opposition. Juppé y mettra fin d'un tour de main en déclarant, agacé :

> « Vous avez donné le cinéma *Utopia* à des anarcho-trotskistes, je laisse l'église à la fraternité. C'est cela, l'équilibre démocratique. »

Gilles Savary et l'archevêque Jean-Pierre Ricard, inquiet lui aussi de voir la fraternité Saint-Pie X s'accaparer un lieu de culte en plein centre-ville, engagent alors deux recours parallèles. En 2002, le tribunal administratif abonde dans leur sens et annule la délibération en question. Aux yeux de la loi, l'église Saint-Éloi n'est pas désaffectée. Elle ne peut donc sortir du giron de l'Église romaine et ne saurait être attribuée à qui que ce soit. En conséquence :

> « Le tribunal administratif de Bordeaux décide que la délibération du conseil municipal (...) et la décision du maire de Bordeaux (...) mettant l'église Saint-Éloi

> à la disposition de l'association Église Saint-Éloi, sont annulées. »

Nous sommes le 20 décembre 2002. L'association fait un appel qu'elle perdra deux ans plus tard. Et pourtant, rien ne bouge : les traditionalistes continuent bel et bien d'occuper les lieux sans que ni le maire ni le préfet n'exécutent la décision de justice invalidant leur présence. L'opposition fait alors part de son étonnement au ministre de l'Intérieur de l'époque, Nicolas Sarkozy, qui reçoit une injonction d'agir de la part de la cour administrative d'appel dans son délibéré à l'issue de l'audience publique du 30 mars 2004.

> « La République mande et ordonne au ministère de l'Intérieur, de la Sécurité intérieure et des Libertés locales, (...) de pourvoir à l'exécution du présent arrêt. »

Mais le ministre de l'Intérieur n'agira pas plus que le maire ou le préfet.

Le 5 juillet 2004, le conseil municipal de Bordeaux vote la résiliation de la convention passée par Alain Juppé avec l'association Saint-Éloi. Bien que l'association n'ait officiellement plus aucun lien avec l'église, c'est pourtant en son nom que Philippe Laguérie, membre de la fraternité Saint-Pie X, continue à occuper et à diriger illégalement le lieu. Les messes qu'il y organise suivent le rite tridentin et refusent les principes édités en 1962 lors du concile de Vatican II.

Le coup de tonnerre a lieu en 2006, lorsque Philippe Laguérie fait sécession d'avec la fraternité Saint-Pie X pour créer sa propre institution, l'Institut du Bon

Pasteur. Dans le fond, rien ne change véritablement mais, en surface, l'Institut du Bon Pasteur fait allégeance au Vatican. En échange de quoi, le Vatican le reconnaît et lui octroie le statut de « société de vie apostolique de droit pontifical ». Ainsi réintégrés dans l'Église romaine, l'abbé Laguérie et ses ouailles n'ont plus à quitter les lieux et, gifle supplémentaire, c'est l'archevêque Jean-Pierre Ricard, qui s'était tant battu pour que Saint-Éloi ne passe pas dans les mains du courant traditionaliste, qui doit, selon les règles vaticanes, venir célébrer l'élection d'une paroisse personnelle[1] en ce lieu.

Trois ans après ces événements, je pénètre donc en caméra cachée dans cette église présidée en toute légalité par ceux-là même qui l'ont occupée illégalement pendant six ans. Simple tour de passe-passe.

Bien qu'issu de la fraternité Saint-Pie X, l'Institut du Bon Pasteur en constitue désormais un groupe distinct reconnu et intégré à l'Église romaine. En fait, les liens qui unissent les deux paroisses persistent. Dans sa sacristie, l'abbé Laguérie n'a accroché au mur que trois photos, celles convenues du Pape et de l'archevêque de Bordeaux et la troisième fort rare dans les sacristies et bien plus significative : un portrait de Mgr Lefebvre. Les accointances de l'abbé et de sa paroisse

1. Une paroisse personnelle est une paroisse qui n'est pas définie en fonction d'un territoire, mais sur une thématique pastorale ou sur une liturgie particulière. Dans ce cas, la paroisse personnelle a été créée pour les fidèles attachés au rite tridentin.

avec le courant traditionaliste le plus dur demeurent une réalité. D'ailleurs, aujourd'hui, et pour la première fois en vingt ans, l'abbé va mettre son prêche entre parenthèses pour lire et commenter à ses ouailles une décision de Rome qui, *a priori*, ne le concerne que de manière lointaine. Mais les circonstances sont tout à fait exceptionnelles.

> « Le Seigneur nous pardonnera aujourd'hui de ne pas traiter les textes liturgiques mais de lire et commenter le décret qui est tombé hier de Rome. (...) L'événement est tellement historique que cette lecture quasi officielle est nécessaire. Écoutez bien chaque mot de ce décret, ils ont tous leur importance :
>
> "Décret des évêques levant l'excommunication de 1988 fait en la cité du Vatican.
>
> (...) Sa Sainteté Benoît XVI, paternellement sensible au malaise spirituel manifesté par les intéressés, à cause de la sanction d'excommunication, a décidé de reconsidérer la situation canonique créée par la consécration épiscopale des évêques Bernard Fellay, Bernard Tissier de Mallerais, Richard Williamson et Alfonso de Galarreta. Par cet acte, il désire consolider les relations réciproques de confiance, intensifier et stabiliser les rapports de la fraternité Saint-Pie X avec le siège apostolique (...) et permettre d'ôter le scandale de la division.
>
> En vertu du présent décret, je remets aux quatre évêques la censure de l'excommunication « *latæ sententiæ* » déclarée par cette congrégation le 1er juillet 1988,

tandis que je déclare privé d'effet juridique à partir de la date d'aujourd'hui le décret publié a cette époque.

Cardinal *Giovanni Battista Re,* préfet de la Congrégation pour les évêques.

Rome, le 21 Janvier 2009." »

Le décret est court et sans appel. Benoît XVI fait un geste fort en direction de la fraternité Saint-Pie X en réintégrant dans l'Église romaine les quatre évêques que Mgr Lefebvre avait consacrés sans l'accord du pape, lors de ce qu'il avait appelé une opération « survie de la tradition ». Un acte de rupture totale avec les principes qui prévalent dans l'Église depuis Vatican II. Pour un évêque, commettre un affront si radical envers le pape était l'équivalent d'une haute trahison chez les militaires. Mgr Lefebvre marquait le refus de l'autorité suprême du Saint-Père, qu'il accusait de se fourvoyer dans les lignes doctrinales de Vatican II et de conduire ainsi la chrétienté à sa perte. Cette consécration leur avait valu à tous une excommunication immédiate.

En les réintégrant, Benoît XVI donne implicitement raison à Mgr Lefebvre et à son refus de la modernisation de l'Église suite à Vatican II. Aucun pape avant lui ne s'y était risqué. Bien que passé relativement inaperçu, l'événement est sans précédent. L'abbé Laguérie voit tout de suite l'avantage qu'il va pouvoir en tirer. Pendant toute son homélie, il insiste sur l'opportunité qu'il y a pour le courant traditionaliste de profiter de ce pape pour faire vaciller les principes de tolérance et de modernisme inscrits dans les réformes de Vatican II. L'heure pourrait venir d'entamer un virage vers le retour aux dogmes et pratiques qui prévalaient dans l'Église depuis 1563.

> «Chers amis,
>
> Je n'ai pas grand-chose à ajouter à ce décret, si ce n'est de vous en montrer l'importance historique. (...) La volonté du pape démontre qu'il veut marcher vers la fraternité Saint-Pie X. Ce qui suppose, soulignons-le encore, une volonté profonde et tenace de ce pape exceptionnel qui est à lui seul un petit miracle (pour notre cause). (...) car il sait très bien que les raisons qui ont porté Mgr Lefebvre à consacrer les évêques étaient justes. Le pape l'a dit. Il y a des choses comme la liberté religieuse, comme ce dialogue interreligieux tous azimuts, qui sont suicidaires pour l'Église qui y perd son identité. Tout ça a été fait de manière sauvage après le concile Vatican II qui a ouvert une époque de turbulences et de scandales presque permanents.»

On ne saurait être plus clair.

> «Le pape actuel a toujours mesuré cela et il veut y mettre fin. (...) N'oubliez pas que, quelques mois après être monté sur la chaire de saint Pierre, lorsqu'il a prononcé son discours à la curie, dans lequel il expliquait qu'il fallait réinterpréter intégralement le concile de Vatican II à la lumière de la tradition, il a ajouté: "contre les mauvais esprits du Concile." Du jamais vu! Et c'est le pape qui le dit! Évidemment, cela ne va pas tout résoudre dans l'Église. Mais ces cinq cent cinquante-cinq prêtres de la fraternité Saint-Pie X, ajoutés à tous ceux qui travaillent pour la même cause,

c'est une armée fantastique implantée dans le monde entier.

Aujourd'hui, quand on rencontre un évêque, souvent, ce qui frappe le plus, c'est son impuissance à gouverner son diocèse parce qu'il a encore des curés "soixante-huitards", à moitié socialistes, quand ce n'est pas communistes, autour de lui. Pour changer tout ça, il faut plusieurs décennies, et il semble que ce travail soit en cours. L'Église se remet lentement de ses crises. Une crise comme celle que nous traversons ne se règle pas en dix ans et, pour y parvenir, il faut renouveler l'épiscopat. C'est pourquoi la réintégration de ces quatre évêques et cette volonté de changement du pape actuel sont une véritable révolution. (...) Alors prions pour que la fraternité Saint-Pie X, dont nous avons tous besoin, puisse se renforcer et continuer sa mission avec nous, avec d'autres, pour redonner la vérité de la foi catholique et de la liturgie à tous ceux qui en ont tant besoin. »

Après avoir obtenu le droit d'occuper cette église en renonçant officiellement à ses liens avec la fraternité Saint-Pie X, l'abbé devant ses ouailles ne cache pas son jeu.

Fin de l'homélie. Pour exprimer leur « joie » et leur « reconnaissance au pape », les fidèles vont, à la demande de l'abbé, entamer le *Te deum* suivi d'un Viva Papa Romanus. La messe reprend ensuite son cours, en latin, l'officiant tournant le dos à l'assemblée.

Après les actions de grâces, je décide de retrouver l'abbé dans sa sacristie. La démarche est apparemment peu habituelle, l'abbé se replie dans une posture distante et affairée. Pour mettre de l'ordre dans ses affaires, ses gestes ostensiblement secs et précis marquent de l'agacement. Ma présence n'est pas la bienvenue. Pourtant, j'ai très envie d'avoir en privé un commentaire qu'il a omis de faire en public sur l'un des quatre évêques qui a fait couler beaucoup d'encre récemment, et dont il se félicite tant de la réintégration, un certain Richard Williamson.

Né dans le comté de Buckingham, d'une famille anglicane, Richard Williamson intègre le séminaire d'Écône, siège de la fraternité Saint-Pie X en 1972, après s'être converti un an plus tôt au catholicisme romain. Il a alors 32 ans. Connu au sein de la fraternité pour ses vues historiques proches du négationnisme, il réussit à ne pas faire de vagues jusqu'en avril 1989. Mais, un an après son excommunication, il déclare en l'église Notre-Dame-de-Lourdes, à Sherbrooke au Canada :

> « Les Juifs ont inventé l'Holocauste pour que nous nous mettions à genoux devant eux et que nous acceptions leur État d'Israël. (...) Les gouvernements supportent les Juifs alors qu'ils répriment des "Ernst Zündel[1]" qui se battent pour la vérité. »

1. Né en Allemagne en 1939, Ernst Christof Friedrich Zündel, néonazi convaincu, cofondateur du mouvement « suprématiste Blanc, White Power », émigre au Canada en 1958. De là, il diffuse d'innombrables publications négationnistes faisant l'apologie d'Hitler et du IIIe Reich. Dans les années 1980, il devient l'un des principaux fournisseurs de propagande néonazie en

Dans l'assemblée se trouvait Lynda Baril, journaliste dans le plus important quotidien francophone du pays, *La Presse*. Elle contactera Richard Williamson dès le lendemain pour que ce dernier puisse préciser son propos. Dans un français parfait (il a été professeur de français au Ghana pendant deux ans), il se contentera d'ajouter :

> « Le problème, c'est que l'Église va mal à cause des protestants, des francs-maçons, des communistes, des médias et des Juifs. J'ai attaqué pas mal de monde (...). Je crois qu'il faut poser un grand point d'interrogation sur ce que l'on appelle l'Holocauste. Je ne crois pas que six millions de Juifs ont été mis à mort. C'est matériellement impossible. »

La publication de ces déclarations de l'évêque est loin de provoquer une tempête. À peine un coup de vent qui ne dépassera pas les frontières du Canada et qui est stoppé net par le président de la Conférence des évêques catholiques du Canada, Mgr James Hayes, qui condamne fermement ces propos.

Se sentant les mains libres, deux mois plus tard, Williamson récidive dans sa lettre pastorale, en réaffirmant :

> « Une grande quantité de preuves concrètes attestent que le prétendu "Holocauste" est largement un mythe[1]. »

Europe. Il vend des cassettes de discours d'Hitler, des films nazis, multiplie les tracts faisant l'éloge du nazisme. Arrêté en 2003, il est jugé en Allemagne et emprisonné pour négationnisme. Il sort de prison en 2010.

1. Leonard Zeskind, « Bishop Williamson, the Society of St. Pius X, and St. Mary's Kansas », *The Zeskind Fortnight*, No. 11. 9 février, 2009.

S'ensuivent deux ans de silence public sur la question. En novembre 1991, dans une autre lettre pastorale, il reviendra de manière étonnante sur ces propos qui, au-delà de l'antisémitisme acharné qui se cache derrière sa négation de l'histoire, révèlent les visions sociétales archaïques de cet évêque décidément hors norme.

> « Peu d'entre vous seront surpris d'apprendre que la lettre de septembre appelant les femmes à ne pas porter de pantalons a suscité de vives réactions, comparables à celles de la lettre du séminaire qui se référait aux preuves scientifiques [démontrant] que certaines fameuses "chambres à gaz de l'Holocauste" en Pologne ne pouvaient pas du tout avoir servi de chambres d'extermination. »

Les « preuves scientifiques » auxquelles Richard Williamson fait référence sont tirées du rapport de Fred Leuchter. Rapport qui fut mandaté par Robert Faurisson, un des pères du négationnisme, pour faire état de l'impossibilité d'avoir utilisé les chambres à gaz d'Auschwitz-Birkenau pour des exécutions de masse. Ce rapport fut commandé en vue du procès d'un certain éditeur germano-canadien accusé de crime de négation de l'Holocauste : Ernst Christof Friedrich Zündel[1], souvent cité en référence par l'évêque Williamson.

Le rapport, pétri d'incohérences, d'erreurs historiques et d'aberrations scientifiques, a été condamné par tous les experts scientifiques qui ont eu à l'analyser.

1. C'est Zündel lui même qui finança le rapport.

C'est ce qui a permis de révéler le vrai visage de Fred Leuchter, cet expert autoproclamé qui reste aujourd'hui encore une référence chez les négationnistes.

Ancien marchand d'équipement militaire, Fred Leuchter se reconvertit très vite dans la mise au point de systèmes de mise à mort pour les prisons américaines. Pour obtenir des contrats à travers tout le pays, Leuchter se présente comme ingénieur et expert scientifique, capable d'inventer des dispositifs (principalement injection létale et chaise électrique) supposés alléger la souffrance du condamné et rendre l'exécution plus « humaine ». Doté d'un vrai talent de vendeur, Leuchter fait fortune avec ses machines. Vendues à un prix attractif, elles ont vite occupé une place importante dans bon nombre de prisons d'État. Sauf qu'en réalité, Leuchter n'est ni ingénieur ni expert scientifique : le seul diplôme qu'il ait jamais obtenu est une licence d'histoire. Selon les spécialistes, ses machines s'avéraient souvent inefficaces et augmentaient considérablement les souffrances des condamnés.

Il devra finalement reconnaître avoir exercé sans titre le métier d'ingénieur, les « expertises » de Fred Leuchter seront rejetées par les cours de justice de Floride et de Virginie pour citation erronée de documents.

Lors du procès d'Ernst Christof Friedrich Zündel au Canada, le juge est catégorique. Il qualifie le document censé démontrer l'impossibilité d'avoir gazé des êtres humains à Auschwitz de « ridicule » et d'« absurde ». Il confirme que Fred Leuchter n'est pas en mesure de témoigner sur le sujet car : « Il n'a aucune qualification d'expert[1] ».

Bien que rigoureusement décrédibilisé point par point par de véritables experts (toxicologues, chimistes, historiens), le rapport Leuchter est encore aujourd'hui cité en référence par de nombreux négationnistes et par l'évêque Williamson qui le cite allègrement dans ses lettres pastorales. Nous n'avons trouvé aucune trace permettant d'affirmer que les propos de Williamson aient été condamnés à l'époque par la fraternité.

Jusqu'en 2008, Williamson avait su rester discret : quelques déclarations dans une église, des lettres paroissiales, rien que de bien confidentiel. Mais le premier novembre 2008, l'évêque aux références obscures accorde une interview à un journaliste de la chaîne de télévision suédoise SVT. Il préparait à l'époque un documentaire sur la fraternité Saint-Pie X en vue de la très probable réintégration des quatre évêques au sein de l'Église romaine.

Le journaliste, Ali Fegan, demande à l'évêque de commenter ses propos tenus dans l'église de Sherbrooke. Et, loin de se rétracter, Williamson persiste :

– Je crois que les preuves historiques s'opposent fortement... (Silence.) S'opposent *très* fortement à l'idée que six millions de Juifs aient été délibérément exterminés dans des chambres à gaz selon une politique décidée par Adolf Hitler.

1. Deborah Lipstadt, *Denying The Holocaust*, New York, Macmillan, 1993, p. 166.

– Mais vous avez déclaré que pas un Juif n'avait été tué ?

– Dans les chambres à gaz...

– Donc il n'y a pas eu de chambres à gaz ?

– Je crois qu'il n'y a pas eu de chambres à gaz...

Repris quelques mois plus tard par *Der Spiegel*, hebdomadaire allemand de référence, puis diffusé par la chaîne publique suédoise SVT, les propos négationnistes de l'évêque font, cette fois-ci, grand bruit. La chancelière allemande Angela Merkel demande à Richard Williamson de renier « publiquement » ses propos. Il répondra indirectement à la chancelière quelques jours plus tard dans une interview intitulée : « Je n'irai pas à Auschwitz[1] ».

– Comment un catholique éduqué peut-il nier l'Holocauste ?

– J'ai abordé ce sujet dans les années 1980. J'avais lu à l'époque bon nombre de choses. En interview, j'avais cité le rapport Leuchter et sa théorie était plausible, selon moi. À présent, on me dit qu'elle est réfutée scientifiquement. Je prévois à présent de m'y plonger.

– Vous pourriez vous rendre, vous-même, à Auschwitz.

– Non, je n'irai pas à Auschwitz. J'ai commandé le livre de Jean-Claude Pressac, *Auschwitz : Technique and Operation of the Gas Chambers* (qui réfute les thèses

1. Peter Wensierski, Steffen Winter, « Nach Auschwitz werde ich nicht fahren », *Der Spiegel*, 9 février 2009, p. 20.

négationnistes, N.D.L.R.). Un exemplaire doit me parvenir bientôt et je vais l'étudier.

(...)

– Votre position sur le judaïsme est uniformément antisémite.

– Saint Paul a formulé la chose ainsi: "Les Juifs sont aimés à cause de leurs pères, mais sont nos ennemis selon l'Évangile."

Au Vatican, on s'inquiète. Alors que l'on travaille à la réintégration au sein de l'Église romaine des quatre évêques excommuniés, pareils propos pourraient détruire toute la légitimité de la démarche papale qui vise à réunifier les fidèles dans un sentiment d'apaisement et de réconciliation. Benoît XVI somme à son tour Williamson de revenir sur ses déclarations. L'évêque n'en fera rien, il se contentera juste d'une lettre dans laquelle il exprime ses « sincères regrets pour avoir causé au Saint-Père tant de souffrances et de problèmes inutiles ». Rien de plus.

Alors que Williamson est publiquement recadré par Benoît XVI, je suis frappé de constater qu'autour de moi il est vénéré par les jeunes de DI, qui le citent en référence. L'un d'entre eux me dira même que son père, ami de l'évêque, l'a invité à dîner à sa table. Pendant ce repas, Williamson aurait développé ses positions antisémites et se serait flatté d'avoir, par ses propos rendus publics, remis les choses à leur place. Le vieil évêque aurait ajouté que le rapprochement de la fraternité avec le Vatican n'était qu'une hérésie sans fondement.

Le jeune militant conquis lui a alors avoué toute son admiration pour le courage de sa position. Pour lui et ses camarades avec lesquels nous partagions cette discussion, Williamson est sans aucun doute un « héros » qui ose braver la doxa des médias, des historiens, des Juifs et de « l'Église moderne », tous coupables, selon eux, de s'accorder sur une seule et unique version de l'histoire.

Une pensée simpliste et sans nuances qui, au-delà du racisme et de l'antisémitisme qui la guide, ignore tout des diversités de l'historiographie. Une pensée globalisante, arrêtée sur ses connaissances, binaire dans l'analyse. Une pensée que je retrouverai comme une constante chez ces militants tout au long de mon infiltration.

Dans la sacristie où je me trouve, l'abbé Laguérie qui n'avait pas eu un mot à l'encontre de Williamson lors de son prêche, va cette fois prendre ses distances :

> « Vous irez voir sur mon blog. J'ai fait une mise au point sur Mgr Williamson. Il nous casse les pieds avec ses propos révisionnistes. Ça nous fait beaucoup de mal. Le combat de la tradition, ce n'est pas ça. Dans cette interview à la télévision suédoise, il a laissé entendre qu'Hitler n'avait pas voulu tuer les Juifs en quantité industrielle. Peu importe que ce soit dans les chambres à gaz ou qu'ils aient été incinérés, n'empêche qu'ils sont morts par centaines de milliers, par millions. Il nous fait du tort, alors que les bons chrétiens ont caché les Juifs. Moi, je suis directement

> concerné, la famille Laguérie a caché trois Juifs pendant la guerre (...). Non, Williamson est un imbécile, on ne peut pas nier l'évidence. Je suis très clair là-dessus. »

L'abbé aurait pu s'arrêter là. Très clairs, en effet, ses propos le placent sans ambiguïté hors des courants révisionnistes et négationnistes. Mais l'homme d'Église va continuer. Quelques phrases de plus qui permettent de comprendre comment, alors qu'il est cultivé, sa pensée bute elle aussi contre un aveuglement dicté par autre chose que la raison, quelque chose qui, dans certains cas, rend sa vision du monde lisse, érodée de toutes les nuances qui font le sel de l'histoire. À l'image de ces jeunes militants, que des connaissances limitées et une pensée binaire poussaient à glorifier le discours antisémite de Williamson, l'abbé va me distiller une forme plus édulcorée de la « haine du Juif ». D'ailleurs, lui-même ne hait pas les Juifs : ce qui se trame dans sa pensée est plus diffus. Mais devant le jeune paroissien naïf que je prétends être, il va évoquer comme une évidence des présupposés fallacieux. Venant d'un référent religieux, ces mensonges vont devenir des vérités, et ces vérités formeront le socle sur lequel se développe la pensée paranoïaque et haineuse des jeunes militants que je fréquente.

> « Le problème, c'est que les Juifs se font passer sans arrêt pour les seuls martyrs. Comme s'il n'y avait qu'eux ! C'est faux, et c'est ça qui est agaçant. Nous, on a eu nos millions de martyrs sous l'Empire romain.

La Vendée y est passée, et bien d'autres encore. Mais on a l'impression que dans l'histoire, les seuls martyrs, ce sont les Juifs. Dans les journaux, c'est toujours les Juifs, les Juifs, les Juifs ! C'est pénible à la fin ! »

Je quitte la sacristie et son abbé toujours affairé à mettre en ordre des objets qui le sont déjà. Ma décision est prise. Je dois revenir dans cette paroisse, trouver un moyen de créer des liens avec ses membres dirigeants, libérer leur parole pour entendre plus clairement comment « l'amour du prochain » s'exprime chez ces hommes au service du Christ. De réputation, l'amour entre ces murs se distille au compte-gouttes, c'est plus souvent le mépris qui est de mise. Et je veux les entendre de mes propres oreilles, ces mots qui transforment la pensée cléricale tolérante de Vatican II en une idéologie repliée sur elle-même.

7

Dans ma poche, le téléphone portable dont seuls les membres de DI ont le numéro se met à vibrer. René, le responsable du chantier de remise en état de la cave, a besoin d'aide. Les militants n'ont pas trouvé suffisamment d'argent pour prolonger la location du compresseur à sable. La machine pèse plus d'une centaine de kilos. Le propriétaire réclame son bien, il faut des bras pour le remonter du sous-sol.

Rendez-vous est pris chez René. En son absence, c'est son frère Orland qui dirigera ce jour-là les opérations. J'arrive devant un immeuble bourgeois du centre de Bordeaux, un des quartiers les plus chics de la ville. Quelques appartements, mais surtout des cabinets de médecins et d'avocats à presque tous les étages : DI n'est pas né chez les prolétaires. Orland, un frêle blondinet aux yeux verts et au regard triste, pantalon de chantier, cheveux courts fraîchement coupés, m'accueille dans l'appartement qu'il partage avec son frère, un duplex.

Je n'en verrai que le salon. Une cinquantaine de mètres carrés, trois canapés et un pouf disposés autour d'une table basse. Pas de télé, pas de bibliothèque, pas de décoration, seuls une petite croix en bois sombre et un poster de la généalogie des rois de France sont accrochés aux murs.

Sur un des canapés, je prends place aux côtés d'Orland et de Paul, le jeune membre de la fraternité Saint-Pie X qui nous avait rejoints, paniqué, dans la cave, le premier jour des travaux.

La discussion reprend là où, semble-t-il, mon arrivée l'avait interrompue.

– Aujourd'hui, il manque un homme à poigne à la tête de l'État. Sarko n'est qu'un marchand de tapis. On est déjà en situation de guerre civile dans les banlieues et il ne fait rien.

– Il faut leur envoyer les chars ! Putain, on est chez nous, on fait ce qu'on veut !

– Le problème, c'est ce système démocratique dans lequel on vit. Avec ça, on est incapable de prendre des décisions qui sont bonnes pour l'avenir de ce pays. Leur démocratie, c'est une vaste fumisterie.

– La seule solution, c'est d'instaurer une monarchie absolue.

– Si on devait instituer quelque chose qui ressemble à la monarchie absolue, il faudrait que le chef en question ait une mentalité d'ordre. Je veux dire qu'il se comporte en chef de famille, un homme à poigne qui surtout soit honnête.

– T'as des exemples ?

– Mussolini et Hitler.

Le silence se fait, un peu pesant. Nous attendons le coup de téléphone du propriétaire du compresseur à sable. Il doit nous rejoindre avec son camion à l'entrée de la cave. Paul s'impatiente, passe plusieurs fois la main sur son crâne rasé, faisant bouger d'avant en arrière l'ensemble de son cuir chevelu.

– Je vais bientôt entrer dans l'armée, enfin j'espère. Là-bas, je devrai faire gaffe, c'est bourré de « bougnes[1] ». C'est tous des traîtres ! Un mec qui a fait l'Afghanistan m'a dit qu'au combat, il vaut mieux les avoir devant que derrière toi, ils sont capables de te tirer dans le dos.

Bien évidemment, personne ne réagit au mot « bougnes », tout comme personne n'avait réagi à l'évocation de Mussolini et d'Hitler comme exemples historiques de référence. Ce qui me glace le sang pardessus tout, c'est le ton parfaitement anodin de cette conversation. L'absence totale de passion autour de thèmes admis de tous depuis longtemps. La banalité de la haine.

Le téléphone sonne enfin. Nous sommes attendus. En marchant vite, il ne nous faudra que quelques minutes pour rejoindre la Grosse Cloche et l'entrée de l'immeuble où se situe leur cave. Le téléphone sonne à nouveau, le propriétaire du compresseur nous prévient

1. Insulte pour dire : « Arabes ».

de son arrivée proche. Il va nous falloir sangler la machine et tenter de la hisser dans l'escalier jusqu'au trottoir. Désorganisés comme ils le sont à chaque fois, le travail devient titanesque. Chaque marche est un empire à conquérir. Il s'en faut de peu que la sangle ne lâche. La machine de plusieurs centaines de kilos devient menaçante. Le long de l'escalier, le compresseur grave un sillon sur le mur.

– Les mecs, j'ai plus de dos, c'est pas chrétien votre truc !

Finalement, la machine s'éloigne dans la remorque du camion venu la chercher. Un soulagement, le loueur n'a pas réclamé d'argent supplémentaire pour les dégâts commis sur son compresseur. Autour de nous, le sable et la poussière de pierre sont partout. Les portes que nous avons dû dégonder reposent sur le sol. Soudain, dans ce décor abîmé, un bruit de pas sec se fait entendre. Un voisin, nous ayant aperçus sur le trottoir, dévale l'escalier à toute allure.

– Vous avez bientôt fini avec vos travaux ?

Sa voix est étranglée par une colère contenue.

Calmement, Orland entreprend de le rassurer.

– Ne vous inquiétez pas, on a fini. Désolé de vous avoir dérangé.

Hermétique au miel d'Orland, le voisin ne décolère pas.

– Qui est le responsable ici ? Parce qu'à chaque fois on me dit qu'il y a un responsable, mais je ne le vois jamais.

Orland en fait trop, son visage se contorsionne d'une moue empruntée, faisant mine de ne pas comprendre.

– Un responsable de quoi ?

– Un responsable des travaux ! De ce qui se passe ici !!

– La cave appartient à la librairie d'en face. On est juste venus donner un coup de main.

– Vous n'avez prévenu personne pour vos travaux. Je n'ai pas protégé mon appartement. À l'intérieur, c'est un cauchemar, on vit dans la poussière. Il y en a partout, autant que dans ce couloir. Et d'ailleurs qu'est-ce que vous faites dans cette cave ?

– C'est simple, on la restaure.

– C'est surtout ce qui va se passer après qui m'inquiète. Qu'est-ce que vous allez faire dans cette cave ?

– Ça, je n'en sais rien. Je vous l'ai dit, on est là pour donner un coup de main pour la restaurer. Le reste ce n'est pas du tout mon problème.

– Ça pourrait bien devenir le mien de problème.

Orland le rassure en lui promettant de le faire appeler au plus vite par le responsable des travaux. Le voisin parti, Orland nous presse en direction de la librairie située de l'autre côté de l'immeuble. Connue pour être proche de l'Institut du Bon Pasteur, elle propose principalement des ouvrages liés à la religion et à l'histoire de France. Orland pousse la porte avec fracas. Le pas pressé, nous nous dirigeons vers le comptoir. Débraillées, sales et en sueur, notre irruption soudaine a de quoi effrayer. Derrière le comptoir, une femme d'âge mûr, coupe au carré et lunettes sages, nous accueille pourtant avec le sourire.

– Bonjour les enfants. Dites, j'ai eu la visite d'une voisine qui nous a engueulés pour les travaux.

– Nous aussi, mais c'était un voisin.

– Qu'est-ce que vous lui avez dit ?

– Rien, juste que la cave vous appartenait et qu'on donnait un coup de main pour la nettoyer. Mais le mec s'inquiétait, il voulait savoir ce qu'on allait en faire. J'ai pas répondu.

– Moi, je leur ai dit qu'on faisait assainir la cave pour y entreposer des bouquins, du matériel et des objets religieux. Mais elle aussi était inquiète. Elle disait avoir entendu parler d'une salle de réunion qui devait s'aménager dans le sous-sol. Je lui ai dit qu'il ne s'agissait pas d'une salle de réunion.

– Très bien.

– Donc on accorde nos violons : on dit qu'il n'y aura pas de réunions dans la cave !

– C'est clair, il ne faut absolument pas dire ça. On est juste là pour les travaux.

– Compris.

L'accord se conclut dans un sourire au moment où un client entre dans la librairie. Nous nous esquivons, direction l'appartement d'Orland. Ce dernier se réjouit du petit mensonge concocté avec l'aide de la libraire. Il veut à tout prix éviter que quelqu'un d'extérieur vienne fourrer son nez dans la cave.

– En bas, rien n'est aux normes. À la moindre étincelle, tout cramera en quelques minutes. Si on a un contrôle et qu'ils apprennent qu'il s'agit d'un lieu de réunion, on devra tout arrêter. Donc discrétion maximale!

Jean, qui s'était tu jusque-là, enchaîne:

– En plus, je pense que le voisin bosse pour les RG. Sinon, pourquoi il nous poserait ces questions? Et déjà, comment il sait qu'on va se réunir? Tu sais, les RG, c'est des mecs comme lui. Des mecs qui n'ont l'air de rien. Des mecs complètement passe-partout. Un peu comme toi, Matthieu. La première fois que je t'ai vu, j'étais sûr que t'étais un agent des RG. Tu viens, tu captes tout et après tu leur revends les infos pour te faire de la thune.

Je rigole et approuve, ce qui me vaut une bourrade virile sur l'épaule pour marquer notre complicité naissante.

– Fais gaffe, tu vas finir enterré au deuxième sous-sol si tu continues! Maintenant qu'on a bien foutu le bordel dans l'immeuble, on va tout nettoyer! Toi aussi, on va te nettoyer! Et le voisin aussi!

Les rires fusent. L'humour, lui aussi, a ses chapelles.

8

La confiance à mon endroit s'installe au sein du noyau dur de DI. Il faut dire que ma grande disponibilité les arrange. Même si la base du groupe est fortement motivée, tous ne trouvent pas facilement le temps nécessaire pour faire évoluer DI aussi rapidement qu'ils le voudraient. Alors, moi, le nouveau compagnon, libre et motivé, je suis le bougre idéal pour les besognes chronophages – mais nécessaires au développement de leur structure.

Je suis donc invité le week-end suivant à me rendre sur le terrain situé à quelques kilomètres au nord de Bordeaux, là où avait eu lieu le discours de présentation de leur projet. Sur le sentier de terre qui sillonne au milieu des champs, j'aperçois les deux corps de granges en ruine. Devant, une voiture à l'arrêt. Son moteur tourne et, à l'intérieur, deux hommes m'attendent. J'ai été convié par René et je m'apprêtais à l'y retrouver en compagnie de son frère ou de Fabrice, le chef de la bande. Mais je ne reconnais pas leurs silhouettes. Je ralentis, regarde autour de moi. Rien ni personne à part la grande rangée d'arbres et les monticules de graviers et de pneus. J'arrive à la hauteur du véhicule: les deux hommes à l'intérieur me sont inconnus. Eux assis dans leur voiture, moi dans celle que j'avais empruntée, j'aperçois en premier leurs deux crânes rasés à l'identique. Je m'approche, leurs mâchoires et leurs cous massifs laissent deviner des hommes au physique puissant, des travailleurs manuels sans doute. Leurs tenues strictes et kaki me laissent rapidement penser qu'ils sont des militaires. J'hésite à continuer ma route. S'ils sont de DI, continuer serait une erreur qui me ferait passer pour un couard. S'ils n'en sont pas, je quitterai les lieux rapidement. J'arrête ma voiture en laissant tourner le moteur. Eux coupent le contact et ouvrent simultanément leurs portières. Mon sentiment est confirmé, les deux hommes sont athlétiques. Le premier est franchement massif et doit dépasser le mètre quatre-vingt-dix, le second, plus trapu, frappe à ma vitre.

– C'est toi, Matthieu?

– Ouais.

– Cool. Moi, c'est Ludo et mon pote, c'est Tonton. C'est sympa d'être venu, on va pouvoir commencer.

– Commencer quoi?

– René ne t'a rien dit?

– Non.

– Alors suis moi, je vais te montrer.

Je sors de la voiture. Ludo ajoute :

– Attention, c'est une exclu, personne n'est au courant, mais il m'a dit que t'étais un mec de confiance.

Il me fixe dans les yeux.

– Hein que t'es un mec de confiance ?

– Ça dépend avec qui...

– Te fous pas de moi. À l'armée, j'ai appris à les repérer, les mecs de confiance.

– T'as fait l'armée ?

– Je suis militaire.

– Quelle armée ?

– Je suis tireur d'élite. Ma spécialité, c'est le tir depuis l'hélicoptère. Je te dézingue un mec à cinq cents mètres en pleine tête.

Ludo n'a pas 30 ans, mais sa voix gouailleuse semble appartenir au passé. Quelque part entre celle d'un Belmondo pour le timbre et Ventura pour le débit lent et posé. À Ventura, il a aussi piqué cette manière de lancer des regards en coin, la clope pendant au coin des lèvres pour signifier que chacun de ses mots vaut de l'or et que, à lui, on ne raconte pas d'histoires. Derrière les volutes de fumée de sa cigarette, Ludo me fait comprendre que je me trouve ici dans la cour des hommes, des vrais, tels qu'on les concevait jusqu'à la fin des années 1960 : rugueux, virils, toujours prêts au combat. Une sorte d'absolu masculin dont Ludo se réclame. Un mec en « noir et blanc », un mec à l'ancienne. Tonton, lui, n'a toujours pas ouvert la bouche.

Ludo se met en marche vers le centre du plus grand des champs en friche. Depuis notre rencontre, il y a quelques minutes, son visage me dit quelque chose. Alors qu'il se baisse pour attraper un caillou, la connexion se fait. Il apparaissait sur la photo qui accompagnait un article du quotidien *Sud-Ouest* consacré à DI. Il prenait la pose à côté de Sorlin. La légende le présentait comme le trésorier du groupe.

– Je t'ai vu dans *Sud-Ouest*. Alors comme ça, t'es le trésorier de DI ?

– Non, j'ai été obligé de leur mentir. DI se divise en pôles, chaque pôle a son chef. Moi, je m'occupe de la formation physique. Déclarer ça publiquement, c'était un peu délicat. Je te rappelle que mon employeur c'est l'armée. Faut que je fasse gaffe.

J'apprends que Tonton est lui aussi militaire en activité. Tous deux ont déjà été envoyés sur des zones de combat. À compter de cette journée et sur ce terrain de la campagne bordelaise, ils décident de mettre leur savoir-faire militaire au service de leurs convictions politiques. Ici, Ludo veut bâtir un parcours du combattant. Sur cet immense terrain, loin de tout, il va offrir une formation militaire à de jeunes militants nationalistes. Nous nous arrêtons au pied d'une dalle en béton vérolée de mousse, de fissures et d'herbes folles. Ludo sort de son sac à dos des feuilles de papier et des petites constructions en carton. Une fois les feuilles disposées sur le sol, il y ajuste, selon un plan bien établi, les petits objets de carton. Ludo, qui a le sens du solennel, attend d'avoir tout installé pour prendre sa respiration et lancer fièrement.

– Voici le terrain et voilà tous les agrès... Vous êtes les premiers à les voir.

Dix agrès inspirés directement des entraînements de l'armée, disposés comme il se doit sur ce terrain. Ils serviront de base à la formation physique que Ludo veut imposer aux jeunes de DI. Une buse en béton d'un mètre de diamètre et de dix mètres de long qui finit dans une flaque d'eau, un mur de cordes, un autre d'escalade, une zone pour apprendre à ramper, d'autres pour apprendre à sauter, esquiver, etc. Selon notre enquête, c'est la première fois que, en France, un parcours du combattant organisé par des militaires en exercice va être utilisé dans un cadre civil.

Aidé par quelques militants, Ludo s'est donné quatre mois pour bâtir son parcours.

– Il faut les sortir un peu de leur cadre douillet. Devant la télé, ils ont le cerveau qui se ramollit. Il faut qu'ils apprennent à se salir un peu, à se bouger. Le problème chez les Blancs, aujourd'hui, c'est le manque de virilité. Ils sont tous mous, sans envie de se battre, et ça vaut aussi pour nos milieux (extrême droite). Tu vois, ça ne me surprend pas que les filles s'en aillent avec des Blacks... Moi je les comprends!

Une dernière phrase censée me démontrer son ouverture d'esprit. Ludo ne veut pas être pris pour un raciste comme les autres: lui qui a fait la guerre a vu du pays et sait reconnaître la valeur de ses ennemis. Alors, pour sauver la France, il veut lui offrir son expérience. Il est comme ça, Ludo, premier degré, généreux à sa manière et convaincu que seul un sursaut viril sauvera son pays.

– Ici, je peux essayer d'en faire des hommes, mais pour la virilité, c'est une autre histoire, on peut pas faire de miracles. Tu vois, moi, ce que je veux, c'est créer une cohésion dans le groupe. Je veux jouer l'entraide, le collectif. Gagner au combat, c'est un travail d'équipe. Tu ne gagnes pas tout seul. Ici, c'est la même chose, je vais leur apprendre à se faire mal ensemble. Tu ne transformes pas un mec en combattant, le mec qui est bon au départ, il reste bon et le mauvais reste mauvais (...) mais former un groupe, ça, c'est possible ! Et moi, je vais leur apprendre à se bouger le cul et à réagir ensemble.

Sur un tracteur, le propriétaire du terrain nous rejoint, apportant avec lui des rondins de bois longs comme des troncs et tout un tas d'outils : pioches, pelles, tronçonneuse, scies, pinces, vis, clous, etc. L'homme grand et mince a le visage rongé par une barbe de trois jours. Dans sa combinaison agricole d'un bleu-gris sale et délavé, il ressemble à son champ : négligé, fatigué. Les poignées de main qu'il échange avec Ludo et Tonton sont amicales. Ludo fait l'inspection des rondins et se réjouit de la situation géographique du terrain, discret, caché mais suffisamment grand pour qu'on y implante un vrai lieu d'entraînement.

– Ce terrain est comme DI, il ne se voit pas, mais il est super. On va pouvoir faire du bon boulot !

Rapidement, les poutres sont descendues du tracteur. On les mesure, on les scie. La tronçonneuse fait un bruit d'enfer, Tonton la manipule maladroitement, des éclats de bois viennent en continu lui gifler le visage. Le propriétaire lui indique une meilleure technique pour éviter que le bois ne parte en éclats. Tonton n'en fera rien, il tronçonne sauvagement et toujours de la même manière. À l'évidence, il doit trouver du plaisir à se tenir stoïque alors qu'une pluie d'échardes lui darde la face.

Ludo m'entraîne un peu à l'écart. Muni chacun d'une paire de gants, nous allons arracher les ronces qui occupent une grande partie du champ. La tâche est pénible, les broussailles s'accrochent à nous de toutes parts, les épines nous griffent et se plantent dans nos doigts malgré les gants. Une fois encore, je m'aperçois que l'organisation du travail n'est pas leur fort et que le sens pratique leur fait défaut. Avec le tracteur monté d'une herse, nous en aurions fini avec ce champ de ronces en quelques minutes. Mais dans l'esprit de Ludo, la confiance et l'amitié se forgent dans les épreuves que l'on affronte ensemble. Je garde donc pour moi mes suggestions pratiques et arrache avec des gestes puissants et exagérément virils ces maudites ronces. Mon visage ne laisse pas poindre la moindre douleur. Lorsque nos regards se croisent, je souris. Pendant plus d'une heure, je ne prononcerai que deux ou trois mots exprimant mon plaisir d'effectuer ce travail «revigorant». Ludo, lui, reste silencieux, il me juge à distance. Ces ronces sont à l'évidence un rite de passage. Lorsque la pause arrivera, je saurai si je suis admis. D'ici là, même si mes avant-bras sont en feu, je ne dois pas diminuer la cadence. C'est à lui de craquer le premier et il le fait.

– Allez, on fait une pause ! J'ai besoin d'une clope et d'une bonne bière. Tiens, prends-en une !

Ludo me tend une bouteille sortie d'un sac en plastique. Je décide de camper encore un peu plus mon personnage de dur. En sueur, exténué et assoiffé, je refuse.

– Non merci, j'ai pas soif.

– Fais pas chier ! Prends-en une ! Ici tout le monde boit, on n'est pas chez les tapettes !

Nous trinquons au terrain et à DI. L'atmosphère se détend. Ludo, qui donne toujours l'impression de prendre des poses, scrute le terrain les yeux mi-clos. Un général devant son champ de bataille.

– Quand il sera terminé, ça va nous faire un bon truc… Oui, ça va nous faire un bon parcours, même si c'est rudimentaire, ça ira très bien.

Une gorgée de bière supplémentaire, le moment me semble propice à la confidence, je tente ma chance.

– C'est quand même un sacré boulot. Pourquoi tu fais tout ça ?

– Je suis en croisade, moi… C'est le seul combat qui vaille d'être mené… Le combat pour Dieu… Et là, y a pas besoin de tarlouzes… Quand on va saigner au couteau les musulmans, ça va pas être beau…

Des propos comme ceux-là, j'en entendrai régulièrement lors de cette infiltration, mais les jeunes de DI ne les tiennent qu'en privé. Ils savent que, dits en public, ils risquent de les conduire en prison[1]. Ici, la caméra cachée prend tout son sens. Ce qu'exprime Ludo, entre chaque bouffée de cigarette, forme la base de la pensée et de la motivation de la plupart des groupuscules de l'extrême droite religieuse, tels que j'ai pu les rencontrer lors de mes très nombreuses infiltrations en leur sein.

– Tu penses que ça va arriver bientôt, ça ?

– Je sais pas... Le tout, c'est d'être prêt quand ça se passe pour pas se faire cueillir comme des fruits... Parce que, eux (les musulmans), ils violent et ils tuent...

Le pouce pointé sur sa gorge, il fait un geste ample de gauche à droite le long de son cou en ajoutant :

– Eux, ils égorgent de là à là...

– Tu penses que ce sera une guerre civile ?

– Ouais... Disons plutôt une guerre de religion... En fait, ce sera une guerre de religion sous couvert d'une guerre civile. Il y aura les Arabes d'un côté et les Blancs de l'autre, et ça, ça veut dire quoi ? Ni plus ni moins que la guerre se fera, musulmans contre chrétiens, point barre ! On n'est pas en train de se battre pour une couleur, on est en train de se battre pour la religion. Dans le Coran, c'est marqué : « Là où un musulman pose le pied, cette terre est musulmane jusqu'à la fin des temps. » Il n'y en a pas assez en France pour que tu comprennes ce que ça veut dire !

1. L'article 24 de la loi de 1881 prévoit jusqu'à cinq ans d'emprisonnement et 45 000 euros d'amende pour incitation à la commission de crimes.

Il marque un temps.

– Tu vois, moi, ce combat-là, je n'ai pas envie de le mener avec n'importe qui. Je ne vais pas aller sauver le cul des minables qui n'ont rien fait pendant des années et qui se réveilleront un matin avec le couteau sous la gorge en criant: «Oh, qu'est-ce que je dois faire!? Ludo, viens nous aider!...» Allez vous faire enculer! Je suis pas l'abbé Pierre, moi... Moi, je me ferai pas cueillir comme un fruit... Ce que je veux dire par là, c'est que la salle de musculation dans le local, elle n'est pas là pour rien... Ce parcours du combattant, il n'est pas là pour rien: c'est fait pour servir un jour.

Ludo m'entraîne vers un immense monticule constitué uniquement de vieux pneus. À en juger par la mousse qui les recouvre, ils sont là depuis longtemps. Nous en saisissons quelques-uns, direction le centre du terrain. «Ils seront utiles à plusieurs agrès, me dit-il, c'est l'élément rêvé pour apprendre à suer. Je vais leur faire mal. Tu vas voir, ils vont adorer.»

Apprendre dans la souffrance, pour Ludo, c'est créer une cohésion de groupe et être fidèle au Christ. Se disant très religieux et imprégné du message divin, il est le plus violent et le plus radical des membres de DI que je connaisse jusqu'ici. Son rejet des autres est total et le pousse jusqu'à l'envie de tuer. Pour résumer Ludo en une phrase, on peut dire qu'il est en colère contre tout. Dans son bréviaire de la pensée haineuse, les mots qui surgissent le plus souvent sont: «la société moderne», «le matérialisme», «la pensée unique et dominante», «les

Juifs», «les francs-maçons», «les Arabes», «les musulmans», et même «les chrétiens qui se sont ralliés à la doctrine de Vatican II». Pour lui comme pour tous les autres membres de DI ainsi que pour les fidèles de l'église Saint-Éloi que j'ai pu rencontrer, la seule chrétienté qui vaille est celle d'avant Vatican II. Ludo, qui a trouvé en moi une oreille attentive, va en profiter pour jouer les Pygmalion et tenter de m'en convaincre.

– Vatican II, c'est un piège des francs-maçons pour faire vider les églises, ce qui a très bien marché.

– Ah oui... t'es certain de ça?

– Oui, c'est de notoriété publique. Celui qui ne le voit pas, c'est qu'il n'a pas étudié le bordel... T'as pas vu les prêtres de maintenant. Ils sont habillés comme des manouches. Ils viennent faire la messe avec des banjos et tout le bordel... Et puis il y a des filles qui servent la messe et tout le bordel. Je la gerbe, la messe moderne... Ça ne me dérangerait pas de fracasser un prêtre moderne. Lui coller mon pain dans la gueule et lui exploser les dents, ça ne me dérangerait pas...

Dressé sur ses ergots, il tire frénétiquement sur sa clope, le visage exagérément marqué d'une moue qui veut me signifier à quel point il est dur et déterminé. Ludo me dit n'appartenir à aucune paroisse, mais son cœur penche du côté de la fraternité Saint-Pie X. Il est pour l'intransigeance des dogmes. Alors, lorsque l'on aborde la possible réintégration de la fraternité Saint-Pie X au sein de l'Église vaticane, Ludo se renfrogne davantage. Pour réintégrer l'Église, la fraternité doit reconnaître et appliquer les principes de Vatican II qui sont à la base de la messe moderne. Ludo en est convaincu : ce serait une folie.

– Quand je dis aux prêtres modernes qu'ils ne valent pas plus cher que des satanistes, ils n'aiment pas ça. Mais c'est vrai. Ils ne servent pas la messe, ils font du cirque ! Ils trompent quand même toute une assemblée de fidèles qui viennent là tous les dimanches et qui croient... Tout leur charabia, là, c'est de la merde. Toi, tu viens pour Dieu et ils te servent de la merde ! Tu es venu voir *Rambo 4* et ils te balancent *Desperate Housewives*... Tu te dis non ! On m'a enculé. Eh bien, c'est ça qu'ils font tous les dimanches... Ils t'enculent profond. Ils ne peuvent pas tranquillement mettre à mal deux mille ans d'histoire, nos traditions, notre culture, notre patrimoine, nos terroirs, nos modes de vie. Notre culture chrétienne, elle est là ! Ce sont ces racines que l'on veut préserver et il faut faire vite. Il y a eu une invasion qui s'est passée à l'époque de Charles Martel, eh bien elle recommence aujourd'hui. Si ça continue, l'Europe va devenir une colonie des pays maghrébins. Regarde les sans-papiers ! Ils ont déjà envahi nos églises. Quand tu entres dans ces églises, ça ressemble à une chiotte géante. Ça veut dire que mes deux mille ans de christianisme, aujourd'hui, c'est devenu une bande de nègres qui défèquent derrière le maître-autel et ça ne choque personne.

Je lui fais remarquer que l'Église a eu de tous temps une tradition d'accueil pour les déshérités. Les curés qui ont ouvert leurs portes aux sans-papiers s'inscrivent aussi dans un héritage chrétien. Ludo m'interrompt :

– Ces curés-là, tout ce qu'ils méritent, c'est une balle dans la tête !

Cela fait près de soixante jours que j'ai commencé mon infiltration et, soudain, je n'ai qu'une envie, quitter ce lieu. Retrouver mes amis, mes livres, ma musique, parler avec des gens tolérants, des gens qui aiment le monde et ses différences, qui l'appréhendent de façon positive, même naïve, même ringarde, peu m'importe à condition que la haine et la violence soient absentes de leurs mots. J'ai besoin d'air, de prendre un peu de distance, mais Ludo ne m'en laissera pas le loisir. Il me propose d'aller rendre visite au voisin qui demeure dans la ferme la plus proche du terrain. Lui aussi lefebvriste et membre de DI, il vit dans ce coin isolé, seul avec sa femme et leurs nombreux enfants.

Distant de quelques centaines de mètres, nous nous y rendons en voiture. Aux abords de la maison, un berger allemand monte la garde. Heureux d'avoir de la compagnie, il nous escorte en frétillant jusqu'à la porte vitrée qui donne sur la cuisine. André, la quarantaine, et Marie, son épouse bien plus jeune que lui, nous reçoivent en amis. L'espace est aussi exigu que chargé. Un grand frigo s'appuie sur un plan de travail sale et rectiligne. Vaisselle et biberons s'y alignent en désordre et épousent les contours d'un évier à la couleur passée. Au centre de la pièce, une table large et carrée recouverte d'une toile cirée au damier bleu et blanc. Tout autour, une ribambelle d'enfants, trois, quatre, cinq déboulent en criant, ils courent autour de la table et disparaissent aussi vite par la porte menant au salon. Marie les regarde passer, tenant dans ses bras un nouveau-né. De leur côté, André et Ludo ont déjà entamé une conversation sur leur thème favori : les armes à feu. Ils vantent leurs derniers calibres, parlent munitions, viseurs, logiciels de tir. André se lève, il a des choses à nous montrer. Trois armes sorties d'une boîte s'étalent désormais sur la toile cirée. Ludo se saisit d'un neuf millimètres automatique, son visage s'illumine.

– Quelle belle arme ! Un Glock 17, c'est comme une baguette, une baguette de Karajan... La chevauchée des Walkyries ! C'est ça, c'est la chevauchée des Walkyries. C'est celle que je préfère... Tu vois, ce que j'aimerais bien faire, c'est un petit parcours de tir... Un petit parcours de tir au Glock et on travaille...

Dans la cuisine, entre les chaises et le fourneau, Ludo mime des mouvements de tir et de changement de chargeur de son pistolet.

– Est-ce que tu peux avoir un deuxième chargeur ?

– Oui, bien sûr.

– Super, on va travailler le changement de chargeur... On le fait sur le parcours. On se fait un parcours simple. Changement de chargeur, déplacement tactique, tir tactique.

Ludo s'emporte. Il rêve d'un entraînement armé avec une lunette de visée qui permet de toucher une cible à hauteur d'homme à plus de cinq cents mètres. D'ailleurs, il possède déjà le logiciel d'entraînement qu'il présente à André. Sur l'ordinateur portable qu'il vient de poser sur la table entre les armes, Ludo s'enthousiasme sur l'efficacité du programme qui permet de régler à merveille le rapport distance/hauteur «pour être certain de ne pas rater la tête». L'explication est aussi brouillonne que technique. André a du mal à le suivre.

– Là, tu vas être trop bas. Réajuste ta graduation. Si tu veux atteindre une cible à hauteur d'homme, là, t'es mal barré.

André le regarde, égaré.

– Mais je veux m'entraîner sur des ragondins, moi.

Ludo sourit.

- C'est pas fait pour buter des ragondins, c'est fait pour buter du «pasnous-pasnous». Des «pasnous-pasnous», dans notre région, il y en a plein... En plus, ils se reproduisent vite, les «pasnous-pasnous».

– Oui mais moi, je veux m'entraîner sur des ragondins.

André répond à Ludo par le même sourire et ajoute:

– C'est pour ça que la lunette en tulipe, elle est bien. Tu la fixes sur ton arme, tu ne te poses pas de question, et bim! À chaque fois dans le mille.

– Oui, et c'est pour ça que ces lunettes sont interdites dans le civil. Les flics se doutent bien que tu ne vas pas tirer les ragondins avec ça. La tulipe. Alors c'est fait pour les enturbannés et les «pasnous-pasnous»...

Incrédule, je demande:

– C'est quoi, la chasse aux « pasnous-pasnous » ?

– Les « pasnous-pasnous », ce sont les petits Noirs en Afrique. Quand tu leur tires dessus, ils crient : « Pas nous pas nous, pas nous pas nous ! »

La soirée ne fait que commencer et ça ne va pas s'arranger. Nous sommes maintenant invités à prendre l'apéritif dans la grange du propriétaire qui prête son terrain aux jeunes de DI. Entre les tracteurs et les machines agricoles, appuyé sur un silo à grains, je reconnais l'agriculteur qui nous avait apporté le bois et les outils en début de journée. Autour de lui, il y a Émile, Paulo, Garry, Lucio et un garde-chasse qui ne dira jamais son nom. Ils se considèrent tous comme des chrétiens traditionalistes proches des lefebvristes. Ici, la moyenne d'âge se situe entre 40 et 50 ans. Les verres et les bouteilles d'alcool s'entassent déjà sur le silo. Les visages sont rouges, l'ambiance est brailleuse. La boisson du soir est un cocktail maison à base de cognac. On m'en tend un dans un verre en plastique.

« Prends ! Ça va te faire pousser la barbe ! » « Cul sec ! » Entre amis, sous la lumière crue d'une ampoule nue pendue au bout d'un fil, on va parler histoire et politique.

Ce soir-là, mon rôle de naïf soucieux de se faire bien voir au sein de ce petit groupe va se révéler particulièrement instructif. Ces hommes ont l'impérieuse nécessité de convaincre, de faire adhérer à leur vision du monde toute personne les fréquentant. Cette attitude découle du sentiment qu'ils ont de vivre dans un monde gouverné par le mensonge et les complots dont eux seuls sont conscients. Il est donc de leur devoir d'éclairer ceux qui croisent leur route, à condition, bien sûr, que ceux-ci penchent déjà un peu de leur côté. Paulo se lance le premier. Il lâche une question, autant pour me sonder que pour poser le thème de la soirée :

– Tu sais qui étaient les GI's pendant la Seconde Guerre mondiale ?

Je hoche la tête, m'excusant de ne pas connaître la réponse. Plantant ses yeux droit dans les miens, il va s'empresser de combler mes lacunes.

– Tu vois, mon gars, tout s'explique toujours dans la vie. Les Américains se sont comportés comme des porcs pendant la guerre. Et la raison, c'est que les GI's étaient pour la plupart des prisonniers que le gouvernement avait relâchés pour les enrôler de force à aller se battre en Europe. Résultat : il y a eu 80 000 viols après le débarquement. Les GI's, c'étaient des chiens. Ils pillaient tout ce qu'ils pouvaient. Ils détroussaient même les prisonniers et les cadavres des Allemands.

L'assemblée approuve avec, dans le regard, cette petite étincelle de satisfaction que procure le sentiment d'être conforté dans son opinion. Sur ma droite, Émile enchaîne :

– C'est quoi, les Américains ? C'est le rebut de la société : ce sont des protestants. Ils avaient tout calculé depuis le départ. Quand ils sont venus lâcher des millions de tonnes de bombes sur l'Europe, ce n'était pas pour rien. Ils ont fait ça pour l'argent et le pouvoir. Ils ont tout détruit et après ils sont venus nous vendre leurs services pour tout reconstruire. Avec ça, ils nous ont prêté de l'argent pour tenir nos dirigeants par les couilles. C'est pour ça qu'aujourd'hui, ceux qui nous gouvernent sont des prostituées et des maquereaux.

Le garde-chasse, dont un œil fixait le fond de son verre tandis que l'autre batifolait alentour, s'alluma soudainement pour porter la contradiction.

– Non, c'est autre chose ! Vous vous trompez. Les Américains ne sont pas les seuls dans le coup. Réfléchissez : ce qui nous gouverne, c'est le fric ! Et le fric, qui c'est qui l'a ?... Ce sont les Juifs, un point c'est tout !

S'ensuit un silence de dépit qu'il ponctue par un sobre :

– C'est malheureux mais c'est comme ça.

Je relance, timide et incrédule :

– Les Juifs ?

Toute la bande s'empresse d'acquiescer.

Garde-chasse : Le monopole du capital, ce sont les Juifs qui l'ont !

Ludo : Eh ouais, ils possèdent 75 % à 80 % des richesses mondiales.

Garde-chasse : Ils ont aussi envahi les hôpitaux, maintenant, c'est les médias... Dans les médias, tu regarderas, il n'y a qu'eux !

Ludo : Et la politique ! Regarde ce qui s'est passé lors des élections entre Sarko et machine (Ségolène Royale), l'élection ne s'est pas réglée dans les urnes. Non, ça s'est réglé entre trois banques ! Pour le comprendre, il faut regarder les dettes de la France. La France ponctionne trois banques américaines qui sont toutes dirigées par des Juifs. OK ? Sarkozy, il est juif. OK ? Tu me suis ?

Moi : Non...

Ludo : Les banquiers ont décidé qu'il ne devait plus y avoir de véritable gouvernement en France et cela bien avant que Sarkozy n'arrive. Ils se sont dit : « On veut traiter avec un Juif parce que la dette, il va peut-être falloir la payer un jour et Sarkozy, il est juif. » Maintenant tu me suis ! Donc la question qui devait nous permettre de choisir entre Ségolène et Sarko, le jeu du « je mets mon bulletin dans l'urne pour déclarer démocratiquement un vainqueur », tout ça c'est du pipeau ! Les banquiers avaient déjà tranché pour Sarko. Il leur fallait un Juif à la tête de l'État parce qu'il fallait traiter de Juifs à Juifs pour rembourser la dette... C'est tout. C'est ça, le business, et c'est comme ça qu'elle fonctionne, la politique !

Garde-chasse : Tu comprends, c'est pas la politique qui commande... Ce sont les banquiers qui commandent...

Ludo me regarde fièrement, un sourire lui barre largement le visage.

– C'est ça, l'histoire. C'est exactement ça !... Tu vois, on en apprend des choses ici !

Je ne peux qu'acquiescer. Les Juifs détenant l'argent, contrôlant les professions universitaires, les médias et manipulant les politiques : les vieilles lunes de l'antisémitisme le plus primaire sont encore bien vivantes dans leurs esprits. Loin d'être une conversation de comptoir entre copains éméchés, ces réflexions sont, pour une grande partie de cette extrême droite religieuse que je rencontre, un élément de décryptage du monde. Aussi délirante soit-elle, cette sorte de version moderne du « Protocole des Sages de Sion », je la croiserai encore à de très nombreuses reprises lors de cette infiltration.

Le garde-chasse me sort de mes pensées :

– Tu sais où elle est bonne, Ségolène ?

– Non...

– Au lit !

Tout autour du silo les rires fusent. Garry se joint alors à la conversation :

– On aurait mieux fait de l'avoir comme présidente, Ségolène. On aurait plus vite vu le fond du gouffre. C'est ce qu'il nous faut, toucher le fond du gouffre. Si tu veux que l'économie mondiale remonte, il faut que ça pète d'abord. Un énorme crash bien comme il faut, sinon on ne remontera jamais. Jamais.

Moi : Faut que ça pète ?

Garry : Oui, faut que ça pète. Si on ne fait pas une guerre civile, on ne remontera jamais la pente.

Moi : Une guerre civile contre qui ?

Garry : Déjà, on me vire tous les bougnoules, on me vire tous les gitans, on me vire tous les Roumains, les Ukrainiens, les Russes qui profitent du système français.

Déjà, on vire tout ça et après je peux te dire que ça va aller beaucoup mieux. Au même titre que Jeanne d'Arc, il faut savoir lever les armes pour défendre son pays.

Moi : Et cette guerre civile, comment on la prépare ?

Garry : J'ai plus de mille cartouches en réserve. Je ne suis pas un timide, moi. J'ai des fusils et des carabines, si jamais ça pète, je suis préparé. J'ai ce qu'il faut à la maison.

Il enchaîne, exalté :

– Je ne souhaite qu'une chose : c'est que ça pète. Il faut que ce soit général, que ça pète partout et pas qu'en France. Ensuite, il nous faudra un bon pour remettre de l'ordre dans tout ce bordel… Staline, Staline, c'était un bon. Il nous en faudrait un deuxième comme lui. Et un autre Hitler. Au départ, ce n'était pas con, ce qu'a fait Hitler.

Moi : Hitler, qu'est-ce qu'il a fait de bien ?

Garry : Au départ, il y avait pas mal de religieux autour de lui, ce qui donnait du sens à ce qu'il faisait. Puis les religieux ont été mis sur le banc de touche et est arrivée toute une bande de branleurs et de casseurs. Mais au départ, c'était bien, ce qu'il voulait faire… Hitler, c'était un mec bien. Au moins, c'est un mec qui savait se faire respecter…

Il marque une pause, le temps d'évaluer sa dernière phrase, et reprend, sûr de lui :

– Il n'y a pas de doute, Hitler, c'est un mec qui savait se faire respecter… Regarde aujourd'hui, il n'y a plus personne qui sache se faire respecter.

Ludo acquiesce :

Eh ouais, tout ça, c'est vrai, mais ça sert à rien de rabâcher. Le passé, c'est le passé, faut aller de l'avant. L'histoire, il faut la connaître pour ne pas se faire avoir encore une fois, mais croire qu'on pourra la répéter, ça, c'est bon pour les cons. C'est même politiquement contre-productif de se revendiquer de ce passé. Les vieilles rengaines nostalgiques d'Hitler, on les laisse au FN. Au bureau du FN à Bordeaux – on ne va pas se mentir, on est entre nous –, 70 % des vieux font leur prière du soir devant un portrait du Führer. Moi aussi, j'ai eu ma période « en route vers un IVe Reich ». Ça me faisait marrer de jouer au dur avec les copains. Ça nous a fait rêver, mais maintenant c'est fini. Faut vivre avec son époque. Faire comme les Italiens, inventer un nouveau fascisme adapté aux réalités du XXIe siècle, sinon on ne pourra jamais revenir, jamais ! Et pour cela, il faut arrêter de se pavaner ouvertement avec « Hitler ». Si parmi nous on avait ne serait-ce qu'un seul mec avec le crâne rasé déclarant qu'Hitler était un mec bien, ce serait la mort de DI. Il faut savoir garder ce genre de références pour soi, en soi. C'est comme la Shoah. Tous les gens de chez nous le savent bien que c'est une invention, que c'est un coup des Juifs pour ramasser de l'argent et se faire bâtir un État sur le dos des Arabes. Mais aujourd'hui, politiquement, tu ne peux pas le dire. Regarde Mgr Williamson qui, lui, a le courage de dire la vérité, ils ont dû le faire taire. Les gens ne te trouvent pas crédible si tu avances ce genre de vérité. C'est à ça qu'on doit bosser avec DI. Ouvrir les yeux des jeunes sur les vérités historiques mais ne pas s'enfermer politiquement là-dedans. Pour le moment, on est loin d'être prêts, mais le temps joue pour nous. Regarde partout en Europe, ce sont nos idées qui reviennent au premier plan. Tu vois, Matthieu, aujourd'hui, si à la suite d'un coup d'État un des nôtres s'emparait du pouvoir, ce serait la catastrophe ! On a quasiment que des crétins dans nos rangs. Vaut mieux un coco qu'un crâne rasé à l'Élysée. Mais plus tard, si on bosse bien, avec des petites structures souples et discrètes comme DI, des structures qui bossent sur la formation, sur l'éducation, sur le long terme, eh bien, on peut y croire. Comme je le dis toujours : le tout c'est d'être prêts pour le jour où ça va péter.

Ludo marque une dernière pause, évalue du regard l'effet de sa démonstration sur l'assemblée puis, satisfait, saisit son verre :

– Allez, un dernier cul sec et on rentre !

9

Plus d'un mois s'est écoulé depuis le début de mon infiltration. Je décide de retourner dans l'église située juste à côté du local de DI. Le lien qui unit ces jeunes militants radicaux à la paroisse n'est plus à prouver, mais je voudrais comprendre s'il existe une communauté de pensée entre les membres de DI et l'enseignement des abbés traditionalistes qu'ils fréquentent.

J'ai pris rendez-vous avec l'un des responsables de la paroisse.

L'abbé Laguérie étant absent, c'est son bras droit qui me reçoit. La stricte et étroite soutane noire dessine à ce jeune homme de moins de 30 ans un corps long et agile, bien qu'il ne soit pas grand. Son visage est remarquablement lisse, sa peau blanche, presque laiteuse, contraste avec une chevelure noire strictement coiffée. Ses traits n'ont en rien reçu l'empreinte du temps. Rarement un homme ne m'avait autant paru préservé par la vie. Si je devais le croquer d'une phrase, je dirais qu'il ressemble à un objet neuf que l'on vient tout juste de déballer.

Pour venir à ma rencontre, ses mouvements ont l'assurance ferme et souple caractéristique des sportifs. Il me tend la main avec un sourire joyeux, bienveillant, sans condescendance ostensible, bref, une sorte d'antithèse des clichés que je portais en moi sur les prêtres intégristes.

– Bonjour, mon père.

– Vous êtes Matthieu?

– Oui.

– Suivez-moi dans mon bureau.

J'entre à sa suite dans une grande pièce claire chargée de livres qui s'entassent sur les nombreuses bibliothèques. Au centre, une table noire recouverte d'une plaque de verre fait office de bureau. Il s'assied à une extrémité et me fait signe d'en faire de même. En entrant, je m'étais aperçu qu'il avait sorti de dessous sa soutane un téléphone portable d'un modèle ancien. Face à moi, la tête baissée, l'abbé pianote frénétiquement sur les touches de son téléphone. Les doigts rapides et agiles enchaînent les pressions sans hésitation. Le silence qui s'installe efface d'un seul coup le sentiment d'extrême courtoisie que l'abbé avait pris soin de me communiquer jusqu'ici.

– Un SMS à envoyer, je suis à vous tout de suite.

Une fois le téléphone posé, je lui récite l'histoire que j'avais soigneusement préparée en suivant toujours le même schéma: raison – causes – conséquences.

Pour justifier ma visite, je prétends vouloir me rapprocher de Dieu. Après des années d'agnosticisme, voire d'athéisme, je sens que des questions existentielles m'assaillent, et ces réflexions me poussent à vouloir « devenir chrétien ».

– Très bien, je ne saurais que vous y encourager. Quel est votre passé religieux, votre éducation ?

– Inexistante, j'ai juste été baptisé. Vous savez, mes parents sont communistes, alors...

S'engage ensuite une discussion assez longue dont le seul but est d'obtenir des informations sur ma personne. Mon parcours, mon travail, mon âge, mon niveau d'études, ma famille...

Voir un fils de communistes faire son retour en religion n'a rien de surprenant, bien au contraire. En revanche, il ne comprend pas pourquoi je viens précisément à Saint-Éloi alors que je lui dis habiter dans une ville voisine.

– J'ai pas mal milité politiquement et, à cette occasion, j'ai rencontré de nombreux catholiques traditionalistes. J'ai toujours eu le sentiment que ces gens avaient les pieds sur terre, qu'ils savaient ce qu'ils voulaient, où ils allaient. Ils semblaient bien dans leur peau, ça m'a attiré.

– J'imagine que ce n'est pas dans les jeunesses communistes que vous avez milité.

Il sourit de sa phrase et ajoute sur un ton complice :

– Dans les jeunesses communistes, on n'a pas trop de partisans en général. Vous avez milité dans quoi ?

– Au FN.

Au fur et à mesure que je lui conte le récit de mon militantisme frontiste, l'abbé se rassure et retrouve son visage diaphane, absent de toutes tensions.

– Pendant les législatives, j'ai collé avec Fabrice Sorlin. Je ne sais pas si vous le connaissez, il était candidat à l'époque.

– Fabrice, c'est un très bon gars ! Il n'est plus au FN, il a créé un nouveau groupe, Dies Irae.

Sur une feuille de papier, il inscrit le nom du groupe en lettres majuscules et me la tend.

– Oui, je les connais, je les ai rencontrés.

– Donc c'est plutôt par le Front (pointant du doigt son papier) et tous ces mouvements-là que vous nous avez connus… Vous parlez de vos opinions politiques avec vos parents ?

– Plutôt peu, plutôt pas.

– Ils sont au courant ?

– Vaguement.

– Ouais, ils ont compris mais vous n'entrez pas dans les détails. Ça doit être plutôt tendu, l'ambiance, à la maison.

Il sourit.

– Et ils travaillent dans quoi ?

– Fonction publique.

– Ah oui, je comprends mieux le rapport. Ils sont syndiqués ?

– Ils l'ont été, ils ne le sont plus.

– Et ils ont quel âge, juste pour avoir une idée de leur génération ?

– Autour de 55.

– Donc la génération qui a vécu de plein fouet le concile Vatican II et Mai 1968. Aïe... On le paie tous les jours, ça, et plus qu'on ne le croit... Bon, écoutez, ce que je peux vous proposer, c'est de vous faire un cours de catéchisme pour adulte une fois par semaine. On va commencer par les bases, ça devrait répondre à énormément de vos questions et vous amener vers cette paix intérieure que vous avez remarquée chez nos fidèles.

Rendez-vous est pris pour la semaine suivante. L'abbé semble impatient de s'atteler à mon éducation. En attendant, son nez replonge sur son portable. Je le relance :

– Jeudi prochain, DI organise une conférence. On vous y verra ?

– Non, malheureusement, ce soir-là, j'ai ma réunion des jeunes de la paroisse. J'ai eu Fabrice (Sorlin) ce matin au téléphone qui était désolé que les deux tombent en même temps, mais son conférencier n'avait que cette date de disponible. On s'était déjà parlé pour essayer de ne pas mettre nos activités au même moment parce qu'en fait on touche le même public. On va s'envoyer nos dates pour les prochaines activités pour ne plus se marcher sur les pieds. Je connais bien certains membres de DI, alors sans doute qu'une prochaine fois je viendrai pour voir un peu de quoi il s'agit.

Les liens entre la paroisse et DI sont donc directs et encouragés, tout du moins par cet abbé, qui, de surcroît, m'offre la possibilité de découvrir – *in situ* – en quoi consiste exactement l'enseignement fourni en ses lieux. Un enseignement dit « traditionaliste » dont la pédagogie relève, dans les faits, clairement de l'endoctrinement. À la fin de cet entretien, notre poignée de main vient sceller le début de ma catéchèse. Je suivrai au total plus d'une dizaine de séances.

10

16 h 45, j'ai rendez-vous pour ma première séance. Cette étape, primordiale dans le parcours spirituel d'un catholique, est un passage obligé, considéré comme essentiel pour tous les enfants de cette communauté traditionaliste. C'est la première fois qu'ils vont recevoir un enseignement religieux hors du cadre familial. Les idées, les valeurs, les dogmes qui leur sont inculqués à ce moment-là deviennent l'alpha et l'oméga sur lesquels se fonde leur connaissance religieuse et même, pour beaucoup – je ne vais pas tarder à m'en apercevoir –, leur vision du monde.

J'entre dans l'église Saint-Éloi à l'heure convenue. Un abbé est là, qui m'attend. Ce n'est pas celui avec lequel je m'étais entretenu il y a quelques jours et qui m'avait prescrit ces séances d'éducation religieuse censées m'ouvrir l'esprit à un monde de raison et de sérénité. Cet abbé-là ressemble plus à une caricature de bande dessinée. Râblé, joufflu, le ventre rond, la peau légèrement rosée. La main qu'il me tend pour me saluer est moite, sans vie, presque spongieuse. À l'énoncé de mon nom, son souffle se fait court.

Il me convie dans une salle à quelques pas de l'entrée. L'endroit, à peine plus grand qu'un confessionnal, contient une estrade d'où l'abbé domine son interlocuteur lorsqu'il y prend place, s'asseyant derrière un bureau dont les dimensions du plateau permettent tout juste au bedonnant religieux d'y déposer ses coudes entre un missel et quelques feuilles de notes. Le texte de ma première catéchèse probablement.

Au-dessus de l'abbé, une imposante statue de la Vierge Marie vient apporter une touche finale à l'aspect austère, presque monacal, de cette pièce minuscule. Un choix malheureux ou délibéré, je n'en sais rien, mais faire de cet endroit reclus, exigu et sans fenêtre un lieu de transmission du savoir me paraît, au-delà d'une erreur, être un symbole, presque une métaphore de l'obscurantisme qui allait m'y être enseigné.

Je m'installe face à lui sur une inconfortable chaise en bois réservée aux catéchumènes. La leçon commence comme une sorte d'interrogatoire. Qui je suis, ce que je fais dans la vie et aussi, bien évidemment, ce que j'ai reçu comme éducation religieuse. Alors que je m'attendais à un entretien chaleureux empli d'un désir de transmettre et d'une volonté de plaire dans un esprit de prosélytisme – comme ce fut le cas avec l'abbé précédent –, celui-ci me toise froidement. Il égrène les questions d'une voix nasillarde et monocorde, il n'y a en lui aucune volonté de créer un lien avec son nouvel élève et encore moins une envie de partager. En fait, le comportement de l'abbé est fidèle à sa pédagogie : l'homme ne se développe bien que dans la crainte. C'est cette crainte du supérieur qui le forcera à rester dans le droit chemin, qui l'empêchera d'aller voir ailleurs, qui forcera sa soumission dans la parole de Dieu telle qu'elle va être transmise ici. L'austérité du lieu, l'estrade, le décorum et le ton inquisiteur sont là pour cela. L'effet sur un adulte professionnellement préparé à affronter des situations oppressantes sans rien laisser paraître étant déjà inconfortable, pendant tout le début de cette leçon censée me révéler les mystères de la foi, je ne cesse d'imaginer ce que cette mise en scène accompagnant l'apprentissage de la parole divine peut engendrer chez des enfants.

Devant moi, ce petit homme pourtant si jeune suinte l'ennui, la résignation et la seule volonté d'imprimer la crainte dans l'esprit de son interlocuteur. L'abbé annonce ce qu'il me sera nécessaire de connaître pour devenir « un bon catholique ». Dans cette liste de conditions à remplir, on est plus proche de la constitution d'un dossier administratif que de la découverte de son « créateur » : « adhérer à la doctrine catholique », « se faire baptiser », « être soumis à l'autorité de l'Église »… chacune des conditions présentées comme impératives est décrite sommairement avant que l'abbé ne passe à la suivante.

Nous arrivons à l'exigence de « professer la foi catholique ». Je l'interroge sur le sens de cette obligation.

Alors, pour bien se faire comprendre, l'abbé va m'offrir un contre-exemple, celui d'un « mouvement » qui à ses yeux ne remplit pas cette condition : « les protestants ». Ces derniers sont alors, le plus naturellement du monde, décrits par l'homme d'Église qui trône devant moi comme des « hérétiques ».

Moins de cinq minutes de cours, l'horloge de mon enregistreur faisant foi, et l'abbé construit déjà son raisonnement par oppositions. Par rejet des valeurs de « l'autre ». Il me décrit le mal et l'hérésie comme l'apanage de celui qui est différent, qui ne partage pas ses codes, ses idées. Les traditionalistes ne sont pas connus pour être à la pointe des volontés œcuméniques exprimées et exigées par l'Église de Rome : j'en ai rapidement une première démonstration. Il ne s'agit pas là d'un accident, d'un hasard ou d'un écart de langage malheureux. Non, pendant toute sa leçon, l'énonciation de chaque dogme sera systématiquement accompagnée de son hérésie attenante et cette hérésie toujours représentée comme étant le propre d'une autre religion ou d'un autre courant de pensée.

Hors d'ici point de valeurs justes. Voilà pour le sous-titre de cette leçon.

Alors qu'il termine un descriptif lapidaire de la vie du Christ, l'abbé se met soudain à rigoler. Une idée saugrenue, une blague vient de lui traverser l'esprit. Il ne résiste pas à l'envie de la partager :

– Une fois que Dieu eut envoyé son fils, il n'eut plus rien à nous dire !

Un bref éclat de rire ponctue sa phrase. J'ai du mal à partager son hilarité, bien qu'il s'agisse là du seul moment de détente de toute la leçon. Une détente brève, car il met immédiatement son particulier sens de l'humour au service, encore une fois, du dénigrement d'autrui. Et cette fois, les déviants prennent la forme de tous ceux, individus et religions confondus, qui pensent qu'il y a eu ou qu'il y aura une autre révélation divine après celle de Jésus.

Toutes ces hérésies et les gens qui les portent sont sa hantise. L'abbé ne cesse de me répéter que tout bon chrétien se doit de les combattre pour maintenir la pureté du dogme catholique, seule capable de sauver les âmes. Des dogmes aux vertus uniques, qu'il me présente comme éternels, inébranlables.

Alors qu'il a été choisi par sa hiérarchie pour transmettre les valeurs fondamentales de la chrétienté, revues et corrigées par cette paroisse, l'abbé instruit en ignorant l'histoire. Il refuse de parler de l'origine de ces dogmes et de voir leur conception comme un événement autant politique que spirituel. Des dogmes qu'il considère comme éternels et inébranlables alors qu'ils sont tous le fruit de tractations acerbes entre Pères de l'Église. Pour être acceptés et validés comme tels, certains dogmes doivent leur existence à des compromissions de figures importantes du clergé, auxquelles les plus basses méthodes de tractation politique n'ont rien à envier.

Dans la lignée des certitudes inébranlables – et alors que je lui avais fait part de mes doutes sur l'existence de Dieu –, l'abbé tient à me faire une confidence. Il dit connaître une méthode permettant d'avoir la certitude absolue de l'existence de Dieu. Un moyen qu'il s'empresse de me décrire. Il suffit selon lui d'utiliser « son intelligence » quand on observe le monde pour prouver l'existence d'un créateur. J'ai du mal à suivre. L'abbé insiste : « Une démarche qu'utilisaient déjà nos ancêtres paysans qui, dans les temps anciens, avaient conclu en l'existence de Dieu rien qu'en regardant le rythme des saisons. Je vais vous donner d'autres exemples. » Dans sa démonstration de l'indiscutable existence divine, il veut gagner ma conviction en me livrant à un jeu de questions-réponses visant à démontrer que dans la vie rien n'est dû au hasard. Des questions improbables, pour lesquelles il attendra réellement des réponses de ma part. Ainsi ai-je droit à :

– Une clef, c'est pour ouvrir une... ?

– Porte.

– La voiture, elle bouge parce qu'elle a un... ?

– Moteur.

– L'air, il bouge parce qu'il y a du... ?

– Vent.

Je hoche la tête l'air conquis. Voici donc la preuve de l'existence de Dieu. J'ai l'impression de parler au mieux à un homme du Moyen Âge, au pire à un homme dont la mission est de maintenir ses ouailles dans l'ignorance, l'obscurantisme et la bêtise.

Si nos ancêtres campagnards ont la considération de notre abbé pour des raisons abracadabrantes, il en est tout autrement des urbains d'aujourd'hui qui, eux, ne récoltent que son mépris. Notre homme d'Église fustige le citadin enfermé dans son traditionnel « métro, boulot, dodo ». Un citoyen moderne qui ne prend plus la peine de réfléchir à Dieu. Un refus de croire et de voir Dieu qu'il qualifie d'un mot : « la folie ».

Je le verrai durant toute mon infiltration, ce peuple français qui se déchristianise de plus en plus est systématiquement dénigré par les membres de la mouvance catholique traditionaliste. À plusieurs reprises, nombre de mes interlocuteurs iront jusqu'à leur souhaiter souffrance et malheur pour avoir eu l'impudence d'abandonner l'adoration de leur Dieu.

Ma première heure de catéchisme se termine. Rendez-vous est pris pour la semaine suivante.

11

Je n'attendrai pas la semaine suivante. Les liens qui unissent les militants mi-royalistes, mi-néofascistes de DI et la paroisse m'encouragent à continuer mon rapprochement avec les seconds pour comprendre davantage les premiers.

Je commence à être un visage connu de la paroisse. Ma présence régulière avec les jeunes de DI, mes rendez-vous avec les abbés, mon premier cours de catéchisme, tout cela fait de moi une recrue désormais acceptable, quelqu'un que l'on peut commencer à fréquenter avec moins d'appréhension. Je décide donc de me rendre aux réunions paroissiales, organisées chaque semaine par l'abbé Laguérie suppléé par l'abbé que j'avais rencontré lors de ma première visite à l'église, celui-là même qui me disait caler l'organisation de ses soirées en fonction des activités de DI.

Un peu avant 20 heures, j'arrive devant une petite porte d'entrée latérale de l'église Saint-Éloi. Dans la rue, cinq personnes attendent dans un froid glacial. La moyenne d'âge est d'environ 60 ans. Je n'avais jusqu'ici pas pu discuter avec des paroissiens de cette génération.

Le but de ces réunions est de lire des passages de la Bible et d'en écouter les commentaires faits par l'abbé. Un exercice qui attire les plus fidèles parmi les fidèles, des hommes et des femmes dont « la vie et l'esprit sont entre les mains de Dieu », comme ils aiment à se définir. 20 heures passées, ce soir, le groupe de fidèles est étonnamment réduit. En petit comité, on entame une discussion sur le bien-fondé de la réintégration du courant lefebvriste au sein de l'Église romaine. Pour le doyen du soir, il n'y a aucun doute, il s'agit là du « seul moyen de sauver l'Église, de la remettre dans le droit chemin de la tradition ». Je n'attendais pas beaucoup de contradicteurs, peut-être un sceptique, au moins un mitigé, il n'en fut rien. L'avis est unanimement partagé par tous. Les positions radicales de la fraternité et les déclarations racistes et antisémites de certains de leurs membres semblent ici ne gêner personne.

– Et Vatican II, dis-je. Que fait-on de Vatican II ? On l'abolit comme le demande la fraternité ?

Là-dessus, la réponse fut plus surprenante :

– Non, on n'abolit pas Vatican II. Vatican II est un choix majeur des autorités vaticanes. Demander son abolition, c'est humilier tous ceux qui l'ont voulu et défendu, c'est humilier l'Église. Ça, il n'en est pas question, ce serait du pain bénit pour nos adversaires.

Je relance :

– Alors on en fait quoi de Vatican II ?

– L'humanisme pourrit la spiritualité, alors Vatican II, on l'ignore. On ne demande pas son abolition, mais on fait comme s'il n'avait jamais existé. C'est notre position à tous ici à la paroisse et c'est ce qui nous différencie de nos frères de la fraternité qui heurtent le Saint-Siège par leurs exigences trop radicales. C'est une question de stratégie. On peut faire la même chose, il suffit juste de le faire sans bruit.

Le froid et l'attente inhabituellement longue mettent un terme à cette discussion. Un participant, que j'appellerai ici Roger et qui figure parmi les plus anciens ce soir, empoigne son téléphone portable et compose directement le numéro de l'abbé. À l'autre bout de la ligne, l'abbé lui annonce que la réunion est annulée. Seul ce petit groupe de cinq personnes n'a malencontreusement pas été prévenu. Une soirée presque gâchée, me dis-je, pensant en rester là, mais c'était sans compter sur l'envie de parler de Roger, qui n'a rien contre un bon moment à discuter dans un café entre hommes du même bord.

– Une boisson chaude au café du coin, ça te tente ? On pourra continuer cette discussion de manière plus confortable.

– Avec plaisir.

Roger est un homme instruit. À 65 ans, il est à la retraite. Sa vie professionnelle semble avoir été riche et diverse. Il ne rentrera pas dans les détails, mais il a tout d'un cadre supérieur ou d'un ancien patron. Sa plus grande fierté est d'avoir été un élève de l'Institut d'études politiques de Paris, autrement dit Sciences-Po, dans les années 1950 et d'être resté fidèle à certains de ses camarades de promo qui ont tous, comme lui, « bien réussi dans la vie ». Il est le pur produit de ce que la bourgeoisie européenne offre d'hommes éduqués, élégants, en un mot, civilisés. Mais Roger, homme de foi, porte en lui la haine.

Le plus grand problème pour Roger, un problème qu'il partage avec l'immense majorité des paroissiens de Saint-Éloi, est de voir sa foi constamment dénigrée. Il assiste impuissant à la mise en place d'une société qui, depuis la fin des années 1950, s'organise structurellement pour être anticléricale, voire antichrétienne. Une société qui, chaque jour, s'éloigne davantage des valeurs morales portées par le message christique. Et, pour Roger, ce coupable a un visage, une religion et même un nom : le Juif Chouraqui.

– La raison de tous nos maux, c'est le mondialisme. On tend vers un gouvernement mondial avec une seule pensée, une seule foi. Ce n'est pas venu de nulle part. Cette idée, c'est un Juif qui l'a émise, un certain M. Chouraqui. Il est d'abord allé voir les musulmans les plus puissants et leur a dit : « Moïse ! Vous reconnaissez Moïse comme celui qui reçut les dix commandements ?

Vous êtes d'accord là-dessus ? » « Ah oui, oui », ont répondu les musulmans. Puis il est allé voir les catholiques et il leur a dit la même chose : « Moïse, vous êtes d'accord sur Moïse ? » « Moïse, c'est les dix commandements, évidemment tout le monde est d'accord là-dessus », ont répondu les catholiques. Alors le Juif Chouraqui a dit : « Arrêtons-nous là, on prend Moïse comme religion de base et puis terminé. »

Roger tape dans ses mains, puis les frotte pour signifier l'imminence d'une bonne affaire pour cet inconnu qui revenait comme une litanie dans sa bouche : le Juif Chouraqui.

– On élabore une Constitution mondiale et on base la marche du monde là-dessus.

– Vous pensez vraiment que les Juifs essaient de tout contrôler ?

– C'est évident. Regarde, toute la presse appartient aux Juifs. C'est un petit peuple de 48 millions (*sic*[1]) de personnes mais ce sont eux qui ont tout le fric. C'est le peuple élu de départ, il ne faut pas l'oublier. Et il ne faut pas oublier non plus qu'ils n'ont pas compris l'arrivée du Christ qui était pourtant annoncée par les prophètes.

Roger argumente encore et encore. Lui, l'ancien chef d'entreprise, le diplômé de sciences politiques, est intimement convaincu qu'il existe une volonté calculée et programmatique de domination du monde par les Juifs. Un complot juif mondial dont les conclusions du

1. Cette estimation relève du fantasme, ils sont en réalité 13 à 14 millions.

concile de Vatican II seraient une preuve supplémentaire. Selon lui, l'œcuménisme présent dans la doctrine de l'Église moderne issue de Vatican II est le signe de la main des Juifs sur le contrôle de toutes les religions. Grâce à l'œcuménisme, les Juifs ont pu convaincre ou contraindre tout le monde. Maintenant qu'ils ont gagné en imposant le virage radical de Vatican II, le mal se cache donc partout. C'est la société tout entière qui marche dans le mauvais sens…

– Ce qui est responsable aujourd'hui, c'est l'esprit du siècle, l'esprit matérialiste, l'esprit de lucre, de luxure. Tu n'as qu'à regarder les réclames. Elles sont emplies de « cul » partout. Excuse-moi d'être aussi vulgaire, mais tu admettras qu'il y en a plein, il n'y a même que ça maintenant. Même pour te vendre du sucre on te sort une bonne femme à poil.

Tout écœure, Roger, comment pourrait-il en être autrement pour cet homme qui voit, en tout, la volonté programmée d'avilir le genre humain pour mieux le manipuler ? Quand on s'approche des mouvements traditionalistes, on est souvent frappé par le raisonnement complotiste de bon nombre de fidèles et davantage encore chez les militants. Cette idée que des forces obscures travaillent dans l'ombre pour saper les fondements de l'Église et de la société. Roger, lui, a véritablement l'impression d'être persécuté. Il est convaincu qu'actuellement l'Église est attaquée, là encore de manière structurelle et calculée. Après plus d'une heure de discussion, il me glisse comme une confidence :

– Tu sais, ils veulent la peau de l'Église. En particulier de la frange traditionaliste et le pire est à venir, demain, l'Église souffrira le martyre.

En cause, cette volonté insufflée par les Juifs de faire de la religion catholique « une pratique strictement humaine, sans spiritualité ni transcendance ».

Roger vit comme dans une forteresse assiégée. Il va s'appliquer à me décrire le tableau du combat que se livrent aujourd'hui les anciens et les modernes, autrement dit les traditionalistes contre les partisans de Vatican II, inconscients qu'ils sont de subir une manipulation extérieure. Un combat hérité selon lui du « siècle des lumières » : l'origine de tous nos maux.

– Ça a commencé à se déliter avec les Rousseau, les Descartes et les autres lorsqu'ils se sont mis en tête qu'il fallait tout contester... Un ensemble de grands pinailleurs, ces gars-là ! Voltaire et Descartes étaient de grands pinailleurs, des types diaboliques, des types très intelligents mais diaboliques. Ils disaient : « L'homme passe d'abord et Jésus, on s'en moque, il reste à la maison. » La République française, les Républiques françaises sont issues de ce refus de la primauté de Dieu dans nos vies. C'est grave de voir chez nous, sous prétexte de la séparation du pouvoir et de la religion, que chacun a le droit de pratiquer la religion qu'il veut. C'est devenu un droit inscrit dans la première Constitution, les droits de l'homme, tout ça au nom de l'humanisme.

Une dernière phrase prononcée avec toutes les nuances du dégoût. Constitution, droits de l'homme et humanisme, tout ce que méprise Roger.

– Tout à l'heure, vous parliez du dialogue interreligieux, ça ne pourrait pas être une solution ?

– À quoi ça peut servir ? L'islam est entêté dans son truc, ils font en sorte que chacun de nous se convertisse ou ils vont nous couper la caboche. Le bouddhisme (*sic*[1]) c'est pareil, ils tuent nos prêtres en Inde, c'est terrible ce qui s'y passe en ce moment. Et les Chinois, n'en parlons pas. Alors discuter de quoi ? Franchement ? Tu sais, le pouvoir actuel tire sa légitimité de la Constitution dans laquelle on dit que chacun est libre de pratiquer sa religion. Voilà le problème. Il faudrait décréter que la France est chrétienne, catholique et point à la ligne.

Son raisonnement trébuche : lui, l'homme instruit, confond allègrement religions et nations, prend ses fantasmes anxiogènes pour une grille d'analyse sans autres nuances que le mépris qu'il porte aux « autres ». Les valeurs des lumières, qui posent comme principe la primauté de l'homme et sa liberté de conscience, sont, pour Roger, l'essence du problème actuel. Une haine du siècle des lumières et de ses valeurs qui est généralisée dans le milieu des catholiques intégristes, très largement partagée par l'ensemble de l'extrême droite et, pour le propos qui nous occupe plus directement, par tous les jeunes de DI que nous avons rencontrés.

1. Il s'agit en fait de l'hindouisme.

Roger ne reproche pas seulement à la république d'être bâtie sur des valeurs qu'il exècre, mais aussi d'avoir détruit un régime choisi par Dieu : la royauté.

– Dieu a honoré la royauté. Tout est dans la Bible. Dans la Bible, il y a une classe, les lévites, les prêtres, la race de Aaron, le frère de Moïse. Un jour, des représentants du peuple sont venus les voir et leur ont dit : « On veut un roi ! » Pour savoir quoi faire, le prophète Élie s'est alors tourné vers Dieu et lui a adressé une prière. Il a dit : « Mon Dieu, que je dois faire ? » et Dieu lui a répondu : « S'ils veulent un roi, donne-leur un roi. » Dieu a donc permis que les peuples, à commencer par le peuple élu, aient un roi à leur tête et que les rois se succèdent et qu'ils soient oints, c'est-à-dire enduits d'une huile sacrée. Ils devenaient ainsi les représentants sacrés du peuple par la volonté divine. Le bon Dieu s'en est contenté mais le jour où l'on a zigouillé tous les rois, qu'on leur a coupé la tête, tout a changé. Tu as vu ce que ça a donné en France, on a eu des assemblées constituantes, des assemblées nationales, des sénats, un bordel indescriptible. Et puis il y a eu les droits de l'homme ! L'horreur. Je te ferai remarquer qu'ils sont directement sortis du décalogue mais sans aucune dimension spirituelle. De la pure sociologie avec un refus total de la présence divine. La seule place qu'on lui réserve, à Dieu, c'est celle qui permet de l'adorer comme on veut. Le plus souvent c'est n'importe comment d'ailleurs, et surtout en silence. « Vous êtes libres de pratiquer la religion que vous voulez. Mais mettez-la en veilleuse ! » Voilà ce qu'ils ont dit. C'est vachement grave, c'est ça qui entraîne le monde vers sa perte, car depuis la Révolution, on a essaimé partout sur la planète des démocraties. Regarde ce que c'est la démocratie : un ensemble de conneries.

– Vous pensez que toute la vie de la nation doit être orientée vers la quête de Dieu ?

– Évidemment.

Des idées qu'il me dit, là encore, partager avec tous les traditionalistes qu'il connaît. Un bon régime politique, celui pour lequel lui et ses amis veulent se battre, et un régime qui place Dieu au centre de la nation et qui contraint l'homme à en être l'adorateur. Le simple fait de s'éloigner de ce principe et de prétendre développer une réflexion sur l'homme et sa condition hors du cadre strictement divin est déjà en soi « diabolique ».

– Nous savons que l'Église se survivra à elle-même en préservant toujours en son sein l'enseignement de Jésus. Mais elle sera martyrisée. N'aie aucun doute là-dessus.

Alors comment se défendre face à cela ? Doit-on, comme le préconisent les jeunes de DI, se préparer à avoir recours à la force ? Doit-on tuer pour défendre sa vision de Dieu ?

– Ça, c'est un gros problème, très, très gros problème. Pour beaucoup de cathos, la réponse est oui, il faut aller à la bagarre. Mais pour moi, c'est non. Si je suis menacé, je pense que je ne me laisserai pas faire. Pour autant, ma tentation divine, mon penchant serait de dire : « Pour ma foi, je ne tuerai pas. » Aller jusqu'à tuer le gars en face de moi, même s'il me menace au nom du Christ ? Qu'il me force à marcher sur la croix ? C'est une chose que je refuserai toujours de faire. Je pense que je crierais : « Vive le roi, vive le Christ roi ! » Et puis c'est tout... Je veux suivre l'exemple de Jésus. Il a dit : « S'il y a des pauvres gens qui ne croient pas en moi, on ne va pas les tuer pour ça. » Je crois qu'on doit s'en tenir à cet exemple, même si aujourd'hui, ça va plus loin. Non seulement beaucoup de gens ne croient pas, mais en plus ils veulent la peau de l'Église, qui est l'œuvre du Christ.

– Est-ce que se défendre ce serait trahir la Bible ?

– En quelque sorte, oui. Trahir l'enseignement de Jésus, parce qu'il prêche l'amour et la paix. Il dit : « Quand on te donne une baffe, tends l'autre joue. » Mais il est aussi vrai qu'il ne dit pas ce qu'il faut faire après. Alors...

Puis Roger marque une pause dans son raisonnement, une prise de souffle avant l'estocade :

– Mais, tu sais, tout va finir par rentrer dans l'ordre, la société est trop pourrie pour continuer à se maintenir comme ça. Il faut qu'elle crève dans une agonie épouvantable. Il y aura une guerre civile avec des milliers de morts et, à la fin, seul restera un noyau dur, ceux qui croient en Dieu, les prêtres véritables... C'est sur ces ruines qu'ils reconstruiront une société idéale, tournée vers Dieu. Crois-moi, notre civilisation matérialiste va se casser la gueule, mais alors en beauté !

Cet homme comme l'ensemble des catholiques se revendiquant du courant traditionaliste se sont en réalité éloignés du message pacifiste du Nouveau

Testament, ils lui tournent le dos pour ne garder que les coutumes, les textes référents des Pères de l'Église et les exégèses qui servent la violence. Il semble parfois même que le Nouveau Testament, pris au pied de la lettre, trop pacifiste, les gêne.

Voilà plus d'une heure que nous parlons. Plus exactement une heure qu'il m'entretient, qu'il développe sa peur de l'autre et sa passion d'un Dieu et de son fils tout-puissant dont jusqu'alors j'avais entendu dire que le principal message était l'amour de son prochain.

Assis devant ce vieux monsieur à la voix douce et tranquille, ronronnant ses pensées sous la chaleur artificielle d'un chauffage de terrasse, ma tête se met à tourner. C'est face à lui, alors qu'il n'est de loin pas le pire des hommes que j'aie rencontrés depuis le début de mon infiltration, que mon esprit s'enfuit et laisse échapper le trop-plein de colère et de dégoût qu'il m'inspire, lui, et la grande majorité de ceux que je rencontre depuis un peu plus d'un mois. Soudain, je relâche ma garde, mon attention dérape :

« L'amour de son prochain, mon cul ! Silence ! Taisez-vous, serviteur zélé d'une pensée réductrice sentant le rance, la colère et l'ennui ! »

Je sais que dans ma poche la caméra tourne et que je me fierai à elle pour recoller les bouts de ce qui, ce soir, m'aura inévitablement échappé. Cet instant d'une intense colère qui n'éclate qu'en moi me saisit et, ce n'est pas un hasard, au moment le moins périlleux de mon infiltration. Une colère comme une soupape de l'esprit, pour respirer, pour être humain, pour exprimer mon rejet et ma rage face à cette haine inexplicable que ces hommes, se disant soumis à Dieu, me jettent au visage depuis le début de cette infiltration. Une colère, rien qu'une. Un moment d'égarement et puis rentrer à nouveau dans le rang et tenir jusqu'au bout. Dans ce labyrinthe de pensées moyenâgeuses que j'étais venu chercher afin de les faire sortir – grâce à ma caméra et à ma plume – du petit cercle où elles sont uniquement prononcées.

Comme journaliste, j'avais souvent interviewé des militants d'extrême droite et des fidèles de l'Église traditionaliste, il n'en ressortait que des mensonges. Des phrases apprises par cœur pour ne pas choquer et pour ne pas s'attirer les foudres de la loi. Je devais donc continuer à les fréquenter sans rien dire pour entendre clairement ce qui en chacun d'eux bouillait. Cette colère contre le monde moderne dont ils rejettent tout en bloc sans nuances, sans distinctions. Je pensai soudain à une colère opposée. Une magnifique colère littéraire tirée du dernier ouvrage que Philip Roth venait d'écrire et que je lisais le soir, une fois ma caméra éteinte, alors que je redevenais moi-même : « Le scandale de la religion, l'arriération, l'ignorance, la honte de tout ça ! Une piété délirante ayant pour seul but le néant[1]. »

1. *Indignation*, Philip Roth, Gallimard, 2008.

Quand je recouvrai mes esprits, c'était justement de Moyen Âge que Roger me parlait. Son regard avait changé, quelque chose de l'ordre de l'admiration y avait remplacé le dédain et la tristesse. Il me fallut l'écouter prononcer quelques phrases avant de comprendre qu'il s'émerveillait devant la grandeur du temps des cathédrales. Des constructions exemplaires, une architecture qui pose sur la Terre le relief de Dieu.

– Un âge d'or que ce Moyen Âge pendant lequel tous les hommes vivaient cent fois mieux qu'aujourd'hui!

Là encore, une récurrence dans le milieu traditionaliste. Le Moyen Âge y est une référence historique absolue vers laquelle l'Esprit Saint devrait tendre à nouveau. Car il fut, selon eux, le seul moment de notre civilisation où Dieu était au centre de tout, la colonne vertébrale de notre société. Le Moyen Âge: un moment de paradis, avant ce qu'ils appellent «les ténèbres»: la Renaissance et le siècle des lumières.

– Aujourd'hui, on fait travailler les mecs au régime des trois-huit. Ils travaillent comme des bœufs pour un salaire de misère. Alors qu'à la fin du XIIe siècle, les abbayes et les monastères fournissaient du travail et permettaient au gens d'avoir un haut niveau de vie.

Je me dis alors que soit nous n'avons pas dû lire les mêmes livres, soit tous les historiens que j'ai lus sont de fieffés menteurs. Mais Roger insiste.

– C'est une des périodes les plus riches de notre histoire. On a voulu faire passer le Moyen Âge pour un siècle obscur, c'est une connerie monstrueuse… monstrueuse!

Je te le répète, ces gens-là vivaient cent fois mieux que nous. La foi avec laquelle ils ont construit les cathédrales, c'est dingue. On n'est pas foutu d'en construire une aujourd'hui. Non, aujourd'hui nous vivons dans une société menée par des pourrisseurs.

– Des quoi ?

– Des pourrisseurs ! Des groupes qui veulent faire accepter à la société tous les défauts les plus dégueulasses, la modernité la plus vile, comme les couples homosexuels, l'avortement. Nous (les traditionalistes), nous essayons de revenir là-dessus, sur toutes ces lois permissives, mais pour cela, il faut attendre encore un peu, attendre que l'on devienne plus puissants au sein de l'Église et avec Benoît XVI les choses avancent.

Je quitte le café avec le sentiment que ce que je viens d'entendre est un extraordinaire concentré d'informations. Dans son long monologue, mon interlocuteur a parcouru une partie très importante des thèmes de préoccupation majeurs de l'extrême droite religieuse, ceux sur lesquels elle fonde ses peurs, ses croyances, ses pensées les plus intimes et enfin ses combats. Des préoccupations transversales qui permettaient de faire un pont, d'établir sans le moindre doute une proximité réflexive, quand il ne s'agit pas de similarité, entre les jeunes de DI, les abbés de la paroisse et maintenant Roger.

12

Lorsque mon téléphone sonne, ce matin, je suis loin d'imaginer que ma journée va se dérouler entre les ronces et les rosiers. Au bout du fil, même mal réveillé, je reconnais immédiatement cette voix éraillée par la cigarette – quoique juvénile. C'est celle d'un des militants de DI, Garance, venu prendre de mes nouvelles. En fait, et comme à chaque fois qu'un membre du groupe m'appelle, c'est pour requérir mon aide. J'ai beau le savoir, pourtant, ce matin-là, je vais être surpris.

Dans la stratégie de DI, l'infiltration du tissu social bordelais doit se faire à plusieurs niveaux. L'éducation, grâce aux conférences, dont celle sur la guerre d'Espagne fut le premier jalon. La formation physique, avec la salle de sport en devenir, le terrain d'entraînement militaire dont la construction avançait et des cours de *self-defence* qui devaient bientôt voir le jour. Et enfin le social, qui regroupait un ensemble d'activités d'entraide aux habitants défavorisés de la région à la condition qu'ils soient blancs et chrétiens. Pour mener des activités dans ces différents domaines, ils ont créé des associations dont la seule existence est en réalité une page d'accueil sur un site Internet. Des associations aux noms respectables : « Les trois salons », pour la culture, « Réseaux solidarité famille », pour l'entraide sociale et enfin, pour être dans l'air du temps, ils ont même trouvé astucieux de développer un pan écologique à leurs activités avec « Agir Propre ». Des associations officiellement indépendantes mais derrière lesquelles se retrouvent toujours les mêmes visages, ceux des militants de DI.

Au téléphone, la voix se fait plus précise :

– On a repéré une pépiniériste à l'agonie dans la région. C'est bon pour nous.

À ce stade, j'ai encore des doutes, est-ce « Réseaux solidarité familles » ou « Agir Propre » qui me parle ?

– On va aller l'aider à faire le ménage dans sa pépinière. Il paraît qu'elle est envahie par les ronces. On a ramassé quelques outils chez des amis et la famille. Débroussailler, ça nous connaît ! C'est un travail pour nous, ça, qu'en penses-tu ?

C'est donc « Agir Propre » qui m'appelle en renfort ce matin. Je me montre enthousiaste et offre immédiatement mon aide. Un petit groupe de six semble déjà s'être constitué. Je lui propose alors de les rejoindre chez la pépiniériste où ils se sont donné rendez-vous.

Le temps de réunir mes affaires, de brancher et fixer sur mon corps la caméra, je saute dans une voiture et me rends à l'entrée du jardin de la pépinière indiquée, en bordure de la ville. Une voiture est déjà là. Derrière le coffre ouvert, des militants s'affairent. Ils sortent des outils, des gants et quelques vêtements.

– Putain, c'est la mort, la mort personnifiée !

Le tranchant d'une faucille frôle mon visage. Roland, un militant aux épaules deux fois larges comme les miennes, joue avec l'outil et fait voler la lame courbe d'une soixantaine de centimètres dans les airs.

– Salue la faucheuse ! me dit-il en riant.

Derrière lui, le petit groupe continue de vider le coffre de la voiture pleine d'outils de jardinage et d'appareils de prise de vue, photo et caméra. Fabrice Sorlin, le patron, n'est pas venu, c'est la femme d'un des responsables qui dirige les activités.

– Vous avez pensé à apporter vos polos blancs ? Aujourd'hui, c'est jour blanc !

Dans le mouvement, il y a deux types de pulls à capuche à l'effigie de DI, les blancs et les noirs. Les pulls blancs servent pendant les opérations sociales ou environnementales, les noirs sont uniquement portés pour les actions dites « musclées ». « Le sweat noir, on le met quand on tue des gens », me confie mon voisin.

Je reconnais alors Antoine, le président du syndicat d'étudiants que j'avais rencontré lors de la conférence sur la guerre d'Espagne, celui qui m'avait vanté les mérites des *Carnets de Turner*.

– Je n'ai apporté qu'un sweat noir, je n'ai qu'à m'occuper de la sécurité.

– Non, aujourd'hui, on fait du social. Pas de sécurité ! On ne casse la gueule à personne. C'est clair ? On ne casse pas la gueule, aujourd'hui, c'est interdit !

Une jeune femme, discrète jusque-là, intervient. C'est Anne, la responsable pour DI de cette journée.

– J'ai convié des journalistes, je vous rappelle qu'on est ici pour faire de la com. C'est une opération communication, donc on ne tape pas sur les journalistes. Même s'ils ont une tête qui ne nous revient pas.

– T'es sûre ? Même s'ils sont de gauche ? Je vous préviens, je vais me sentir frustré si on ne peut pas taper sur les journalistes.

Pour DI, cette opération est une première. Ils l'ont imaginée dans le seul dessein de faire sortir l'association de l'ombre. La presse locale a été conviée à couvrir cette « opération de rescousse d'une entreprise en danger ». Des slogans avaient été préparés : « Des jeunes militants associatifs se dressent face à la crise », « L'action mieux que les mots », « Retroussons nos manches pour sauver nos entreprises ». Des tracts expliquant leur action ont été imprimés et tous les militants ont été conviés à prendre appareils photo et caméras pour immortaliser l'événement afin d'alimenter par la suite les pages web du mouvement.

Pour l'instant, aucun journaliste n'est présent. Il est encore tôt, Anne décide d'attendre encore un peu avant de commencer. D'ailleurs, tous les militants conviés ne sont pas encore arrivés.

Profitant de cette attente, Antoine, l'intello de la bande, va proposer aux militants de se livrer à une petite séance de *brainstorming*: imaginer le logo de son association étudiante. Un logo qui devra séduire le plus grand nombre possible d'étudiants dans les facs de Bordeaux.

D'abord, c'est le silence. La requête est inattendue. Ils étaient venus pour couper des ronces, pas pour élaborer un logo fédérateur à l'intention d'étudiants qu'ils méprisent en général par principe. Rien de sérieux ne pouvait surgir d'une pareille demande à un tel moment. C'est du moins ce que je croyais. Mais la scène qui va suivre va rapidement me donner tort.

Fernand: On devrait mettre un poing noir dressé sur un fond rouge au milieu d'une croix celtique! (Un classique de la symbolique fasciste.)

Antoine: C'est un peu trop orienté. Si ça n'engageait que moi, je te dirais: oui, pourquoi pas? Mais le problème, c'est qu'il y en a qui ne seront pas contents.

Pierre: Et deux 8, on ne peut pas? 88, ça serait classe, non?

Le 8 représente ici la huitième lettre de l'alphabet, le «H». «88» devient donc «HH», l'acronyme utilisé dans tous les milieux néonazis pour signifier «*Heil Hitler*».

Antoine: Et on ajoute quelques runes autour et un double S au-dessous.

Pierre : Franchement, je trouve que ça rendrait bien !

Va s'ensuivre une discussion à bâtons rompus où chaque militant tente de concocter le sigle le plus original possible, comportant un maximum de références à l'iconographie fasciste ou nazie. Chacun invente son alignement de runes, de croix gammées, de têtes de mort et de chiffres codés. Eux qui disent vouloir représenter le fascisme du troisième millénaire, un fascisme moderne débarrassé de toutes les références à Hitler, au IIIe Reich. Des références politiquement nocives dans lesquelles, disent-ils, leurs détracteurs veulent systématiquement les enfermer. Voilà comment ils offrent une démonstration éloquente de leur fascination toujours vive pour ce que le XXe siècle a inventé de plus monstrueux.

La dernière voiture de militants vient se garer à nos côtés, sur le parking de la pépinière. L'heure du début de l'opération a sonné. Aucun journaliste n'a répondu à l'invitation. À ce jour, seuls *Sud-Ouest* et *Libération* leur ont consacré un papier. DI n'intéresse pas encore la presse à Bordeaux. L'opération de communication se déroulera donc à huis clos.

– C'est pas grave ! Matthieu, tu vas prendre la caméra, on va filmer tout ce qu'on va faire et à la fin on se fera notre propre interview pour la diffuser sur notre site. Préparez-vous, je vais prévenir la propriétaire, lance Anne, rassurante mais visiblement agacée.

Elle convie un petit groupe de militants à la suivre à l'intérieur de la pépinière. Je me joins à la délégation.

Au bout d'une allée, j'aperçois la cabane blanche qui sert d'accueil. Nous entrons. La responsable, une femme d'une cinquantaine d'années au visage rond et jovial, voit débarquer une dizaine de personnes dans son étroit bureau. Je la croyais prévenue, il n'en est rien. Elle ne comprend visiblement pas ce qui lui arrive. Qui sont ces jeunes en polos blancs identiques, frappés de deux lettres noires mystérieuses : DI ? Des inspecteurs, une secte, des voyous venus faire un coup ? Tout sourire, une jeune militante prend les devants. Il s'avère qu'elle a travaillé occasionnellement dans la pépinière, c'est elle qui avait négocié notre présence ici aujourd'hui avec le patron. Le message n'était pas parvenu aux oreilles de la responsable.

Son patron est malade, le parc de la pépinière est en effet dans un état négligé. Elle a bien du mal à l'entretenir toute seule. C'est donc un peu résignée et confuse qu'elle accepte notre aide. Aucune tâche délicate ne nous est confiée. Pour l'instant, la gérante consent juste à nous laisser élaguer les haies qui bordent le terrain. Je crois qu'elle nous prend pour une bande de scouts ayant passé l'âge.

Chacun s'arme d'un outil dont certains ne permettent en rien un travail d'élagage. Visiblement, nos jeunes « militants écologistes » ne connaissent pas le jardinage. Aucun n'a pris la peine de s'y préparer avant cette journée. Les plus grands se saisissent de sécateurs pour couper, à la va-vite, les pousses qui dépassent. Les autres, munis de gants de chantier, arrachent les branches mortes, les ronces et les souches desséchées. Quant à moi, on ne cesse de me répéter que ma mission est de prendre un maximum de photos. Cadrer des militants en action en m'assurant que le logo de DI soit bien visible sur chacun de mes clichés. « Et, bien sûr, n'oublie pas : des muscles et de la sueur en gros plan ! C'est bon pour notre image. »

Anne, la responsable d'Agir Propre, supervise les travaux.

– Ne taillez pas trop la haie. Il faut qu'elle reste épaisse. Sa fonction, c'est quand même d'empêcher les gens de passer.

De manière inattendue, cette recommandation provoque une certaine hilarité, un militant enchaîne :

– C'est pour éviter que les lapins ne passent...

Un autre le reprend :

– Non ! C'est pas pour les lapins, c'est pour les boucaques[1]. Les boucaques, ils viennent souvent piquer de l'herbe ! Ils aiment ça, se rouler (fumer) de la bruyère.

La première haie approximativement taillée et nettoyée, nous nous dirigeons vers un bassin décoratif situé en bordure de l'établissement. Le bassin rond en pierre de taille avec colonnade centrale devait être un élément de charme avant qu'il ne soit oublié et que le temps ne le transforme en véritable cloaque où

1. « Boucaque » est une insulte raciste permettant de qualifier d'un seul mot l'ensemble des populations arabes et noires. Ce qualificatif injurieux est le résultat de la contraction des mots « bougnoule » et « macaque ».

quelques plantes moisies surnagent à grand-peine dans un mélange de vase épaisse et d'eau croupie.

Anne a une nouvelle idée : vider totalement le bassin de sa vase, le nettoyer sommairement et le remplir d'eau claire. La communication, toujours :

– Ça pourra faire un joli photomontage, du genre avant/après ! La boue contre l'eau claire. Vous voyez le genre.

À peine le travail de nettoyage commencé, un problème apparaît. Sous le bassin, la bâche d'étanchéité présente un trou béant que la vase obstruait. Ils n'ont rien pour la réparer, ni la remplacer. Logiquement, l'opération doit avorter. Je fais remarquer que remplir le bassin d'eau ne servirait à rien. En quelques heures, toute l'eau aurait disparu. La démarche serait contre-productive et pas franchement écologique.

Mais Anne, parfaitement consciente du problème, insiste pour que nous continuions. Peu importe que ce travail ne serve à rien, qu'il soit inutilement coûteux en eau et qu'il y ait encore des dizaines d'autres choses à faire pour aider concrètement la pépiniériste.

– Ce qui compte, c'est la photo, le reste on s'en fout !

L'injonction est claire, nous continuons le travail. Malheureusement pour eux, le trou n'est pas le seul problème : il manque plusieurs mètres de tuyaux pour amener de l'eau fraîche au bassin. Anne envisage de remplir des seaux et de faire une chaîne. Des seaux, il n'y en a que trois, ils sont petits et en piteux état. Alors, à contrecœur, Anne se décide à mettre fin à l'opération.

Déçue, notre présidente d'Agir Propre comprend que son opération de communication glisse doucement vers l'échec. Il lui reste encore une carte, celle de se faire bien voir par la pépiniériste pour en faire une sorte de porte-parole du mouvement, capable de vanter les mérites de notre action : une ambassadrice involontaire de DI. Seul problème, il est hors de question pour ces jeunes militants de dire qui ils sont vraiment. Ils doivent donc « recruter une ambassadrice » qui doit tout ignorer du groupe dont elle devra vanter les mérites. La quadrature du cercle ? Je l'interroge :

– Elle sait où l'on se trouve politiquement ?

– Non, c'est Agir Propre qui est venu faire une action d'entraide bénévole.

– On ne lui parlera pas de politique ?

– Non, on ne s'étend pas là-dessus. Tout ce qu'elle sait, c'est qu'on est venus donner un coup de main, c'est une action environnementale et pour l'instant, c'est tout. C'est pour ça qu'on a créé cette association et qu'on ne vient pas directement au nom de DI, même si c'est la même chose. Mais ça nous permet de ne pas nous dévoiler en tant que mouvement politique. Si tu te présentes comme un groupe de jeunes militants politiques, tu peux être sûr que tu auras droit à des questions et des débats interminables. « Alors ? Vous êtes plutôt de droite ou de gauche ? Et patati et patata... » Si tu réponds que tu es plutôt carrément d'extrême droite, tu trouveras toujours des gens pour te tirer la gueule et te dire : « OK, donc vous êtes des gros racistes, dehors, on ne veut pas de vous ici ! »

– Le but premier de l'association, c'est donc de cacher tout ça ?

– Oui et non. On ne le cache pas, mais on ne le dévoile pas non plus. S'ils veulent le savoir, ils peuvent le savoir. En regardant sur Internet, sur le site d'Agir Propre, il y a des liens, et le premier lien te ramène à DI. Sans dire ce qu'est DI, on a bien communiqué sur le fait que DI venait nous aider sur cette opération. L'idée derrière tout ça, c'est : « D'abord tu agis, ensuite, au besoin, tu te dévoiles progressivement. » Une fois qu'ils auront découvert qui nous sommes, ils pourront se dire : « Ils sont peut-être d'extrême droite, mais eux, au moins, ils viennent nous aider. Alors que le gouvernement, lui, ne fait rien. Ces jeunes-là, ils se bougent. Ils prennent leur demi-journée pour aider des Français en difficulté. » Agir Propre, c'est un faux nez, mais c'est aussi la possibilité de donner une autre image de la politique, une autre image de l'extrême droite. En menant des actions concrètes, on a plus de chances de convaincre les gens que si l'on s'en tient à des discours. Les discours, on en fait depuis des années et ça ne fonctionne pas ! Les journalistes nous ont collé une image de merde, on ne pourra s'en débarrasser qu'en multipliant les contacts directs avec la population et en relayant nos actions sur Internet. On doit agir. On doit changer pour revenir.

Autour de nous, les militants se prennent en photo dans tous les sens. Ils arrachent quelques mauvaises herbes ou font semblant d'élaguer un arbre. Anne et la compagne d'un des responsables de DI, Rose, nous proposent d'aller amadouer la pépiniériste en lui offrant un petit cadeau. Une cloche en laiton à fixer sur un mur. « Un cadeau utile censé faciliter l'accueil des clients. » La pépiniériste est ravie. Anne et Rose sentent qu'elles marquent des points. Dans un sourire complice, Anne place deux doigts à la base de son nez, imitant ainsi la moustache d'Hitler.

– Attends encore un peu, et même ça devrait bien passer, lui lance sa copine ajoutant l'humour à l'ironie.

Marquer des points est une chose. Les garder est un exercice qui trouve vite ses limites pour ces jeunes militants. Nos deux meneuses du jour en sont conscientes et, lorsque la pépiniériste veut à son tour faire un geste et invite toute l'équipe à partager son déjeuner, Anne se tend. Elle hésite, balbutie, dit qu'elle va aller prévenir ses camarades qui ont : « certainement déjà dû commencer à déballer leurs sandwichs, quelque part dans le parc ». Prenant littéralement ses jambes à son cou, Anne, visiblement inquiète, rejoint le reste de la troupe.

– La gérante nous invite à manger. Le problème, c'est qu'elle veut s'installer à table avec nous, alors je vous préviens, il va falloir y aller mollo dans les discussions. Elle n'est pas au courant pour DI.

Rose nous rejoint, tendue elle aussi.

– On n'a qu'à dire qu'on avait prévu quelque chose pour le repas et on va se poser au resto juste en face.

– Non, aller manger en face, c'est trop visible, on va se faire griller. On doit accepter mais il faut tenir sa langue.

Se tournant vers un militant, elle ajoute :

– Pascal, tu te tiens à carreau. Mussolini, Hitler, tous les grands noms de l'histoire, tu les oublies. OK ?

– Le Pen ? Je peux en parler, de Le Pen ?

– Non, pas Le Pen !

– Oh, mais Le Pen, c'est de la serrurerie ! C'est rien.

– Tu arrêtes ou tu te casses dans la voiture.

Rose se ronge les ongles :

– Si Fabrice était là, on n'aurait pas de problème. Lui, il sait les tenir, mais sans lui je panique un peu.

Elle se retourne. Le regard affolé, elle scanne l'horizon dans toutes les directions.

– À qui je ne l'ai pas dit ? Il faut prévenir tout le monde de se taire !

Un militant parti déposer des outils dans une des voitures est repéré. Rose se précipite et lui assène la même mise en garde qu'aux autres, à une différence près : une graduation dans le mauvais goût. Cette fois-ci, le geste se joint à la parole. De sa main gauche, elle s'amuse à retenir son bras droit, l'empêche de se tendre, de se dresser vers le ciel, prêt à faire le salut hitlérien.

– Pas de « Sieg Heil ! » C'est clair ? Tu ne le feras pas aujourd'hui.

Tenant à la main deux bouteilles de vin, c'est finalement la gérante qui coupera court à cette séance de mise en garde. Pour ne pas nous faire perdre notre temps, elle nous rejoint et transforme le repas en apéritif dans le parc. La gêne s'installe sur le visage de chacun. Dominées par l'angoisse d'entendre prononcer un mot qui ruinerait tous leurs efforts, Anne et Rose lancent immédiatement des phrases creuses pour meubler le silence. En dehors d'elles et des quelques hochements de tête approbateurs de la gérante, le reste des militants resteront figés, mutiques, comme dans un mauvais film empli d'inutiles figurants.

– C'est notre première action. L'association est toute nouvelle. Mais c'est vrai que c'est le genre d'action qu'on aimerait refaire. C'est l'objectif d'Agir Propre.

La pépiniériste approuve :

– Vous devriez faire de grands panneaux pour informer les gens de votre action. Si vous débutez, il faut communiquer. C'est bien de vous signaler. Tout à l'heure, j'ai parlé de vous à des clients, je leur ai dit ce que vous faites bénévolement, ils étaient épatés. Vous pouvez être fiers de vous...

Alors qu'elle ignore toujours tout des jeunes qui ont refait son jardin, la pépiniériste est séduite par ce qu'elle croit être une bande de scouts bénévoles. C'est exactement le moment qu'attendaient nos deux meneuses du jour pour lui proposer de relayer un texte au nom d'Agir Propre. De retour dans la petite cabane de bois blanc, Anne se saisit d'un tas de tracts à distribuer, des tracts censés donner envie de rencontrer et de contacter leur association. La gérante n'y voit aucun inconvénient. Elle propose même d'en coller un sur la porte d'entrée de son bureau d'accueil.

Le tract commence par une mise en valeur de l'action d'Agir Propre et se transforme rapidement en tract politique. Le ton y est mièvre, innocent. Un tract qui, en apparence, aurait pu être rédigé par n'importe quel parti d'opposition. « L'art d'avancer à petits pas masqués », m'avait confié Anne. Avec ce tract, DI met en pratique ses théories, avancer discrètement, faire venir les gens à eux par des actions anodines. Séduire avant de convaincre. Ces jeunes ont au moins le mérite de s'en tenir à leur stratégie :

> « Par cette action, Agir Propre tient à condamner les pouvoirs publics qui abandonnent les "petits" commerces indépendants au profit des grands groupes commerciaux... Contact Agir Propre/Dies Irae. »

Rien qui ne permette de comprendre que ce tract est une passerelle vers un groupe qui prône l'avènement d'un nouveau fascisme et la mort de la démocratie.

La fine équipe repart avec le sentiment du devoir accompli. Comme l'avait demandé Anne, pas un mot sur les « grands hommes de l'histoire » n'a été prononcé, pas de salut hitlérien ou de références fâcheuses. Tout le monde a sauvé les apparences. Ils peuvent désormais prendre congé, polis, souriants, avec un sentiment de victoire en poche. Sous des allures d'enfants sages, ils agissent pour que changent les mentalités, pour rendre les fascistes à nouveaux respectables.

Il me vient en mémoire une discussion que j'avais eue, quelques jours auparavant, avec Fabrice Sorlin. Il me proposait alors de prendre part à une vente de bougies organisée au nom de DI pour récolter de l'argent au bénéfice des victimes de la tempête qui venait de frapper la région. « La somme récoltée est sans importance, m'avait-il dit, l'important, c'est de montrer que nous sommes un mouvement solidaire. » J'avais exprimé quelques doutes, Fabrice avait insisté.

« En faisant ce type d'action, les gens voient qu'on n'est pas des hargneux. Il faut être un peu intelligent et, de temps en temps, employer l'arme de notre adversaire. Aujourd'hui, ce qui fonctionne, c'est toutes les associations de gauche à deux balles qui prônent la solidarité. Moi, je pense qu'il faut qu'on fasse la même chose, mais de droite. »

J'ai acquiescé. La vente de bougies n'a jamais eu lieu.

Alors qu'autour de la pépinière un groupe est envoyé pour déposer des tracts sur les pare-brise des voitures et dans les boîtes aux lettres, Anne, me rappelle à l'ordre :

– Alors Matthieu, on la fait, cette interview ?

De retour sur le parking, Anne veut pallier l'absence de journalistes en filmant sa propre interview pour enrichir leur site d'un petit reportage glorifiant.

– Je représente Agir Propre et comme Faf (Fabrice Sorlin) n'est pas là, je propose que ce soit Rose qui le représente.

Rose refuse. Elle préfère que DI soit représenté par un homme. Elle désigne François et décide de diriger l'interview. À contrecœur, François enfile un sweat blanc à l'effigie de DI et se place devant la caméra. François, c'est le militant qui, ce matin, regrettait de ne pas pouvoir casser la gueule à des journalistes.

– Ça tourne ? OK. Essayez d'être naturel, décontracté. On commence : Est-ce que vous pouvez nous présenter votre association ?

– Oui. Hum... Je parle au nom de l'association Agir Propre qui défend... euh... euh...

– Coupez !!! Coupez, on recommence.

– Merde, je ne sais pas ce que je dois dire ! Je fais quoi déjà, je défends quoi ?

– T'es là pour Agir Propre ! L'écologie, tout ce genre de trucs. Bon, allez, tu te concentres, on reprend : Votre association Agir Propre s'est déplacée aujourd'hui en partenariat avec Dies Irae. Est-ce que vous pouvez nous dire pour quelles raisons DI est venu aider l'association Agir Propre ?

– À DI, nous sommes venus aider Agir Propre car il nous a semblé que leur action était en totale adéquation avec les objectifs du euh... euh... pôle social.

Agir Propre : une coquille vide, un mensonge que même ses créateurs ne parviennent pas à défendre. Il leur faudra plusieurs prises pour finalement réciter un texte sans forme ni conviction sur l'importance de l'écologie dans la société contemporaine.

13

Une semaine s'était écoulée depuis mon premier cours de catéchisme. Je me rendais, impatient, à la deuxième session de mon éveil à la conscience chrétienne par cet abbé surprenant qui m'avait démontré l'existence de Dieu, lors de notre premier entretien, en arguant que « une clef sert à ouvrir une porte ».

Pour ce nouveau rendez-vous, la mise en scène est inchangée. En réalité, l'exiguïté du lieu permettait mal qu'on la change. Lui, strict, ventru, tenue noire d'abbé, le col blanc empesé lui serrant trop fortement la nuque. Homme de savoir et de spiritualité, assis derrière son minuscule bureau, me dominant du haut de son estrade. Moi, forcé à regarder vers le haut, dans une posture d'humilité censée me prédisposer à mieux recevoir la leçon, ayant, face à moi, non seulement celui par qui le savoir religieux allait m'être donné, mais aussi Marie, fixée à deux mètres au-dessus du sol, figée en statue de pierre, plus menaçante que bienveillante.

J'attendais en silence que la prière introductive se termine.

Le sujet du jour : les anges. Séraphins, chérubins, archanges, « un sujet bien plus sérieux qu'il n'y paraît », me garantit mon professeur. « Ce sont eux qui veillent sur nous, ce sont eux qui influent le plus directement du monde sur nos vies et, surtout, (il insiste) surtout, sur celles des nations. »

J'apprends ainsi que chaque pays est doté d'un protecteur céleste, un protecteur qui peut s'avérer sévère car, selon notre homme d'Église : « Il n'hésite pas à fomenter des guerres pour punir un peuple impénitent. Les exemples sont légion, la plupart des guerres sont des punitions divines infligées par les anges. Regardez l'Angleterre ! Après son renoncement au catholicisme, les foudres de la guerre se sont acharnées sur ce pays. Il en va de même pour les peuples qui choisissent de mauvais modes de gouvernement. »

Selon l'enseignement dispensé dans cette paroisse, Dieu aurait donc des préférences politiques. Je questionne l'abbé :

– Dans ces conditions, quel type de régime a la préférence de Dieu ?

– La monarchie, cela ne fait aucun doute. C'est le seul régime bénit par Dieu car, durant des siècles, le roi a été oint par le pape en personne.

Là encore, comme ce fut le cas dans la discussion que j'avais eue avec René, la cause et la conséquence d'un rituel politique s'inversent pour devenir preuve du caractère divin au service d'une idéologie. Je suis surpris par la similitude des argumentaires de René et de l'abbé.

– Un roi est élevé pour devenir roi et rien d'autre. Un roi n'est pas un personnage politique comme ceux que l'on connaît dans les autres régimes, des hommes qui n'agissent que pour leur pomme. Des hommes qui ne se soucient que de leur propre bien et de la force que leur confère leur pouvoir. Au contraire, le roi est là uniquement pour le bonheur de son peuple et la défense de la religion. Regardez à quel point la fin de la monarchie en France fut un immense gâchis. Un cataclysme politique et social avec la Révolution, mais aussi un cataclysme mental avec l'émergence de nouvelles valeurs : l'individualisme, les droits de l'homme, la démocratie. Des valeurs qui ont mis l'homme – en tant qu'individu – au premier plan de la société, avec comme seul but la recherche de son bonheur. C'en était fini de la recherche du paradis par l'action terrestre. Dieu était rangé au placard. Voilà quelles sont les valeurs qui ont détruit la France et les peuples alentour.

Chaque phrase de l'abbé est habitée par la nostalgie, celle d'une époque où la chrétienté régnait sur toute l'Europe, où le pape et ses vassaux dictaient leurs prérogatives aux princes qu'ils sacraient. Une époque sous laquelle les peuples, serviles, obéissaient. Conscients qu'ils étaient du bien-fondé des valeurs morales qui guidaient leur société. Des peuples fidèles aux enseignements et aux lois de l'Église, et à rien d'autre.

Je l'interroge :

– Y a-t-il un lien avec la malédiction de Cham ?

– Non, rien à voir, la malédiction de Cham concerne l'Afrique, pas nous.

La malédiction de Cham est un récit très en vogue dans les milieux d'extrême droite. Dans le texte biblique, après le déluge, Noé commença à cultiver la terre et planta de la vigne. Il but du vin, s'enivra, se dévêtit et s'endormit, nu, sous sa tente. L'un de ses fils, Cham, entra sous la tente et ne respecta pas la pudeur de son père. Il alla chercher ses frères et leur décrivit la nudité du patriarche endormi. Lorsque Noé s'éveilla, il apprit ce que lui avait fait Cham, son fils cadet. Furieux, il en maudit la descendance. Selon les Écritures, Noé les condamna à devenir les esclaves des descendants de ses grands frères. « Maudit soit Canaan (fils de Cham) ! Qu'il soit l'esclave des esclaves de ses frères ! Que Dieu étende les possessions de Japhet, qu'il habite dans les tentes de Sem, et que Canaan soit leur esclave[1] ! » Dans l'exégèse biblique, la descendance de Cham peuplera l'Afrique. Ce récit servira durant des siècles à justifier l'esclavage des Noirs.

À ma grande surprise, l'abbé, qui connaît parfaitement ce passage des Écritures, ne va pas relativiser l'interprétation esclavagiste de ce texte, comme le font aujourd'hui la plupart des hommes d'Église. Lui, au contraire, va me convaincre d'autre chose. Devant l'élève incrédule et malléable que je prétends être, il va

1. Genèse 5,32 ; 6,10 ; 7,13 ; 10,1.

minimiser la monstruosité de l'esclavage. Une pratique qui, selon lui, a été mal comprise et injustement salie par le cinéma.

– J'irai même plus loin en vous disant que la fin de l'esclavage a été une catastrophe pour les esclaves eux-mêmes. Ils y ont perdu leur jour de repos, ce qui leur permettait au moins d'aller à la messe. Une fois libérés, ils ont été déboussolés, certains sont même revenus voir leur maître. C'est un fait !

Je feins l'intérêt, continuant à me présenter comme une tête en friche, vierge d'études, une âme à prendre. Il voit mon cerveau comme le lieu parfait pour y faire croître un savoir neuf. Son regard s'allume, sa verve en est décuplée. Il se fait théoricien du monde, après les anges qui punissent les nations, après l'esclavage qui devrait être remis à sa juste valeur, vient le tour des races et de leurs origines. Et puisque nous parlons des descendants de Cham, l'abbé décide qu'il me faut désormais savoir pourquoi les Noirs sont devenus noirs.

– Parce qu'ils sont allés vivre dans les pays chauds.

Je reste coi. Il insiste.

– Dans les pays chauds, le soleil tape fort en permanence, alors la peau de l'homme se tanne et devient noire pour mieux résister. C'est inévitable ! Il y a un truc, par exemple, qui est frappant. Ceux qui ont connu des missionnaires qui sont restés trente ans en Chine, ils reviennent, ils ont quelque chose de chinois. Ils ont les yeux bridés. C'est vrai, plusieurs me l'ont dit. C'est à cause de la luminosité, là-bas, elle vous fait plisser les yeux. Si vous restez trente ans à plisser les yeux, vous finissez par avoir les yeux… ?

Il m'interroge du regard, je me souviens de « la clef pour ouvrir la porte », je réponds donc benoîtement :

– Bridés ?

– Bah voilà… Si ça peut se faire sur une vie d'homme, sur des générations, des générations, des générations, vous imaginez ! C'est ça qui fait que ceux qui sont dans le Sud sont plutôt bronzés, ont une peau qui supporte mieux le soleil, etc. Les races existent, cela ne fait aucun doute. C'est le nier qui est idiot. C'est vrai qu'il y a des différences. Je veux dire : si on prend le 100 mètres, sur la ligne de départ du 100 mètres, il n'y a presque que des Noirs. Ça aussi, c'est un fait. Tu comprends pourquoi nous n'avons jamais dit que les hommes étaient égaux, ce serait stupide de le dire.

L'heure de la fin du cours arrive, je commence à organiser mes affaires, mais l'abbé semble jouir d'un moment propice à mon éducation et ne veut pas le lâcher. Il est le maître, je suis son golem. Il peut me façonner, me faire croire et entendre tout ce qui, selon lui, doit être constitutif d'une pensée juste et pure pour les hommes. Il tient un homme neuf sous la main, une page blanche, un homme à l'esprit de glaise. L'abbé n'en a pas fini avec moi. Il se lance alors dans le récit d'un autre fait biblique pour attester par les « textes sacrés » non seulement que les races existent, mais qu'elles sont prédisposées. Après les Noirs et l'esclavage, voici les Arabes et la rapine.

– Dans la Bible, il y a une présentation d'Ismaël et d'Esaü qui les définit comme les pères d'un peuple nombreux, nomade et qui vivra de rapine. Il y a une description claire de ce futur peuple, les Arabes d'Arabie saoudite, ceux qui ont envahi tout le reste de ce que l'on appelle aujourd'hui le monde arabe. Vous vous rendez compte, (l'abbé devient alors hilare) les Arabes sont décrits dans la Bible comme un peuple de voleurs !

L'abbé s'échauffe, rigole davantage. Dans son esprit, un raccourci immédiat s'opère entre Arabes et musulmans. Caché derrière la Bible, il amalgame à l'envi : un Arabe est un musulman et inversement, et ils sont tous potentiellement des voleurs ! Le ton continue de monter et l'abbé s'en prend maintenant aux autres religions.

– En face, on a des gens qui ont des enfants. On a un islam qui devient de plus en plus véhément, qui recrute dans les prisons, etc. Et à côté de ça, nous, on dit : faut pas convertir les gens, faut les laisser dans leur religion, etc. Donc le côté virulent qui est inhérent à l'islam, attention... Parce que l'islam est une religion de guerre et c'est une religion politique. En soi, c'est écrit dans le bouquin même, dans le Coran... C'est là où c'est dangereux. Mais il se pourrait qu'un jour il y ait une guerre civile... Enfin, si on est encore capables de réagir. Parce que le problème, c'est de savoir si les gens auront encore les tripes pour réagir ! On n'en sait rien, nous, donc c'est pour ça qu'il faut se former.

Réagir face à la montée de l'islam, se former, se préparer à une guerre des religions. En plein cours de catéchisme, l'abbé m'a tenu des propos identiques à ceux que j'entends à chaque rendez-vous avec les jeunes de DI.

14

Retour au local de DI, dans la cave située non loin de l'église Saint-Éloi. Voilà plusieurs semaines que je ne m'y suis pas rendu. Lors de ma dernière visite, le compresseur avait propulsé sable et poussière partout dans l'immeuble, sans pour autant avoir nettoyé plus de quelques centimètres carrés de mur. Au bas des marches, les choses se sont légèrement améliorées. Il n'y a plus de gravats dans tous les coins, les murs sont visiblement plus propres, l'espace est dégagé. Un espace suffisant pour que, chaque semaine, les militants les plus motivés de DI s'y retrouvent pour prendre des leçons de krav maga. Sorte d'art martial peu technique, très pragmatique et terriblement efficace, le krav maga est particulièrement adapté aux bagarres de rue. C'est un sport généralement prisé et très valorisé dans les milieux de la jeunesse d'extrême droite. Faire du « KM », comme ils aiment l'appeler, c'est aller au combat, c'est s'acheter des galons à bas prix, chercher la cicatrice sans prendre trop de risques, s'affirmer comme un homme engagé jusqu'au bout dans la cause à défendre, mais aussi, et cela est plus surprenant, s'accaparer quelque chose qui « appartient aux Juifs ».

Dans les pulsions racistes de ces militants, il y a des nuances. Le krav maga est un des enjeux qui permet de les saisir.

Dans le racisme de cette jeunesse d'extrême droite, l'« Arabe », le « Noir » et le « Juif » ne sont pas égaux face à leur haine. Le « Noir » est globalement un sous-homme fait pour les basses œuvres. Doué d'un physique puissant, inversement proportionné à son intelligence, il est taillé pour servir et son salut social ne viendra que de ses muscles. Cette théorie s'appuie principalement sur la Bible (la malédiction de Cham dont nous avons parlé) et sur la carrière de certains sportifs professionnels, qui sont pour eux autant de justifications de leur théorie des races.

Dans leur vision du monde et de ses civilisations, les « Arabes » entrent, eux aussi, dans la catégorie des sous-hommes. Partout où ils se trouvent, s'installent le chaos, le viol et la rapine. Ils ne sont bons à rien, ni intellectuellement ni physiquement. Leur prosélytisme religieux est la graine qui fera sombrer la civilisation blanche et chrétienne dans le déclin avant de l'amener à son extinction définitive. Là aussi, pour appuyer leur théorie, ils évoquent la Bible et ce qu'ils veulent bien retenir du monde arabo-musulman contemporain. Tout comme pour les « Noirs », ils n'ont pour les « Arabes » que du mépris et de la haine.

Quant aux Juifs, si le résultat est le même, l'approche et les causes sont, elles, radicalement opposées. La plupart de ces jeunes perçoivent les « Juifs » comme des êtres supérieurs, plus malins, plus intelligents et plus doués qu'eux. Leur « haine du Juif » peut se lire comme une forme extrême d'envie et de jalousie. Le mépris qui en découle est un mépris teinté d'admiration et de frustration. Le « Juif » reste à leurs yeux le coupable idéal de tous les maux de la terre car, par sa malice et sa perfidie, il domine le monde et organise son chaos afin que seul le peuple élu puisse en tirer bénéfice. Ils les admirent et les détestent presque tout autant, ils rêvent de s'accaparer leurs places et leurs richesses fantasmées. Pour la plupart d'entre eux, ils rêvent encore d'un monde sans Juifs. Le « peuple juif », en plus d'être perçu par eux comme déicide, apparaît comme le seul obstacle à la domination matérielle et intellectuelle complète des Blancs catholiques sur les peuples des cinq continents.

Alors qu'il existe de très nombreux arts martiaux efficaces en combat de rue, l'explication de leur fascination pour le krav maga est à chercher de ce côté-là de leur pensée. Si les « Juifs » ont inventé le krav maga, c'est qu'il s'agit sûrement là du meilleur système de combat possible. En le pratiquant, ces jeunes militants entrent un instant dans le cercle du « peuple élu », non pour être comme eux, ils ont un dégoût viscéral des « Juifs », mais pour se mettre à leur niveau, pour ingérer une partie de leur savoir et de leur efficacité, pour goûter un peu de cette toute-puissance sémite, ô combien fantasmée chez la plupart des gens que je croise lors de cette immersion.

De manière surprenante, je m'aperçois que, chez ces jeunes, l'antisémitisme découle donc d'une démarche inverse de leur racisme traditionnel. Il est lié à un sentiment de menace face à un « ennemi supérieur ». Je perçois cette forme de haine comme du racisme pour raison positive. Une forme de racisme tout aussi abjecte et destructrice que celle qui dénigre l'autre parce qu'on le juge « inférieur » au nom de sa différence.

Après avoir garé devant la porte sa Mobylette bleue décorée d'une fleur de lys, Antoine fait résonner les marches de l'escalier en colimaçon qu'il descend pour rejoindre le petit groupe qui commence à peupler la cave.

Il semble content de me trouver ici. Content mais surtout surpris. Ma morphologie, peu disposée aux efforts physiques, et le profil psychologique de ma couverture ne laissaient personne présager qu'un jour, moi aussi, je manifesterais l'envie de m'initier aux techniques du combat de rue. Ce fut d'ailleurs un exercice délicat que de me retrouver partie prenante de cette séance d'entraînement sans éveiller les soupçons.

Dans la logique de DI, en cas de guerre civile, je n'avais rien du combattant. Trop chétif, je n'avais donc pas grand-chose à faire ici. Pour y parvenir, il m'avait d'abord fallu convaincre le patron, Fabrice Sorlin que, dans une volonté de communication, il pourrait être intéressant de montrer son groupe dans la diversité de ce qu'il proposait. Après avoir filmé et photographié, en partie, la sortie chez la pépiniériste, je proposai à Fabrice de recommencer pour le cours de krav maga. Pour toucher un plus large public, montrer que DI offrait la possibilité de prendre part à des activités sportives pourrait s'avérer utile.

« Pour les jeunes, ça sera plus stimulant de voir un entraînement de KM qu'un cycle de conférences et une sortie en jardinerie. Qu'en penses-tu ? »

Fabrice me dit oui, sans hésiter. Il n'émit que deux conditions : il fallait que le son de ma caméra soit coupé et que je ne pose aucune question. Pour le reste, j'avais carte blanche. Communiquer, se faire connaître, était au cœur de sa logique pour faire décoller DI.

Je me retrouve donc dans cette cave avec, entre les mains, une caméra sans micro et une autre, comme d'habitude, dissimulée sur moi, prête à continuer d'enregistrer tout ce qu'ils ne disent jamais devant une vraie caméra.

Daniel déboule dans la cave. La trentaine, de taille moyenne, vif, sec, presque nerveux. Je ne l'avais jamais vu auparavant. On nous présente. Daniel est le prof de remplacement. Habituellement, c'est un instructeur des bataillons d'élite de l'armée française qui accepte bénévolement de former les membres de DI à la castagne. Aujourd'hui, ils doivent se contenter du remplaçant qui, même s'il n'a pas les mêmes références, n'en est pas moins un expert en arts martiaux. Il vient d'ailleurs de passer plusieurs mois en Asie pour se perfectionner.

Surjouant sa posture agressive, il se tient fermement devant moi, les jambes légèrement écartées, les poings sur les hanches, le regard noir et menaçant planté dans mes yeux. La posture grotesque et caricaturale du méchant de série B.

– Qu'est-ce que tu fous là, avec cette caméra ?

– J'ai l'intention de filmer quelques gestes techniques, quelques belles parades, pour les mettre dans le film de propagande qu'on va diffuser sur notre page web.

– Tu me prends pour une moule ?

– Non, je t'assure, c'est pour le bien du groupe. Il n'y aura pas de son, pas d'interview, juste quelques images. On ne reconnaîtra aucun visage. C'est sans danger et c'est Fabrice qui me l'a demandé.

– J'en ai rien à foutre que ce soit Fabrice ! Tu crois que je vais te laisser pourrir l'image du mouvement avec ta caméra à la con ? Tout ce que tu vas réussir à faire, c'est donner l'impression qu'on est une bande de skinheads qui s'entraînent à se tabasser dans une cave. Tu me prends pour un crétin ? Tu poses cette caméra au fond d'un sac ou tu te casses. Compris ?

– OK. Ne le prends pas comme ça. Je vais poser la caméra. (Je bredouille.) Je voulais juste rendre service. Dans ce cas, je vais rester avec vous, mais je ne suis pas sûr de pouvoir m'entraîner, mon dos est en trop mauvais état.

Je sais parfaitement ce qu'est un entraînement de krav maga. Les coups. Les corps à corps. Ma caméra cachée ne pourrait pas y résister et elle allait surtout être découverte. À cet instant, dans cette cave saturée de muscles et de testostérone mal contrôlés, c'est ce qui pourrait m'arriver de pire.

Daniel, calmé par ma docilité, accepte que je les regarde s'entraîner au combat. Ils sont une dizaine de militants à suivre ce cours chaque semaine. Parmi eux, Fabrice Sorlin, qui vient d'arriver. Le chef salue sa bande. Charismatique, même en survêtement de sport trop large et fatigué, ce soir, je le sens différent. Moins tendu, moins paradeur, fébrile et exalté comme un gosse au moment d'ouvrir un cadeau qu'il sait déjà aimer. Malgré tous les discours, la castagne, c'est tout de même ce qui semble l'exciter le plus, c'est là que l'on reconnaît les hommes, ceux à côté desquels on risquera sa vie, le jour J. Pour Fabrice – comme pour Ludo –, la force est l'expression la plus palpable du pouvoir. Daniel leur inspire donc naturellement respect et déférence. Il est celui qui maîtrise la force et la technique pour s'en servir. De tous ceux que je rencontrerai dans ce groupe, il est le seul à avoir un ascendant sur Fabrice Sorlin. De plus, il vient bénévolement partager son savoir, l'intérêt faisant loi, Fabrice prend grand soin de ne pas contredire le prof quant à sa décision de ne pas me laisser filmer. Le cours peut commencer.

Des groupes se forment, le physique des uns et des autres établit une sélection. Les plus forts entre eux, les autres formeront le groupe B. L'échauffement débute de manière classique, les mouvements sont communs à de nombreux autres sports : une préparation musculaire minutieuse où tout le corps est méthodiquement sollicité. Daniel est, à l'évidence, un professionnel ou, pour le moins, un amateur très éclairé. Sur le plan psychologique, Daniel fait rapidement monter la pression. Il les pousse à courir de plus en plus vite, à faire leurs appuis faciaux et leurs abdominaux en rythme, le plus longtemps possible. Il leur promet déjà de la sueur et des larmes. Le mot d'ordre est simple : « On n'est pas là pour rigoler, ici, on se prépare à devenir les soldats d'une guerre qui ne porte pas encore de nom. »

Premier exercice : réaliser un coup de pied circulaire. Daniel effectue la démonstration sans retenir sa force. Le militant qu'il avait désigné comme « cobaye » se retrouve plié en deux par la douleur. Daniel a marqué un point : ce soir, les mâles devront se soumettre. Ils doivent comprendre qu'ils sont ici pour apprendre et souffrir à travers lui. Daniel toise le reste des candidats à la torture. « Au suivant ! »

– N'oubliez pas qu'il s'agit d'un sport sans règles. Ici, tous les coups sont permis. Il s'agit juste de tuer ou d'être tué !

Répartis en binômes, les apprentis guerriers s'initient aux techniques du coup de pied circulaire, du coup de pied frontal et de quelques clefs de bras. Après une quinzaine de minutes, Daniel leur accorde une première pause, le temps d'une mise au point.

– Donner un coup de pied, ça, tout le monde sait le faire. Pour ça, vous n'avez pas besoin de moi. Si je suis là, c'est pour que vous soyez les maîtres chez vous ! Vous comprenez ce que je veux dire ?

Aucune réaction. Essoufflés, contorsionnés par la douleur des coups, certains se frictionnent le ventre, d'autres les cuisses, les côtes ou la nuque. Fabrice a le regard perdu, les autres l'ont absent, mais personne ne parvient à suivre le raisonnement de Daniel.

– Prenez un général qui aurait une armée mais qui n'arriverait pas à commander tous ses hommes. Eh bien, il est certain de perdre la guerre. Chez nous, c'est pareil, le général, il est là (il pose son doigt sur sa tête) et l'armée, c'est notre corps. Si on n'est pas capable de commander nos membres avec précision, si on n'est pas capable de faire faire à son pied exactement ce que l'on veut, alors ce n'est pas la peine d'aller se battre. On a des armes, il faut être capable de les maîtriser intégralement ! Autrement, ça ne sert à rien. « Frappez – éliminez » et quand vous le voulez. Ça fait un peu slogan pour une eau minérale, mais c'est ce qu'il faut faire !

Daniel marque une nouvelle pause. Il semble apprécier la prestance que lui assure sa maîtrise technique du combat. Un savoir qui fascine nos militants. Ce n'est pas tous les jours qu'ils ont face à eux un homme capable de tuer avec ses poings.

Les exercices s'enchaînent, coup de pied en arrière, esquive et contre-attaque latérale...

– Un des points importants, c'est d'avoir toujours ses pieds dans le sens de l'action. C'est aussi utile physiquement que psychologiquement. Vous devez être dans le sens du combat, sinon vous signifiez que vous voulez fuir et ça, ce n'est pas possible !... Cependant, il y a une exception : il faut parfois jouer aux faible, faire semblant de fuir avant de riposter par surprise. Les plus forts savent parfaitement se faire passer pour des faibles et finissent par gagner sournoisement.

Les phrases de Daniel sont pleines de sous-entendus. Il échange un rire moqueur avec l'ensemble des militants et appelle Fabrice pour mettre un point final à sa démonstration.

– Attrape-moi par le col, tu vas comprendre !

Fabrice se place derrière Daniel et lui agrippe fermement la base du cou. Notre instructeur se recroqueville et grimace, faisant mine d'accepter en souffrant la domination de son adversaire. Une posture de soumission qui va lui permettre de lever le sous-entendu de sa remarque précédente.

– Là, je fais le Juif ! Recroquevillé, toujours malheureux. Une posture de fourbe ! En fait, le but, c'est de forcer votre adversaire à relâcher sa vigilance.

Daniel se retourne dans un mouvement bref et précis. Le temps d'un souffle et les positions se sont inversées. C'est au tour de Fabrice de se retrouver, le bras tordu derrière le dos, forcé de courber l'échine, le visage crispé par la douleur. Sans relâcher sa prise, Daniel donne l'ordre à tous d'essayer ce nouveau mouvement.

Non loin de lui, un militant prévient son partenaire avant de l'attaquer. Le coup porté fait mouche, le militant qui a frappé s'emporte :

– Putain, je t'ai prévenu ! Je t'ai dit : j'attaque ! T'aurais pu te défendre...

Daniel, furieux, les interrompt et suspend la séance.

– Je ne veux pas entendre de phrases comme ça ! On ne prévient pas son adversaire. Le premier qui a frappé, c'est le premier qui a frappé, et c'est tout. Dans la rue, ça n'existe pas les : « Allez, on va boire un coup, on décide après. » Non, quand vous arrivez en face d'un mec, c'est bim ! Direct. Prenez ce réflexe dès aujourd'hui. Dans la rue, c'est le premier qui cogne qui a 90 % de chances de gagner. C'est pas celui qui ouvre sa gueule. Alors, je veux plus entendre de discussions, OK ? On s'approche, on balance un coup, bam ! et c'est terminé. Surtout que c'est vachement plus dur de cogner sur un type avec lequel on a parlé que sur un mec lambda qu'on ne connaît pas. Donc pas de bla-bla-bla du genre : « Tu fais quoi ? Comment tu vas ? T'as mis quelle culotte aujourd'hui ? Tes chaussettes sont de quelle couleur ? » Non ! On cogne direct.

Le cours se termine sous forme d'exercice libre, pour achever la séance en beauté. Daniel, toujours plastronnant, vient s'asseoir non loin de moi.

– Alors, c'est quoi ton problème de dos ?

– J'sais pas exactement. J'ai juste mal au dos.

– En bas ?

– Non, en haut.

Il se rapproche et enserre ma nuque avec sa main. Ses doigts se mettent à palper mon cou en redescendant le long de la colonne vertébrale.

– Ça commence par là ?

Ses doigts continuent de descendre à la recherche de l'origine du mal. Un geste de bonne intention pour lui, une catastrophe pour moi. L'essentiel des batteries et mon enregistreur de caméra cachée se trouvent attachés au bas de mon dos. Une palpation des lombaires, et je suis pris. J'essaie de rester calme, un geste précipité pour m'éloigner serait tout aussi dangereux. Dans le mouvement, sa main pourrait très bien heurter les batteries. Il continue sa descente, vertèbre par vertèbre. Il me faut trouver une solution maintenant. Alors qu'il arrive au milieu de mon dos, je m'apprête à crier, prétextant une douleur trop intense et le suppliant de ne pas continuer. Il ne m'en laissera pas le temps. Soudain, il s'arrête net :

– C'est là ! Il y a un nœud.

Un nœud de tensions imaginaire qui me sauve la mise. Je remercie mon thérapeute improvisé, lui demande de relâcher sa pression sur mon dos. La caméra et les batteries sont à moins de cinq centimètres de sa main. Rien n'a été touché, je me lève tranquillement et recouvre une respiration normale.

– Je vais aller voir un médecin. Il me donnera quelque chose pour débloquer ça.

– Non, va pas voir un médecin, c'est trop radical. Ils sont trop violents avec leurs médicaments qu'ils te filent comme si c'étaient des Smarties. Si tu as une feuille et un crayon, je vais te noter le nom de granules homéopathiques. Avec ça, tu vas rapidement aller bien mieux, et sans agresser ton corps. Je suis pour les méthodes douces.

« Les méthodes douces » ! Alors qu'il rédige son « ordonnance » homéopathique, je sens mon cœur, resté calme jusque-là, se mettre à accélérer jusqu'à battre à tout rompre. Le danger écarté, l'adrénaline déferle dans mes veines, emportant tout sur son passage. Mon infiltration aurait pu s'arrêter, brutalement, ce soir-là.

Alors que je reprends mes esprits, les autres ont fini leur baston d'entraînement. Éreintés, ils nous rejoignent. Certains prennent de mes nouvelles, mais ils sont surtout impatients de continuer la leçon d'une autre façon. Après la pratique, voici l'heure des questions théoriques. Chacun y va de sa petite expérience. Dans une atmosphère détendue de café du commerce, ils vont s'étonner que, jusqu'ici, ils ne soient pas parvenus à tuer quelqu'un en se battant.

– L'autre jour, j'ai tapé sur quelqu'un. Il était par terre et je lui ai mis cinq mandales dans la tronche. J'ai pas compris. Le mec, je l'ai tapé vraiment fort, mais il était encore vivant ! Franchement, j'ai tapé super fort. Je sais pas ce qui s'est passé, j'ai dû lui taper dans l'oreille ou un truc comme ça...

Fabrice Sorlin le reprend :

– Tu lui as mis un coup de hanche au moment de lui mettre ton pain dans la gueule ?

– Non.

– C'est pour ça ! Pour être efficace, il faut accompagner ton coup avec un mouvement de hanches.

Daniel approuve et reprend la main. Bien que prof, il a, lui aussi, ses faiblesses. Il est l'heure pour lui de partager ses erreurs.

– Moi, j'ai tapé sur un gars… Un Noir. Le Noir !

De ses bras, il mime la présupposée immense carrure de l'homme noir qu'il a tabassé et reprend :

– « *The* » nègre !… Je l'ai pris comme ça.

Il saisit son voisin par le col et fait mine de lui asséner des grands coups à la base de la nuque.

– J'y suis allé comme un sourd, bam ! bam ! bam ! J'ai dû lui en filer quoi… cinq, six… Eh bien, il s'est relevé et il est parti.

Tous le regardent, ébahis.

– J'aurais tapé vachement moins fort mais avec la bonne technique, comme ça… (Son poing arrive sur une zone située derrière l'oreille de celui qu'il tient toujours par le col.) Et c'était terminé. Au dodo ! Mais je me suis acharné comme un bourrin et ça n'a rien donné. Soyez techniques, c'est ce que je vais vous apprendre ici, mais soyez aussi instinctifs. Dans la rue, il faut se battre avec tout ce que l'on a. Il faut savoir déstabiliser l'adversaire. Vous devez tout mettre en œuvre, que ce soit la parole, le regard, même le sourire. Tu te bats avec un mec, le combat est commencé, tu as limite le dessus et, là, il te sourit ! Même si t'as le dessus, tu prends un coup dans les jambes, tu te dis : « Putain, c'est mort. » Le mec, il a pas besoin de t'insulter, de te dire : « Eh ! Tu tapes comme un PD ! » Non, juste, il sourit comme pour te dire : « J'aime ça, continue de me taper. »

– C'est marrant, c'est presque un jeu.

– C'est ça, c'est comme un jeu, mais parfois avec un mort au bout. Donc, il faut faire feu de tout bois ! Regardez Tyson, dans la rage du combat, il a mordu un mec et lui a arraché un bout d'oreille. Ça peut être utile. Vous voyez, il y a tout un tas de choses auxquelles on ne pense pas ou auxquelles on ne veut pas penser car on se dit qu'on va passer pour un taré. C'est faux. Vous devez penser à tout. Il vaut mieux passer pour un taré que de se prendre une raclée parfaitement évitable. De toute façon, quand tu casses la gueule à quelqu'un, tu passes assez rapidement pour un taré, il y a des gens qui ne sont pas habitués ! Alors...

Chauffé par les conseils du prof, le groupe se sépare, ravi. Je m'approche de René. La leçon de KM le rend enthousiaste. Pour lui, cela va bien au-delà d'un sport de combat. Ce qui lui est enseigné ici est un outil inévitable pour répondre aux maux de notre société. Pour la première fois depuis que je le connais, René, qui était toujours resté discret et ne prenait la parole que pour étaler sa culture, va se confier. Une déferlante de haine et d'incitation au crime :

– On a une société complètement décadente, qui est pire que Sodome et Gomorrhe, pire que la Rome antique... L'homosexualité est autorisée, bientôt, le meurtre des vieillards va être autorisé, le meurtre des enfants dans le sein de leur mère est autorisé. On va en arriver à quoi ? La pédophilie autorisée, un de ces jours. Si ça continue, les masses vont péter des câbles. Et là, il faudra tirer à vue... Moi, le jour où il y aura ça, je ne sais pas si je le ferai mais je le dis, en tout cas, c'est déjà pas mal, moi, c'est les femmes que je tue en premier. Parce que le nombre de fois où on a vu les « mamas musulmanes » avec leurs grands voiles à la con se ramener, soi-disant innocentes, alors qu'elles étaient remplies de bombes sous leurs djellabas. En Algérie, elles passaient les guérites de sécurité des bases militaires et, une fois à l'intérieur, elles faisaient sauter le camp. C'est elles qu'il faut tuer en premier ! C'est elles ! Elles ! Elles ! Parce que, eux (les musulmans), ils n'hésiteront pas à tirer sur nos femmes et nos enfants en premier. Et, tu vois, au krav maga – c'est Daniel qui nous apprend ça –, il nous disait : « Enlevez-vous cette pensée judéo-chrétienne de la tête, cette pensée qui dit : "On n'est pas là pour faire mal." Il vous attaque, il vous veut du mal, vous lui faites du mal ! » Je trouve ça génial comme système de pensée.

15

À peine ai-je quitté la cave, après le cours de krav maga, qu'une migraine intense me tombe dessus, conséquence probable de la décharge d'adrénaline au moment critique où ma caméra a failli être découverte. Ce soir-là, la chance a été de mon côté, mais pour combien de temps encore ? Voilà deux mois que je vis au milieu de ce groupe, j'y ai fait ma place, gagné leur confiance, me libérant peu à peu de l'appréhension des débuts. Le risque est de perdre en vigilance. J'éviterai donc toutes activités trop physiques qui augmentent les risques de contacts avec ma caméra. Désormais, je me concentrerai sur les activités cultuelles et culturelles du groupe.

D'ailleurs, René, après ses déclarations débridées sur la mise à mort des femmes musulmanes en cas de guerre civile, me convie à une réunion. En fait, il s'agit de soirées de discussions, organisées et dirigées par un abbé de la paroisse Saint-Éloi, auxquelles se rendent chaque semaine certains membres de DI.

Rendez-vous est pris en fin d'après-midi, juste avant la messe, sur le parvis de l'église. Je retrouve en effet plusieurs membres du groupe. S'il y a notablement plus de jeunes qu'à l'habitude pour assister à la messe de ce soir, c'est justement grâce à ces réunions de la paroisse, des réunions réservées aux jeunes. Ce soir, l'abbé est légèrement en retard, les prières n'ont pas encore commencé, des échanges spontanés s'engagent au sein du petit groupe qui s'est formé autour de nous. À mes côtés, Dino, un petit bonhomme aux cheveux d'un noir intense, gominés et finement peignés en arrière. C'est à lui que reviendra l'honneur de remplir le silence en attendant la messe. Comme je le constate presque à chaque fois, lorsque les langues se délient dans ce milieu-là, les conversations même les plus anodines deviennent le miroir d'une pensée troublée et souvent irrespectueuse de tout ce qui est différent d'eux.

– Il faut absolument que je vous raconte ce que j'ai fait ce week-end ! J'avais envie de tirer. J'étais avec un pote, on a pris ma carabine, la 22 long rifle, on est allés se planquer derrière un bosquet et on a attendu... Au bout d'un moment, à deux cents, deux cent cinquante mètres, devant moi, débarque une famille avec un chien. J'ai déjà buté des chiens, mais attention : j'en ai jamais mangé ! Je suis pas un Chinois ! Bref, la famille s'amusait, ils couraient tous derrière le chien et là... Pan ! Je tire. Le chien, je l'ai eu, il s'est écroulé dès le premier coup. Avec mon pote, on s'est barrés en vitesse pour se planquer dans la tour voisine. À cause du coup de feu et des cris des gamins, plein de gens ont débarqué. Ils se sont précipités vers le chien qui ne bougeait plus. Les enfants paniquaient, nous, on était morts de rire...

Dino est hilare, mais le récit n'a pas séduit tout le monde. Tuer, c'est réservé aux causes nobles, à la légitime défense, à l'éradication de l'ennemi. Alors abattre un animal sans défense ne mérite pas de bonne note, plutôt du mépris. La condamnation est quasi unanime, même si certains sont impressionnés par la distance supposée du tir. Pour ces derniers, ce coup unique qui fit mouche et tua est, en soi, un exploit. Dino, lui, ne comprend pas ce qui, dans son récit, peut choquer. Il reste très fier de son geste, mais n'a pas le temps d'argumenter plus avant : les fidèles sont appelés à communier à l'intérieur de l'église.

Chacun prend place face à l'autel et au curé qui nous tourne le dos. Commence alors la liturgie, en latin, et la parade lancinante des enfants de chœur agitant à bout de bras des encensoirs fumant de toutes parts. L'odeur de myrte envahit l'espace, les chants résonnent entre les colonnes et les statues de pierre, la théâtralité est à son paroxysme. La messe : une parenthèse de silence et de méditation dans une langue inconnue pour ces jeunes en recherche d'identité, tellement immatures et déjà si fortement arc-boutés sur leurs certitudes, leurs croyances.

Ce soir, à la fin de la messe, les plus âgés s'éclipsent alors que la grande majorité des plus jeunes, les 16-25 ans, se dirigent vers la sacristie pour y retrouver l'abbé. Mon voisin, que je n'avais jamais vu jusqu'ici, m'interpelle :

– On ne te voit pas souvent ici...

– Oui, je suis nouveau.

– Retour à la tradition ?

– Non, plutôt découverte.

– Je suis allé à la messe à Saint-Paul, hier. (Une des grandes églises de Bordeaux.) Au niveau « gardien de la foi », je les trouve un peu déviants. Il vaut mieux être ici. À Saint-Paul, ils sont trop laxistes, ils ne protègent pas assez la foi. Tu sais que là-bas, ils peuvent dire que l'islam est une religion !

– Ah bon, et qu'est-ce qu'ils disent sur l'islam ?

– Eh bien, justement, que c'est une religion ! Mais une religion, c'est ce qui te relie à Dieu. Il n'y a que la religion catholique qui te relie à Dieu, l'islam n'est donc pas une religion.

– C'est quoi, alors, si ce n'est pas une religion ?

– Une secte et rien d'autre. Le mot religion est galvaudé dans le langage familier. On l'utilise à tout-va, pour toutes les croyances qui se réfèrent à un dieu, mais c'est de l'abus de langage.

– T'en es sûr ? On doit bien admettre qu'il y a d'autres religions ?

– C'est ça, le problème, c'est qu'en admettant qu'il y a d'autres religions, on ne réglera pas le problème de notre Église. Le droit canon est formel sur la question de la religion. J'ai lu le droit canon, l'islam est une abominable secte. On devrait dire cela plus souvent, mais on a peur de choquer. Moi, je dis qu'il faut choquer !

Marchant à sa droite, un homme l'interrompt d'une voix douce, s'excusant de s'immiscer dans la conversation.

– Je crois que, même s'il faut dire les choses telles qu'elles sont, cela ne sert à rien de choquer.

– Si, il le faut. Ça crée des électrochocs utiles. L'islam est une secte ! L'Église nous a enseigné cela pendant des siècles puis, à cause de l'œcuménisme, nous l'avons oublié. C'est une erreur, nous devons recommencer à le dire !

L'homme insiste :

– Ce n'est pas en disant que l'islam est une secte que tu vas avancer.

– Et pourquoi ça n'avancerait pas ?

– Car ce n'est pas ça qui va convertir les musulmans et n'est utile que ce qui mène à la conversion.

– Peut-être, mais, au moins, cela réveillerait le Vatican et tous les modernistes, pour qu'ils arrêtent enfin de prendre les musulmans pour leurs égaux.

L'homme à nos côtés baisse la tête après nous avoir lancé une moue d'appréciation signifiant à mon voisin qu'il a marqué un point. Nous arrivons dans la sacristie. Au programme de la « réunion des jeunes de la paroisse », l'abbé a annoncé la projection d'un film qui doit donner naissance à un débat. Ce soir, le magnétoscope est en panne, nous n'aurons que le débat. Son thème : la franc-maçonnerie. Un sujet de conversation apprécié entre ces murs tant l'organisation secrète est honnie par les fidèles de la paroisse comme par les traditionalistes en général.

– Ce livre que je tiens dans ma main veut tout dire, lance l'abbé, *Le Secret des francs-maçons*. Voilà ce qui intrigue, voilà ce qu'on fait croire aux gens qui entrent dans la franc-maçonnerie. On leur fait miroiter la découverte d'un secret qui doit se transmettre au sein de la loge. En réalité, plus on gravit les échelons et plus on se rend compte qu'il n'y a pas de secret. Le seul but des francs-maçons est de se réunir pour dominer le monde. Diriger la politique, l'économie, le commerce et ainsi de suite. Ils veulent tout avoir sous leur emprise.

Tous pourris ! L'abbé est sans nuance. Présentée comme une excroissance maléfique du protestantisme, la franc-maçonnerie est à la fois le diable et son valet. Responsable donc, de vouloir dominer le monde et de détruire le catholicisme. Pour preuve de sa force, la puissance des gens qui la composent depuis sa création.

– Benjamin Franklin, Voltaire, Frédéric II, Goethe, Mozart, George Washington, Roosevelt, Jules Ferry, Jacques Chirac et ainsi de suite. Vous en avez pléthore. C'est bien simple, toutes les personnes connues à l'heure actuelle, malheureusement, le sont.

Dans l'assistance, un adolescent le relance :

– Et Sarkozy ?

– Sarkozy doit y être, répond l'abbé.

– Il est un peu plus juif, à mon avis.

– Aujourd'hui, cela ne pose plus de problème. Juif et franc-maçon, ça va bien ensemble.

La présentation de l'abbé continue sur ce ton. Les équations s'enchaînent. Après francs-maçons = diable = lutte antichrétienne = pouvoir = argent = Juifs, voici venu le tour des femmes.

– Les loges dites « libérales » acceptent les femmes en leurs rangs et c'est dans ces loges que l'on trouve le plus grand foyer d'émancipation féministe. Ah ça ! Elles se sont émancipées, et tous azimuts : promotion de la contraception, de l'avortement, du planning familial… et de tous ces machins-là, c'est dans les loges féminines que cela s'est décidé. Tout cela dans le but de « libérer » la femme et, une fois « libre », elle deviendra enfin pleinement un objet. C'est ça le plus drôle, une fois « libre », elle devient bien plus un objet qu'avant.

Après le catéchisme, voici un deuxième exemple, guère plus réjouissant, de l'enseignement de ces abbés. Autour de moi, les ados semblent fascinés, aspirés par le sentiment d'acquérir « un savoir exclusif ». Un sentiment que procure l'apprentissage de quelque chose « que le reste de la société vous cache », une clairvoyance qui est votre petit secret. Un mécanisme psychologique redoutable, une constante du monde traditionaliste, un point sur lequel ils se retrouvent avec une grande partie de l'extrême droite. « Tout ce qu'on vous cache est "La Vérité" et ici nous allons vous la dévoiler ». Sur cette base-là, les cerveaux de ces jeunes sont prêts à recevoir une histoire réécrite et ils en redemandent :

– Pour arrêter ça, il faudrait relancer une sorte d'Inquisition ? demande l'un des plus âgés.

– Malheureusement, ça ne sert plus à rien. L'Inquisition a bien montré qu'elle n'était pas capable d'arrêter ce genre de phénomène. Alors que le pape répète depuis trois siècles que c'est un péché mortel d'être franc-maçon, ce n'est pas en relançant l'Inquisition que l'on va arranger les choses. C'est trop tard, les mentalités ont évolué, mais dans le mauvais sens.

– Ah, d'accord.

– Les francs-maçons ont mis en place un système qui détruit la société chrétienne. Cela passe par la destruction de la famille, la destruction du rôle de la femme, la destruction des enfants. Ils ont mis en place une nouvelle civilisation, avec des slogans typiquement francs-maçons comme : « Liberté, égalité, fraternité », « Déclaration des droits de l'homme » et ainsi de suite, jusqu'à donner naissance au code civil et s'achever par la séparation de l'Église et de l'État. Depuis trois siècles, l'histoire du monde est dirigée par eux, à grands coups d'accords secrets et de magouilles. Combien de fois a-t-on vu des arrangements entre des communistes et des Américains, soi-disant les pires ennemis ? Pendant la Deuxième Guerre mondiale, ils se sont entendus, ils ont magouillé, notamment pour présenter les camps nazis.

– Il paraît que les banques américaines ont financé les nazis ?

– Les banquiers juifs ont financé les nazis… Je crois que ce sont les banquiers juifs américains qui sont venus en Europe pour dire aux Juifs européens de se calmer sur les histoires de camps de concentration. Et ils ont recommencé récemment. Le chef de mille rabbins américains est venu en Europe, suite à l'affaire Williamson, en disant au chef des rabbins européens: «Bon, maintenant, vous vous calmez, vous arrêtez de parler du "sujet", sinon tout le monde va découvrir le pot aux roses. Que ça n'existe pas... Enfin, ça a existé, mais jamais dans ces proportions-là. Vous vous calmez parce que sinon, ils vont savoir ça, et si jamais ils le découvrent, on est foutus.»

Des phrases prononcées au début du XXIe siècle dans une église de Bordeaux. Je dois me pincer. Cet abbé utilise son autorité pour faire passer des présupposés négationnistes. L'Institut du Bon Pasteur, sous la houlette de l'abbé Laguérie, récuse depuis toujours les accusations de négationnisme. Au moment de l'affaire Williamson, l'Institut, rallié à l'Église, condamnera fermement la «sortie de route» de l'évêque lefebvriste. Des prises de position publiques qui apparaissent bien éloignées de ce que je viens d'entendre.

Les ados et les enfants écoutent religieusement leur abbé décrire ce monde pourri où derrière chaque homme de pouvoir se cache un ennemi. Un monde de peur, de haine, de violence, entièrement dirigé contre les vrais chrétiens, ceux qui refusent de renoncer à la messe en latin. Je lis dans les regards de certains qu'ils ne comprennent pas pourquoi la totalité des puissants se liguent contre eux. Une incompréhension qui fait très vite place à de la colère devant ce qui leur apparaît comme une injustice flagrante.

– Donc on s'est fait avoir depuis trois siècles ! s'exclame l'un d'entre eux.

L'abbé acquiesce.

– Monsieur l'abbé, on parle beaucoup du complot « judéo-franc-maçon », mais c'est quoi, le véritable lien entre les Juifs et les francs-maçons ?

L'abbé répond sans la moindre hésitation :

– Les Juifs, c'est pour l'argent, et les francs-maçons, c'est pour faire carrière. C'est aussi simple que ça. Ils forment donc une sorte de coalition pour se partager tous les avantages de la société. Du coup, c'est la franc-maçonnerie qui a la mainmise sur le monde, grâce à l'argent.

L'efficacité tranchée des réponses de l'abbé se retrouve aussi dans les solutions qu'il propose. Il affirme que la chrétienté ne pourra être sauvée que si la communauté traditionaliste se soude, crée ses propres réseaux d'influence, ses propres industries, ses propres banques et offre un cursus scolaire aux enfants de croyants.

– Il nous faut créer des écoles du même niveau que les leurs, et même meilleures. Ce n'est que comme ça qu'on pourra s'en sortir. En formant les élites de demain.

Pour le moment, l'élite de demain va pouvoir regarder le film prévu pour cette soirée, le magnétoscope est réparé.

– Je vais pouvoir vous passer un film qui fait référence : *Jésus de Nazareth*. Je vous préviens, il dure six heures...

Les jeunes désapprouvent bruyamment.

– On n'est pas couchés !

– J'espère que vous avez prévu une pause à minuit !

– Ah, le sacrifice de la foi... Non, soyez tranquilles, on ne regardera que la partie sur la passion de Jésus. Si je veux que vous la regardiez ce soir, c'est pour que vous passiez dans l'esprit de la passion. En cette veille de semaine sainte, cela pourra vous aider à mieux prier et à mieux en vivre les offices.

Tourné à la fin des années 1970, le film est d'un ennui profond. Il suit platement l'intégralité du Nouveau Testament. La vie de Jésus sans nuances ni recul. Même ces jeunes croyants se lassent. La projection ne dure finalement qu'une heure et demie et, malgré les efforts de l'abbé, elle ne suscitera aucun commentaire. L'assistance n'a qu'une envie, passer à l'étape suivante : la collation.

L'ambiance y est détendue et rappelle plus un goûter d'enfants qu'un apéro de jeunes adultes. Sur la longue table centrale, sommairement recouverte d'une nappe en papier, deux cakes marbrés déjà découpés, des bouteilles de sirop et quelques sodas ont été déposés par les filles du groupe qui apportent maintenant des assiettes en carton et des verres en plastique.

Je m'approche de l'abbé qui me précise ses propos sur les liens entre la franc-maçonnerie et la Shoah. Je l'interroge :

– Selon vous, ce sont donc les francs-maçons qui ont amplifié l'idée de l'extermination des Juifs ?

– À partir du moment où cela servait leurs intérêts, oui. Ça leur permettait d'abord de détruire l'Allemagne, de la ravager complètement. Ensuite, ça permettait aux Juifs d'obtenir un pays, Israël.

– Mais le sionisme est bien antérieur à la Seconde Guerre mondiale, et il y a eu beaucoup de morts liés à la solution finale.

– En fait, on n'en sait trop rien, la Shoah a été complètement amplifiée. Certes, il y a eu des morts, des camps de concentration ont existé mais bon, de là à parler d'extermination permanente... Cette guerre d'extermination totale, ça, c'est des conneries. Ce sont des vieux mythes.

Des vieux mythes. Un jeune d'une douzaine d'années que je n'avais jamais vu vient se joindre à nous. Dans sa tête tourne encore la discussion sur les francs-maçons.

– Les francs-macs, faut les faire brûler sur le bûcher. Il faut relancer l'Inquisition.

L'abbé ne réagit pas. Le jeune adolescent s'agite. Dans un contexte normal, j'aurais dit que son comportement est « perturbé ».

– Je vais m'en occuper, des francs-macs, comme de tous ceux qui font de la magie noire...

– Qu'entends-tu par t'occuper d'eux ? l'interrompt l'abbé.

– Pour le moment, je les tiens à l'œil, après, on verra.

– Méfie-toi de la magie noire, tu n'es ni mandaté ni protégé pour t'occuper de cela. Seule l'Église peut le faire en suivant un rituel bien précis. Le problème, c'est que les sorciers et tous les gens qui pratiquent la magie noire ne sont plus surveillés par l'État. Autrefois, ils étaient surveillés par l'Église, par l'Inquisition. Mais ce temps-là est révolu.

– Je fais vocation aux anges de la tribulation, pour combattre les démons. J'ai déjà commencé à surveiller le *Mésopotamia*, un magasin qui vend ce genre d'objets magiques, un lieu très fréquenté par des gothiques. Je vais essayer de remettre ces gens dans le droit chemin.

Loin de s'inquiéter, l'abbé approuve cette dernière démarche et l'incite à continuer. Le jeune part se servir une part de cake. Je me retourne et retrouve René, Garance et mon voisin de messe que j'appellerai ici Henry. Ils discutent, tenant à la main des verres de grenadine.

René : J'aime bien les bénédictins, ils sont...

Henry : Moi pas, ils sont trop libéraux.

Garance : Tu trouves ? Et ici, de l'Institut Bon Pasteur, tu en penses quoi ? Ça te plaît ?

Henry : Ici, c'est mieux, mais c'est aussi trop libéral. L'Institut Bon Pasteur n'aurait pas dû quitter la fraternité Saint-Pie X.

Garance : C'est vrai, c'est aussi le reproche qu'on lui fait.

Henry : Notamment l'abbé Baptiste (Henry fait ici référence à l'abbé qui me donne des cours de catéchisme.) Il a beau dire qu'il faut réagir face aux autres religions, qu'il ne faut pas se laisser faire, en réalité, il est trop mou.

René : Et sur DI ? Tu as l'air d'avoir des doutes. Qu'est-ce que tu n'as pas compris sur DI ?

Henry : Moi, j'ai tout compris sur DI. D'ailleurs, j'ai parlé de vous sur mon blog. Vous avez des idées, mais vous êtes des bobos !

René fait un pas en arrière, Garance manque de lâcher son verre, écœuré.

René : Ah non ! Ah ça, non ! C'est plutôt l'inverse. En général, on est plutôt traités de fachos. On est plutôt classés dans l'extrême droite.

Henry : Vous êtes racistes ?

René : Ça dépend ce que tu appelles « raciste ». On a nos positions sur les races, mais ce n'est pas du racisme. Dire que les Noirs se développent moins que nous et qu'ils sont plus cons que les Blancs, ça, ce n'est pas du racisme, ce sont des faits. C'est prouvé scientifiquement.

Henry : Tu te goures.

René : C'est scientifique ! Je l'ai étudié en archéologie et en histoire de l'art.

Henry : Non, c'est historique, c'est sociologique, mais ce n'est pas scientifique.

René : Tu plaisantes ? Ils en sont encore à utiliser des outils d'il y a deux mille ans ! Si ce sont des gros glands, ce n'est pas de notre faute.

Henry : OK, mais ça prouve juste qu'ils sont différents.

René : Il n'empêche que ce sont de gros glands. Tout ça part de la Bible. Il n'y a pas besoin d'aller chercher bien loin, il suffit juste de se référer à la Bible. Noé a lui même fait une différence entre ses enfants. Il y avait Sem et Japhet d'un côté et Cham de l'autre. Noé lui a dit : « Je ne peux pas te maudire, toi, car Dieu t'a béni mais je maudis toute ta descendance. » Et Cham, c'est quand même celui qui a peuplé l'Afrique. C'est la Bible qui le dit, ce n'est pas moi !

Henry se montre dubitatif. René accepte de tempérer son interprétation religieuse.

René : Je sais ce que tu penses : « Il y a eu l'Alliance Nouvelle, Notre Seigneur Jésus-Christ est venu sur Terre et a aboli l'Ancien Testament. » Je suis d'accord, il l'a aboli et nous a réunis dans la foi... mais ça n'empêche pas que les Noirs sont quand même de gros glands du cul. C'est vrai ! Ils sont incapables de faire quelque chose par eux-mêmes. J'ai des preuves : mon frère, qui est militaire, il est allé là-bas. Il m'a raconté à quel point c'était impressionnant, à quel point leur nullité te saute aux yeux. Je te donne juste un exemple : au Sénégal, quand les colons sont venus, ils ont fait des irrigations, eh bien, quand ils sont partis, les Sénégalais ont été incapables, même, de les entretenir. Après cent ans (*sic*[1]) de décolonisation, tout est foutu... Des gros glands du cul, je te le dis. C'est à nous de leur faire tout le boulot, parce qu'eux ils sont incapables de faire quoi que ce soit. Non, je ne suis pas d'accord. Qu'on les laisse crever dans leur merde. Ils ne veulent pas de

1. Cinquante ans.

notre aide, ils nous traitent de sales Blancs, de sales colonisateurs ! Qu'ils aillent se faire foutre, les plus racistes, ce sont eux !

René reprend son souffle afin d'évaluer l'effet de sa diatribe sur son voisin. Henry sourit.

Henry : Je ne te dirai pas le contraire, je suis d'accord avec tout ce que tu viens de dire.

La réponse d'Henry fait l'effet d'un baume sur l'esprit de René qui, immédiatement, se détend. Son phrasé devient plus fluide. Il parle désormais à un proche, à un ami, dans la foi et la haine. Mais il n'en demeure pas moins qu'avoir été pris pour un « bobo » a été une insulte difficile à digérer. René veut continuer à prouver qu'il n'a rien à voir avec ce monde-là, qu'il en est même l'archétype opposé. Lui et son groupe portent haut les valeurs du fascisme nouveau. Un fascisme modernisé, lissé, policé jusqu'à l'acceptable. Un fascisme politiquement tourné vers le futur et idéologiquement tourné vers la foi en Dieu et la gloire mythifiée de nos ancêtres, à condition, cela va de soi, qu'ils soient blancs et chrétiens.

René : Si tu veux, tu peux faire comme le « Renouveau français » qui est devenu un mouvement de conversion plutôt qu'un mouvement politique. Mais ils se plantent. Ils ont voulu convertir les gens par la politique. Tu ne peux pas faire ça. S'ils veulent pousser les gens à se convertir, c'est très bien mais, du coup, ils ne doivent plus faire de politique, sinon ils se plantent sur les deux tableaux. Non seulement ils pataugent politiquement et, en plus, la moitié des jeunes qu'ils amènent à la conversion ne tiennent pas la route parce qu'ils n'ont pas de véritable formation religieuse. Au sein du « Renouveau français », il n'y a même pas d'aumônier, tu t'imagines ! Donc, au final, ils ne sont bons ni en religion ni en politique. Ils font ça comme des merdes. Alors que nous, à l'intérieur de DI, en donnant l'exemple, par notre foi et notre catéchisme, on parvient à convertir des gens et c'est du solide. En réalité, pour moi, c'est ça, la finalité de DI, son but ultime. Tu prends un mec, tu le formes, par ton propre exemple, par les mises au point idéologiques que tu vas lui faire, par la formation physique, etc., tu vas en faire un mec parfait. Pour ça, il faut avant tout que les cadres de DI soient des exemples, des modèles à suivre. L'autre jour, j'ai rencontré un militaire, un ami de Ludo qui l'aide à bâtir notre terrain d'entraînement. C'est un mec qui a fait plusieurs opérations en Afghanistan. Ce gars-là, je ne l'ai vu qu'une ou deux fois, notamment pendant des tractages contre le concert de NTM. On a beaucoup discuté, je lui ai parlé de ma vie, je lui ai proposé de venir à la messe, il y est venu trois dimanches d'affilée avant de partir en Afghanistan. Après la messe, il m'a dit : « Tu ne peux pas savoir la chance que tu as de ne jamais avoir couché avant le mariage parce que, moi, j'aurais aimé avoir ça, mais je vis comme un dépravé. » Je n'ai fait que discuter avec lui, le simple exemple de ma vie a suffi à un mec comme ça, un mec de bon sens, pour prendre conscience, de vouloir revenir dans la foi. Depuis, il est des nôtres. À chacun de ses retours d'Afghanistan, il vient nous aider.

Henry : C'est ça, le but de DI ?

René : Le but ultime, le vrai, c'est de se former et de former psychologiquement et physiquement des militants pour que le jour où ça pète, le jour où tout partira en guerre civile, nous soyons prêts pour essayer de reprendre le pouvoir. On ne vise pas forcément le niveau national, mais au niveau local, prendre le contrôle d'une ville ou d'une région, ça, c'est possible. Si dans ta région tu te mets bien avec les gens, si tu parviens à infiltrer toutes les strates de la société – entre parenthèses, c'est ce qu'a parfaitement réussi l'Opus Dei –, faire basculer les esprits dans ton sens et reprendre ainsi le contrôle, c'est possible. Regarde bien autour de toi, c'est même en train de se produire. Nos idées sont de plus en plus reprises, elles deviennent donc de plus en plus acceptables. Résultat, le jour où la crise emportera tout sur son passage, il y aura suffisamment de gens convaincus et motivés par tes idées pour que tu arrives à reprendre le pouvoir au minimum dans ta région. C'est notre conviction et notre stratégie.

Garance : Calme-toi, René. Tu ne devrais pas présenter DI de cette façon.

René : Je présente DI de la façon dont je le vis. Il y a plusieurs manières de présenter DI : la manière simple, la manière *soft*, ou la manière dure. Pour moi, la manière dure, c'est la vraie et tu le sais très bien, Gary ! Les autres versions sont du vent ou, au mieux, un nuage de fumée.

Henry : Je crois qu'il a raison. Avec la crise, ça va bientôt exploser. Les gens n'en peuvent plus, encore un ou deux ans et ce sera fini.

René : On ne sait jamais. Ils sont malins en face et une guerre civile en France, c'est pas si simple à démarrer. Mon père disait déjà quand il avait 20 ans que ça allait péter et ils sont toujours bien en place au pouvoir.

Henry : Est-ce que vous combattrez ?

René : On fera ce qu'on aura à faire...

Henry : Vous irez jusqu'au bout, comme durant la guerre d'Espagne ?

René : Il faut être malin, le premier combat, le jour où ça va démarrer, ce n'est pas de sortir dans la rue avec ta kalachnikov et de buter tous les mecs qui t'en veulent. Non, nous, ce que l'on apprend à nos gars, c'est que le jour où ça pète, le premier truc à faire, c'est de se planquer dans un coin, de réunir ses forces, de donner des instructions à tout le monde en fonction des compétences que les personnes auront acquises pendant les formations... et ensuite d'y aller.

Henry : Si ça pète, moi, je ne me pose pas de question, je pars direct avec mon fusil et j'irai jusqu'au bout.

René : Mais t'es un naïf ? Tu crois que t'es seul au monde ? Mais tous les bougnoules qui seront dans la rue, ils ont déjà tous une kalachnikov planquée dans leur cave et ils savent mieux s'en servir que toi. Alors ça sert à quoi de descendre dans la rue ? Tu veux finir en martyr ? Tu iras au ciel, très bien, par contre, ta femme, tes enfants, tes sœurs, tes neveux, tes nièces, qu'est-ce qu'ils feront, eux ? Ils ne sont pas en âge de tenir un fusil. Je préfère les planquer à la campagne, récupérer les armes, la bouffe, les protéger et, ensuite, venir péter la gueule aux autres. Moi, je ne raisonne pas comme un gros beauf en disant : « Je vais descendre dans la rue et tous les flinguer. » Faut être plus malin.

Henry : Le problème de ton plan, c'est qu'il laisse à l'ennemi le temps de s'organiser, d'occuper d'importantes zones de territoire et, pour les reconquérir, on va devoir se battre pendant au moins mille ans.

René : Ne t'inquiète pas, le jour où ça pétera, ils ne penseront pas à s'organiser. Ce sera n'importe qui contre n'importe qui.

Henry : Une guerre civile totale, quoi ? La guerre des loups...

René : Bien évidemment ! Et même les musulmans, ils se péteront la gueule entre eux. S'il y a un paquet de riz pour deux, il y en a un qui mettra une balle dans la tête de l'autre. Avant de penser à prendre le pouvoir, ces gens-là, ils vont d'abord penser à bouffer.

Henry : Vous avez déjà combien d'armes ?

René : Je ne te répondrai pas, question de prudence. Je ne te connais pas assez.

Henry : OK, je respecte... Mais tu crois que tes mecs ont suffisamment la foi pour te suivre au combat ? Il y a des athées dans vos rangs, ça, c'est un grand danger.

René : La foi est ancrée dans notre cœur et tous les athées qu'on a réunis au sein de DI sont souvent bien meilleurs que tous les cathos qui sont réunis ici.

Henry : Ce n'est pas vrai, là, tu te trompes. Ce sont des païens qui ont rejeté la foi, ces gens-là se sont tous bannis, ils ne peuvent pas être fiables.

René : Tu te goures ! Ils savent très bien ce qu'est la religion et, le jour J, ils seront bien meilleurs que certains cons qu'il y a ici. Je leur fais plus confiance à eux, et je leur confierais ma vie.

Henry : Ce n'est pas parce que les catholiques sont devenus des « fiottes », qu'il faut t'associer à d'autres. Cela va contre le droit canon. Le droit canon dit qu'on ne doit pas s'allier avec des païens. Tu peux me croire, le droit canon, je le lis très souvent.

René : Tout dépend ce que tu appelles un « païen » et puis, le droit canon, il faut savoir l'interpréter. Ne pas toujours le prendre à la lettre.

Henry : Si, il faut totalement le prendre à la lettre !

René : Le droit canon a été révisé à plusieurs époques, on ne peut pas toujours se référer au XIVe siècle.

Henry : Le droit canon, quand il a été révisé, c'était pour dire que l'islam n'est plus une secte mais une religion. Alors, ces révisions-là, tu peux leur chier dessus !

Cette discussion absolument ahurissante se déroule, une fois encore, dans une atmosphère presque désinvolte, un verre de sirop dans une main et une part de cake au chocolat dans l'autre, le tout dans une pièce suffisamment petite pour que tout le monde en profite. Tout le monde, même l'abbé, qui s'est arrêté à plusieurs reprises à nos côtés pour nous écouter. Il n'est jamais intervenu et je n'ai pu lire à aucun moment la moindre surprise, la moindre gêne ni la moindre trace de désapprobation sur son visage.

Quant au jeune Henry, à la suite de cette discussion, il rejoindra les rangs de DI. Son choix se fit principalement lorsque René lui vanta l'existence prochaine du terrain d'entraînement militaire que les membres de DI étaient en train de construire. Ce fut pour lui un déclic, la possibilité de s'entraîner enfin sérieusement pour se préparer à appliquer, un jour, ses idées.

Henry est le premier membre que je vois intégrer DI. Il a quelque chose de fascinant. Sa radicalité est motivée, sincère, profonde. Son jeune âge me laisse penser qu'elle doit être davantage le fruit d'une éducation que celui de l'expérience et du vécu. Il vient d'une famille de catholiques fervents qui ont suivi Mgr Lefebvre lors de sa scission d'avec le Vatican. Des traditionalistes convaincus qui, comme beaucoup d'entre eux, mettent leurs enfants dans des écoles privées tenues par des membres de la fraternité Saint-Pie X ou, tout au moins, des gens qui leur sont attachés. Une façon de s'assurer que l'éducation circule en vase clos, dans un système de valeurs connues et contrôlées, loin de ce que le monde de l'éducation a à offrir dans sa diversité. Ces écoles hors contrat, ce qui signifie que leur programme n'est pas celui de l'Éducation nationale, sont, en France, au nombre de quatre cent quatre-vingt-huit. Cent quatre-vingt-huit d'entre elles sont des écoles religieuses et la plupart des paroisses traditionalistes en ont une. La fraternité Saint-Pie X, elle, en possède quarante. C'est dans l'une d'elles qu'Henry me dit avoir forgé ses connaissances séculières et religieuses. C'est dans cette école qu'il dit avoir bâti en grande partie sa vision du monde. Aujourd'hui, tout ce qu'il y a appris s'est cristallisé en conviction.

Au fil de la discussion, je découvre que la plupart des membres de DI et des jeunes qui fréquentent Saint-Éloi ont suivi ou suivent encore un cursus scolaire dans une de ces écoles religieuses hors contrat. Je me doute qu'il ne sera pas simple d'en infiltrer une, je n'ai aucun diplôme requis ni aucune compétence pour enseigner, mais je suis bien décidé à m'en approcher au plus près.

Avec la paroisse et l'association militante, l'école religieuse est le troisième sommet d'un triangle dans lequel évoluent la plupart des enfants dans les milieux traditionalistes. J'avais recueilli la parole la plus vraie possible dans les deux premiers cas, pour être complet, il me fallait le troisième. Ce soir-là, je me promis d'y arriver.

16

Tout a commencé sur le parvis de l'église Saint-Éloi, alors que je me rendais, une fois de plus, à la messe avec les jeunes de DI. Les discussions allaient bon train : la bravoure de Williamson, l'ignominie doctrinale des curés modernistes responsables de l'égarement de leurs ouailles, l'imminence d'une guerre civile avec les musulmans de France et l'impérieuse nécessité de revenir à la doctrine catholique bimillénaire d'avant Vatican II. Un looping idéologique, une boucle qui tourne sur elle-même, encore et encore, un cercle fermé auquel il est difficile, voire impossible, d'échapper quand vous fréquentez les hommes et les femmes qui gravitent autour de la paroisse. Alors que des phrases toutes faites et déjà maintes fois entendues jaillissent des bouches qui m'entourent, un homme nous rejoint, un abbé que je n'avais pas encore remarqué. L'homme est petit, le crâne dégarni, la voix rauque empreinte d'autorité. Il salue par leur prénom chacun des jeunes à mes côtés. Il se plaint de ne pas les avoir vus depuis longtemps et leur enjoint de venir le retrouver plus souvent. « Je peux avoir besoin de vous », ajoute-t-il avant de s'engouffrer à l'intérieur de l'église.

– Je ne l'ai jamais vu. C'est un abbé de la paroisse ?

– C'est le responsable de Saint-Projet.

– C'est quoi ça, Saint-Projet ?

– C'est notre école. Enfin, je veux dire, c'est l'école de la paroisse.

– Ah ?

– Ben oui, on n'allait pas rester les bras croisés à subir l'enseignement laïque et mensonger. Nos parents ont réagi et ils ont fondé l'école Saint-Projet, c'est cool, on y est entre nous et l'on t'apprend la vérité.

J'avais mon lieu, il me fallait la clef d'entrée. Elle fut incroyablement simple à obtenir.

Ce soir-là, la fine fleur de DI se retrouve dans leur « local » pour une nouvelle soirée conférence. Le thème du jour : « Formation politique : parlons d'économie ». C'est à Laurent, un des membres de DI ayant eu une formation universitaire, qu'est confiée la tâche de présenter aux quinze militants se trouvant dans la cave le tréfonds obscur du « monde tenu par l'économie » et les solutions pour en sortir.

Faire « de l'économie autrement ». Le thème n'est pas fédérateur, mais il dit clairement quelque chose des ambitions de DI. Le nouveau fascisme qu'ils souhaitent incarner n'avancera que si leur groupe se saisit à bras-le-corps de thématiques autres que celles traditionnellement abordées au sein de l'extrême droite, comme l'immigration ou l'insécurité. DI voit grand et affiche des ambitions intellectuelles. Ces conférences n'ont pas pour vocation d'attirer du monde, ceux qui viennent sont déjà des convaincus. L'objectif est de former les militants, de les rendre capables d'argumenter et de défendre leurs idées. Laurent vient du FN, je l'avais rencontré quand j'avais infiltré, il y a quelques années, le parti de la famille Le Pen. Laurent connaît parfaitement les défauts qu'on retrouve chez une immense majorité des militants d'extrême droite : une méconnaissance totale de l'économie, des politiques sociales ou encore de l'écologie. L'obsession autour de l'immigration et de l'identité a créé chez ces militants un vide cognitif sur des pans entiers du débat politique. Au moment de ma première infiltration, rien n'était fait au sein du FN pour y remédier. La création de DI par un ancien candidat du FN, a, entre autres ambitions, celle de suppléer à ce manque et d'attirer les membres du parti lepéniste.

Les leaders de DI considèrent globalement les instances dirigeantes du FN comme un ramassis de dégénérés, incapables d'amener l'extrême droite au pouvoir. Un parti qui s'est fourvoyé et qu'il faut faire disparaître. Leur base militante est donc un vivier dans lequel DI estime légitime de piocher. Ces conférences, si petites soient-elles, sont organisées dans un triple espoir, celui de récupérer les proches du FN désorientés par le nouveau positionnement du parti, de former et d'éduquer les cadres de DI et faire progressivement évoluer leurs idées en dehors des frontières de l'extrême droite. Ils rêvent d'influer sur les perceptions matricielles de la société française jusqu'à les modifier, pour faire de la pensée d'extrême droite une « pensée normalisée », fiable et rassurante.

Alors que le frottement des chaises que l'on déplace résonne encore dans la cave, Laurent prend la parole. Le front haut, dans sa veste de tweed trop large pour ses maigres épaules, il s'est donné pour mission, ce soir-là, de marquer l'originalité de DI par rapport aux autres mouvements néofascistes. La méthode sera aussi simple qu'inattendue : critiquer l'extrême droite. Laurent consacre les dix premières minutes de son intervention à ce qu'il appelle « l'ineptie des rapports que les mouvements nationalistes entretiennent avec l'économie ». Pour lui, dans ce domaine, l'extrême droite appartient à un courant de pensée « peu crédible » et « inaudible ». Au-delà de ce constat, c'est l'incapacité à changer cet état de fait qu'il déplore. Il décrit les militants nationalistes comme obnubilés par les questions d'immigration, d'identité et d'insécurité, mais totalement absents sur les questions économiques. Un manquement qu'il entend bien combler et ses solutions ont de quoi surprendre :

> « Nous (l'extrême droite) avons été mauvais et nos détracteurs ont beau jeu de nous dire : "Mais vous voulez que la France régresse, que l'Europe régresse, parce que vous proposez des solutions qui étaient

en place il y a trois cents ans." Ils ont raison. Nous ne devons pas proposer des solutions d'il y a trois cents ans. Nous devons proposer d'adapter simplement des modèles économiques d'il y a trois siècles, car ils ont fait leurs preuves. Pour nous, il s'agit donc bien d'adapter et non de copier bêtement. Forts de ce principe, nous pouvons revenir à un système de corporations inspiré des corporations médiévales. Que je sache, ce système a été mis en place en Espagne entre 1939 et 1975, et ce fut efficace. Il a aussi été mis en place au Portugal et en Italie dans les années 1930. Ça n'avait plus rien à voir avec les corporations médiévales mais cela s'en inspirait. Alors pourquoi ne pas essayer de créer, comme ça avait été proposé par le gouvernement de Vichy en 1940, une sorte de chambre nationale des corporations qui chapeaute l'ensemble des métiers français ? C'est un système qui a deux avantages : il évite la concurrence débridée, qui est une sorte de guerre civile ramenée à l'économie et, dans le même coup, il torpille les syndicats qui n'ont plus aucune raison d'être. Le Moyen Âge a beaucoup à nous apprendre. Voilà ce que je crois et d'autres l'ont éprouvé avec succès avant nous. »

Laurent, que certains appellent, dans un mélange contrasté de respect et de mépris, « l'intellectuel », n'en dit pas beaucoup plus sur ce que signifient ces corporations. Il se contente de nous inviter à regarder ce que faisait Vichy en la matière. Son développement se portera davantage sur la critique des autres modèles économiques. Là encore, l'angle choisi par notre conférencier de ce soir est original. Habituellement, on peut s'attendre à ce que les systèmes économiques, lorsqu'ils sont critiqués, le soient pour leurs mauvais résultats en terme de création d'emplois, de balances budgétaires ou plus généralement pour leur incapacité à améliorer le bien-être d'une société. Laurent n'en fera rien et il ne va pointer qu'un seul problème. Pour lui, tout le mal des deux systèmes économiques dominants, le socialisme et le libéralisme, tient uniquement à leurs origines: «leurs racines révolutionnaires». Elles sont des tares indélébiles, car elles ont fait naître en l'homme «l'état d'esprit matérialiste». Précisant sa pensée, il ajoute:

> «Ces deux systèmes (socialisme et libéralisme) sont nés de la Révolution française, de tout ce courant d'idées des lumières qui a cherché à modifier l'Homme en profondeur. Parce que, en ce qui concerne les lumières, ce qu'on ne nous dit jamais, c'est qu'il s'agit d'un mode de pensée qui cherche avant tout à modifier l'Homme en profondeur, à nier sa réalité spirituelle afin de créer un homme nouveau, un homme artificiel qui, par définition, n'existe pas. Il est basé sur des utopies et les utopies sont en général dévastatrices. Elles ne créent que des systèmes qui s'effondrent ou qui sont le terreau fertile de la répression et des malheurs. Car ces hommes nouveaux, engendrés par «la révolution des lumières», n'ont aucune croyance en une transcendance quelconque – ou s'ils en ont, ce n'est qu'à titre personnel – et ils ne veulent pas que

les préceptes de Dieu soient érigés en système, voilà l'erreur. »

Ce soir, sous couvert d'économie, Dieu est à nouveau entré dans la cave. Ce refus de mettre Dieu au centre de la vie de la cité exaspère Laurent. Seuls trouvent crédit à ses yeux l'Espagne de Franco, l'Italie de Mussolini et la France de Pétain, qu'il citera maintes fois en exemple. Dans la salle, tout le monde semble convaincu. La conférence s'achève sous des applaudissements soutenus.

Laurent pavoise, même s'il est incapable de répondre aux rares questions susceptibles d'apporter un éclairage concret sur le modèle économique qu'il préconise. Il s'en tire à chaque fois avec la même réponse : « Ce serait trop long à expliquer, je n'ai pas le temps de développer. » En réalité, Laurent n'y connaît pas grand-chose en économie. Je le sais car, si lui ne se souvient pas de moi, c'est un militant que je connais bien. Nous en avions parlé à l'époque. Je l'avais croisé, il y a quelques années, lorsque j'avais infiltré la section jeunesse du Front national à Bordeaux, le FNJ. Laurent avait tenté plusieurs fois de passer le concours de professeur au sein de l'Éducation nationale, sans succès. Il m'avait confié que son point faible était l'économie. Pour se consoler de ses échecs successifs, il donnait des cours dans une école hors contrat, des cours d'histoire. Cette école, je le découvris bien plus tard, c'était justement « Saint-Projet ».

D'un geste discret de la main, je repositionne ma caméra et m'approche de Laurent toujours affairé à esquiver toute question relative à l'économie. Alors que je me présente, je vois dans ses yeux ronds et vides qu'il ne me reconnaît pas. Je lui rappelle nos tractages et nos discussions de l'époque, et la lumière s'allume doucement dans son regard. Je peux tenter de récolter les premières informations sur Saint-Projet.

– Alors, finalement, tu as pu devenir prof ?

– Non, je voulais être prof, mais ça n'a pas fonctionné.

– Tu n'as pas été prof à Saint-Projet ?

– Ah si, j'ai été prof à Saint-Projet, mais ça n'a rien d'officiel.

– Et là-bas, tu arrivais à leur transmettre ce genre de choses, sur les mérites de Franco, de Mussolini, de Vichy ?

– Oui, même si, avec les petits, il faut y aller en douceur. Tu ne peux pas leur dire d'un coup : « Pétain, c'était bien. » Mais transmettre, c'est ma passion et l'histoire aussi, l'histoire, c'est vraiment ma passion.

– À l'école Saint-Projet, tu as les mêmes programmes qu'ailleurs ?

– Oui… enfin, en quelque sorte ! En fait, tu as les mêmes programmes qu'ailleurs, mais tu peux les adapter.

– OK…

– Ça te donne une grande liberté. En gros, je pouvais dire ce que je voulais.

– Par exemple, sur le pétainisme, tu arrivais à…

– Je ne le traitais pas en cours. Je n'avais que des sixièmes et des cinquièmes. Le programme, pour eux, c'est « Antiquité et Moyen Âge », mais il nous arrivait de parler de Pétain et là, je pouvais dire que le maréchal, c'était quelqu'un de bien. Oui, là-bas, je pouvais dire ça. De toute façon, en classe, il y avait des élèves qui me dessinaient la croix gammée sur le tableau. Alors, dans ce contexte, tu peux dire que la Révolution, c'est le mal absolu et que des centaines de milliers de gens y ont été massacrés pour rien, sans que cela ne choque personne. C'est le gros avantage des écoles hors contrat, tu peux dire les choses telles qu'elles se sont vraiment passées.

Ces premières informations, inquiétantes sur le fond, étaient encourageantes pour la suite de mon infiltration. Si Laurent avait pu enseigner dans l'école Saint-Projet, pourquoi n'y arriverais-je pas de la même façon? L'idée était saugrenue et un peu risquée, mais j'avais bien désormais l'intention d'y parvenir. Je souhaitais prendre quelques renseignements supplémentaires pour favoriser mon entrée dans cette école mais Laurent s'était esquivé, happé par les questions d'une charmante jeune fille, je ne pouvais pas rivaliser. C'est alors qu'un autre militant s'approche de moi, nous nous étions déjà croisés dans cette cave lors du cours de krav maga.

– Alors, ton dos, ça va mieux?

– Un peu, merci, j'ai suivi les conseils de Daniel, ça a été efficace.

– Ouais, c'est un bon, ce mec!

– Ça t'a plu, la conférence?

– Il se débrouille bien, Laurent, mais en vrai, je n'ai rien appris, je connaissais déjà tout ça. Ces théories sur les corporations, etc.

– Ah bon ! Et t'as lu ça où ? Moi, je n'en avais jamais entendu parler. Ce ne sont pas des analyses très courantes, de nos jours.

– Ça dépend de la scolarité que tu as suivie. Dans mon école, on nous enseignait quasiment la même chose.

– T'allais où à l'école ?

– Saint-Joseph-des-Carmes. J'étais en pension là-bas. C'est une école de la frat (la fraternité Saint-Pie X). Une école hors contrat.

Il me décrit alors sa scolarité. Il n'a jamais connu l'école publique. Son parcours se résume à un enchaînement d'une école religieuse hors contrat à une autre, en pension ou non, jusqu'à obtenir son bac. À la fin de sa scolarité, ne trouvant pas de travail, il décide, lui aussi, d'offrir ses services à l'école Saint-Projet, bénévolement, « une manière de rendre ce qu'on m'avait donné », me dit-il. Il y enseignera le latin.

– Tu avais quoi, comme formation, pour enseigner ? Tu avais passé un Capes ?

– Non, juste mon bac. Mais dès que tu as le bac, tu peux donner des cours au niveau du collège. Pour enseigner au niveau lycée, je crois que l'abbé demande que tu aies fait des études, mais j'en suis pas sûr.

– Il y a beaucoup de profs à Saint-Projet qui viennent de notre mouvement ?

– Ils sont tous cathos ! Soit ils viennent de la fraternité Saint-Pierre, soit du Christ Roi, soit de l'IBP (Institut du Bon Pasteur). Ce sont des fidèles motivés. Ils sont tous bénévoles ou presque.

– Des fidèles ? Il y a aussi des curés ?

– La doctrine est assurée par les curés de Saint-Éloi, sinon ce ne sont que des fidèles, des mamans, des étudiants...

– Et il y a des vrais profs ?

– Ben, ça dépend de ce que tu appelles un vrai prof. Souvent, les étudiantes qui donnent des cours là-bas sont des filles pas mariées qui ont fait des études quand même, donc enseigner, c'est un peu leur métier. Mais la plupart des cours sont assurés par des mamans, quelques papas et des retraités.

– Et des profs qui ont obtenu le Capes, il y en a ?

– Oui, je crois qu'il y a eu des vrais profs. J'en ai connu un qui est prof d'histoire dans le public, il donne des cours à Saint-Projet sur son temps libre. Lui, il est vraiment pointu. Mais au niveau du collège, ce ne sont que des parents ou des étudiants bénévoles.

– Au niveau de ce qu'il enseigne, c'est très différent de ce qu'on peut trouver dans le public ?

– Oui, au moins en cours d'histoire. Là, les cours ne ressemblent pas à du matraquage médiatique comme c'est le cas actuellement dans le public. Dans nos écoles, on peut parler de sujets tabous comme « l'affaire Dreyfus et les Juifs » ou « repenser la Révolution française ».

– Vous allez loin ! Vous pouvez parler de l'existence des chambres à gaz, par exemple ?

– Non, ça, tu n'as pas le droit d'en parler pendant le cours.

– On vous demande de ne pas en parler en cours ?

– Les profs en parlent dans les discussions privées, mais lorsqu'on leur demande d'aborder ça en cours, ils nous disent qu'ils n'ont pas le droit d'en parler, même s'ils savent qu'il n'y a que de bons catholiques devant eux, ils ne parlent pas. J'ai eu un prof qui l'a fait une fois, lorsque j'étais en seconde, mais il est resté prudent, vu que c'est le sujet le plus tabou du siècle!

– Et c'était quoi, sa version?

– Que les chambres à gaz n'ont pas existé. Il nous a démontré qu'à l'époque c'était techniquement impossible.

– Tu as entendu d'autres profs dire que les chambres à gaz n'ont pas existé?

– Certains profs, oui, d'autres n'en parlent pas. J'ai eu un prof qui était un militaire à la retraite, il était très au point sur ces histoires. Il m'a dit qu'à l'époque, pour tuer des Juifs, le plus simple, c'était de le faire à coups de pelle. La raison est assez simple à comprendre: entre 1940 et 1945, il y avait pénurie d'armes et de munitions, donc on devait les réserver pour le front, pas pour les Juifs. La conclusion, c'est que si on avait dû tuer six millions de Juifs, on aurait dû le faire à la pelle, ce qui est évidemment impossible. Ils ont pu en tuer quelques millions, mais certainement pas six. Pour lui, c'est sûr, les chambres à gaz n'ont pas existé. Notamment celles qu'il y a à Auschwitz et compagnie. Tu sais ce qui s'est réellement passé là-bas? Quand les Russes ont rappliqué, pendant un an, ils ont fermé le site. Au bout d'un an, ils l'ont ouvert en disant: «Là, il y avait une chambre à gaz, là, c'était un four crématoire»... Donc tout a été fabriqué.

– On t'a enseigné ce genre de chose?

– Non, pas vraiment. Ce sont des anecdotes qu'il aimait bien nous raconter en dehors du cours, de temps en temps. Mais il était prof de maths, c'était pas vraiment son programme. En général, les profs sont prudents car, aujourd'hui encore, tu risques la prison si tu ne respectes pas la version officielle. Alors on est tous très prudents, même si, dans le milieu traditionaliste, les chambres à gaz et les Juifs, on plaisante souvent dessus.

– Et il n'y a pas un risque de contrôles dans les écoles hors contrat? Vous n'avez jamais été contrôlés?

– Eh bien, disons que, même si le ministère décide de nous envoyer un inspecteur d'académie, il n'y a aucune preuve. Les programmes sont refaits par nos écoles, mais les adaptations ou les changements par rapport au programme officiel ne sont jamais écrits dans les cours. Si tu regardes le cahier d'histoire, il est quand même écrit qu'il y a eu un génocide juif. (Rire.)

– Tu me parlais de l'affaire Dreyfus, ça m'intéresse. Qu'est-ce qu'ils disent sur l'affaire Dreyfus?

– Ils nous démontrent, preuves à l'appui, que Dreyfus a bien trahi. Heureusement, ça, on a le droit de le dire sans risquer la prison. Les gens n'imaginent même pas qu'il y a un complot des francs-maçons et des Juifs pour s'accaparer tous les pouvoirs. Nous, on le sait!

– Ils parlent de ça dans ton école?

– Oui.

– « Des Juifs et des francs-maçons qui veulent prendre le pouvoir », ils vous le disent aussi clairement que ça ?

– Oui, parce qu'il y a des preuves et des documents à l'appui. Mais tu vois, même toi, tu as l'air surpris, c'est parce qu'ils s'arrangent pour que tout ça ne soit pas connu du grand public.

– C'est en cours d'histoire que vous apprenez ce genre de choses ?

– Oui et parfois on nous demande de le développer dans des exposés de doctrine que l'on doit faire. Tu sais, la franc-maçonnerie est anticatholique à la base et il y a beaucoup d'élites juives dedans. Alors on ne dit pas que tous les Juifs veulent prendre le pouvoir, mais on dit que, parmi les francs-maçons, il y a une majorité de Juifs et ceux-là… En fait, dans ces écoles, on t'apprend à être un bon chrétien et à devenir un homme plus tard. Disons que tu sors de ces écoles avec de bonnes idées, des idées saines.

– Je vois… Je sais que c'est un sujet sensible, mais est-ce qu'à l'école on vous parle des droits de l'homme ?

– Étant une école catholique, les droits de l'homme sont vus de manière problématique. En fait, il faut comprendre que les droits de l'homme sont une invention complètement matérialiste. C'est le règne de « l'homme roi ». Or, tant qu'il y a un Dieu sur terre, on ne peut pas accepter que chaque homme se considère comme un Dieu. Mais ça, dans les autres écoles, ils s'en foutent. Ils n'y voient rien d'embêtant, ils sont tous athées. Alors «l'homme roi» à la place de Dieu, pour eux, c'est pas un problème.

– Et pourtant, vous défendez la monarchie?

– Oui, on défend la monarchie par comparaison. Car la monarchie, ce n'est pas chacun pour soi, chacun est son propre roi! Non, dans la monarchie, il y a un roi choisi par Dieu, c'est très différent. On est catholiques, la monarchie était catholique, alors même si elle avait des défauts, on la défend. En revanche, la Révolution était franc-maçonne et antichrétienne. On ne peut pas l'accepter. Donc la Révolution française, avec ses droits de l'homme et compagnie, on ne peut pas l'accepter. La Révolution a détruit des églises, déporté des prêtres, massacré, guillotiné tous les nobles. On ne peut pas l'accepter.

– Ça m'intéresse, tout ça. J'ai un peu de temps libre en ce moment, tu crois que je pourrais contacter l'école Saint-Projet pour leur proposer mes services?

– Sûrement, ils ont toujours besoin de bénévoles.

– Qu'est-ce que je dois faire?

– Tu appelles l'abbé X, je vais te donner son numéro de portable, c'est lui qui dirige l'école. Tu lui dis que tu es étudiant, volontaire, et que tu as du temps libre. Ça devrait aller.

L'appel et le rendez-vous sont pris dans la foulée. Je reconnais au téléphone la voix rauque du petit homme chauve que j'avais croisé sur le parvis de Saint-Éloi. Il me donne rendez-vous dans son bureau de l'école Saint-Projet, le lendemain, à 16 heures.

17

Il est presque 16 heures lorsque je me présente devant le portail de l'établissement Saint-Projet, au centre de Bordeaux. Un grand portail bleu, fermé à clef, formé de barreaux verticaux, qui donne sur un long couloir extérieur circonscrit par les parois des immeubles qui l'entourent. Un deuxième portail, au bout de cet étroit couloir, puis c'est la cour, entièrement bétonnée, située à l'arrière de l'établissement. L'endroit est plutôt austère. Pas un jeu, pas un brin d'herbe, juste quelques mètres carrés enserrés entre un mur de briques, des tôles ondulées et le bâtiment qui tient lieu d'école. L'établissement a été fondé en 2005 par un groupe de parents soucieux de donner une éducation « chrétienne » à leurs enfants. Ils ont fait cela en association avec les curés de l'Institut du Bon Pasteur à qui ils ont confié la tâche d'organiser l'enseignement, de gérer l'éducation religieuse et le bon fonctionnement de cette école qui, aujourd'hui, compte environ quatre-vingts élèves, de la maternelle à la troisième.

Accroché sur un mur à l'entrée de la cour, un présentoir accueille des prospectus édités par la fraternité Saint-Pie X. Le ton est donné.

Un enfant d'une dizaine d'années me conduit à travers les locaux jusqu'au bureau entièrement vitré de l'abbé X, le directeur de l'école. Ce dernier, un béret de toile noire vissé sur le crâne, m'accueille chaleureusement. Il me convie à prendre place sur une chaise en face de lui et s'excuse de devoir terminer une tâche qui l'occupe pour encore quelques secondes. Son bureau est un grand capharnaüm dans un petit espace. Des dossiers en tout genre s'entassent sur des armoires à tiroirs dont certains débordent. Aux murs, les plannings des cours cohabitent avec des objets religieux, des portraits de saints et des images pieuses. Une statue de la Vierge Marie nous regarde, comme le faisait celle posée dans la salle de catéchisme. Dans un bruit sec, l'abbé pose son stylo, ferme le cahier sur lequel il s'affairait il y a moins d'une seconde et, visiblement pressé, me lance :

– Alors, vous me proposez vos services ?

– Oui.

– Et vous faites quoi, dans la vie ?

– Des petits boulots de manutention.

– Vous voudriez aider à faire quoi ? Un peu de surveillance, des choses comme ça ?

– Oui.

– C'est tout à fait possible. Pour les études, vous pouvez venir dès ce soir à 18 heures. Vous vous êtes déjà occupé d'adolescents ?

– Non, jamais.

– Ce n'est pas facile du tout, mais vous apprendrez. Les études du soir, il y en a le lundi, le mardi et le jeudi, c'est de 16 h 30 à 18 heures. C'est possible pour vous ?

– Oui.

– Si vous voulez vous occuper d'ados, il faut savoir deux, trois choses. D'abord, si vous ne l'avez jamais fait, la première règle à connaître, c'est de ne pas faire copain-copain avec eux ! Surtout pas au début, parce que c'est la phase où ils vous testent. Il faut donc être ferme. Votre tâche sera de leur faire réciter leurs devoirs et vérifier qu'ils connaissent bien leurs leçons. Ça, au moins, vous pourrez le faire. Il faudra vous rapprocher de Catherine pour vos dédommagements, on ne vous donnera pas une fortune, mais il y a un petit pécule.

– Ne vous inquiétez pas, je veux faire ça bénévolement.

– Essayez d'être là lundi, mardi et jeudi, ce sera déjà pour moi l'occasion de voir comment vous vous débrouillez. Et après, si vous êtes à l'aise, si je vois que ça se passe bien, vous pourrez avoir des petites missions supplémentaires.

– Je suis d'accord. Il y a d'autres choses à savoir en terme de discipline ?

– Pour la discipline, la clef de la réussite – c'est toujours un peu surprenant, mais on est dans un monde qui marche à l'envers –, je vous l'ai déjà dit mais je le répète, il ne faut vraiment pas être copain avec eux. Ne sympathisez pas avec eux et exigez le vouvoiement. Ils doivent vous appeler monsieur. Je pense que ce qui est important, c'est votre posture. Soyez attentif à la manière dont vous vous tenez. Je vous le dis, avant tout, la fermeté et puis n'oubliez pas que les discussions ne servent à rien, ne dialoguez pas ! Si vous voulez discuter avec eux, faites-le en dehors de la classe. Mais je vous préviens, ils vont essayer de vous sonder. Ils vont à la pêche, ils essaient de voir comment vous réagissez, si vous vous énervez facilement, si l'on peut vous endormir... Ils sont malins.

– Je vois.

– Je ne pense pas que vous ayez une super situation financière, donc prenez ce que l'on vous donnera. Vous ne gagnerez pas une fortune, mais ça remboursera au moins vos trajets. Comme j'ai une trésorerie quasiment nulle, je ne pourrai pas vous faire des avances de frais.

– Vous n'êtes pas financé par l'État ?

– Non, c'est une école hors contrat. On est justement hors du système, ce qui nous laisse la possibilité de gérer raisonnablement les programmes.

Libre de gérer raisonnablement les programmes, selon l'aveu du directeur, mais aussi libre d'engager une personne sans formation ni expérience.

Non seulement je suis pris directement à l'essai pour surveiller une étude le jour même, mais on me demande de revenir pour prendre en main trois demi-journées par semaine. Pour en arriver là, l'abbé ne m'a rien demandé. Pas de CV, pas de carte d'identité, pas de contrat de travail, pas d'extrait du casier judiciaire... rien. Je veux tenter l'étape suivante.

– Je pourrais enseigner ?

– Enseigner, je ne sais pas. Vous avez fait des études ?

– J'ai un bac S, mais je n'ai jamais enseigné. Cela vous pose un problème ?

– Non, ça s'apprend.

– Je n'ai pas de Capes, j'ai juste un bac.

– Pour enseigner, il suffit de regarder comment ça se passe et, légalement, en ce qui concerne les écoles hors contrat, l'Éducation nationale demande au moins le bac. Je pourrais envisager de vous donner la classe de sixième en mathématiques, mais il faut avant tout que je vous montre le programme, pour vous initier.

– J'ai regardé un peu les programmes, ça change de l'école classique.

– Ah oui, oui, oui, ce n'est pas la même chose ! En ce qui concerne l'enseignement, les mathématiques, en classe de sixième, c'est envisageable, mais laissons passer une semaine. Ils ont leurs compositions à faire la semaine prochaine. À ce moment-là, je ferai le point avec vous.

– Vous croyez que dans une semaine je pourrai enseigner ?

– Je vais voir pour la classe de maths. Le cours est déjà fait, je vous montrerai. Vous assisterez à mon cours, pour voir comment ça se passe, et ensuite... Mais attention, la classe de sixième n'est pas toujours facile, ils sont un peu agités. On en reparle.

– Très bien.

À cet instant, je me souviens d'une discussion que j'avais eue à la fin d'une messe avec l'un des abbés de Saint-Éloi. Sur le parvis de l'église, je lui avais confié mon envie de rendre service au sein de l'école Saint-Projet. L'abbé s'en était réjoui et m'avait déclaré avec enthousiasme que cet établissement était un modèle du genre et qu'il comptait bien y former l'élite catholique de demain.

Ainsi donc, je constate que, pour satisfaire l'ambition de former « l'élite catholique de demain », le directeur est prêt à recruter des professeurs sans diplôme spécifique et sans la moindre expérience. Le simple fait de faire partie de l'église Saint-Éloi et d'être recommandé par un membre de DI est une clef d'accès suffisante à mon acceptation.

Pour clore notre premier entretien, le directeur en soutane me donne donc rendez-vous dès cet après-midi pour gérer ma première heure d'étude.

18

En bénévole appliqué, je me présente en avance au portail de l'école. Le directeur est là, discutant avec les premiers parents venus récupérer leurs enfants. Il tient des prospectus qu'il dépose dans la boîte fixée au mur à l'entrée de la cour.

– Ce sont les nouvelles de la frat[1], je fais la pub.

Avec les parents, il parle de la messe et du beau temps, mais surtout d'une absence, celle du professeur de français qui n'assure plus les cours des élèves de sixième. Fidèle à ce que j'avais constaté quelques heures auparavant, le directeur va procéder au recrutement express de son remplaçant. C'est une mère de famille présente dans la cour à ce moment-là qui acceptera l'intérim que l'abbé lui confie devant moi. La durée est indéterminée, le professeur est malade, la jeune maman trouvera bien des ressources pour occuper les enfants.

1. Fraternité Saint-Pie X.

Tout paraît simple et sans surprise, un professeur s'absente, un parent d'élève le remplace au pied levé, la routine, semble-t-il.

Encore dix minutes avant le début de ma première surveillance d'étude. Mon regard se promène. Le soleil qui baigne la cour sans verdure et sans arbre ne suffit pas à rendre le lieu chaleureux. Le mur de briques crues, les plaques de tôle ondulée peintes en vert et une baraque en préfabriqué forment une sorte d'enclos dans lequel débarquent de jeunes enfants.

Peu importe le lieu, les enfants sont joyeux. Ils courent dans toutes les directions, riant et se pourchassant. Ils tournent autour d'un abbé en soutane noire, imperturbable, raide au milieu de la cour. Les mains croisées dans le dos, l'abbé tient une cloche prête à sonner pour marquer la fin de la pause. Des dizaines de bambins continuent d'affluer. Le plus âgé ne doit pas avoir douze ans. Ce sont en majorité des garçons aux coupes de cheveux étrangement similaires. On n'y distingue que deux options : rasé sur les côtés avec une mèche sur le dessus du crâne, façon légionnaire, ou, plus classique, le cheveu court et bien peigné avec une raie sur le côté, précise et bien marquée. Beaucoup d'entre eux portent de longues blouses sombres, de celles que l'on voit sur les photos jaunies de nos grands-parents, lorsqu'ils étaient encore écoliers.

Soudain, l'homme de foi s'anime, sec et rapide. D'un mouvement ferme, il attrape un ado par le col de la veste. L'abbé est en colère, son regard sombre se pose sur les chaussures de l'élève. Une paire de baskets tout ce qu'il y a de plus ordinaire. Rien d'ostentatoire ni de provocant dans cette paire de chaussures, si ce n'est qu'elles sont rouges. L'ado est traîné fermement sur le côté de la cour, à l'écart de ses camarades, il est présenté au directeur.

– C'est quoi, ces horreurs que vous portez? Je souhaite une explication!

Le jeune garçon se révolte, en vain. Il sait que les baskets, quelle que soit leur couleur, les jeans ainsi que les chewing-gums font partie des trois interdits majeurs de l'établissement.

– Je vous préviens, vous ne passerez pas le portail demain avec ces chaussures-là.

Il sera envoyé à l'intérieur de l'établissement pour y subir une punition.

Il reste un peu de temps avant le début de l'étude, je décide d'en profiter pour faire le tour de l'établissement. Le rez-de-chaussée est réservé aux jeunes enfants. Les classes sont colorées et des dessins d'élèves ornent les murs. Dans chacune des classes – il y en a deux –, il y a de quoi accueillir une quinzaine de petits entre 5 et 8 ans. Dans le couloir qui mène à l'étage, je croise une femme. Son visage est tendu. Les yeux rivés sur le linoléum, elle passe devant moi d'un pas pressé et sans le moindre mouvement de tête dans ma direction. Je l'interpelle pour signifier ma présence. Elle a une cinquantaine d'années et donne ici des cours dans diverses matières aux élèves de sixième. Elle occupe aussi la fonction de secrétaire administrative de l'école et me dit être pressée, car elle a encore du ménage à faire. C'est une des particularités de cet établissement, pour pallier le manque de moyens, les enseignants sont parfois sollicités pour gérer des tâches administratives, faire le ménage et entretenir le bâtiment.

À l'étage, l'ambiance est plus sobre. De fines parois en contreplaqué divisent les classes – il y en a quatre –, la salle des professeurs et le bureau du directeur. Dans l'étroit couloir, deux ados récitent des prières, la tête contre le mur, en guise de punition.

Alors que je m'apprête à rejoindre ma classe, une discussion entre un parent d'élève et deux enseignantes attire mon attention. Je m'approche du groupe. Un échange de points de vue sur le départ des Français d'Algérie est en cours. Une des enseignantes interroge le père d'un de ses élèves :

– Vous êtes parti en 1962 ?

– Oui, comme tout le monde.

– Presque comme tout le monde. Ceux qui ont senti le roussi, ils sont partis bien avant, dès 1956, 1957.

– Par exemple, une entreprise comme B... Eux, ils sont partis très tôt.

– Ah ! Tu penses, ceux-là ! Ce sont des Juifs.

– Ce sont des Juifs ?

– Évidemment, ils se sont mis les camions de côté, crois-moi. Ils ne sont pas fous. Ils sont connus pour ça.

– Ils partent toujours en premier... Les rats quittent toujours le navire très tôt.

– Ah ça, oui, très tôt! (Rires.) On ne leur fera plus le coup de l'Exode!

Une dernière phrase qui déclenche l'hilarité de ce trio ouvertement antisémite. Il n'y a aucune retenue de leur part, aucun complexe à proférer dans la plus grande décontraction des propos méprisants, devant un inconnu et au milieu des élèves qui rejoignent leurs classes après la pause.

L'abbé qui dirige l'établissement s'approche de moi et me présente la jeune étudiante responsable des études surveillées. Cette dernière, complètement débordée, me donne comme seule consigne d'interdire aux élèves de se lever durant les études. Rien sur la gestion des collégiens, rien sur la pédagogie, rien non plus sur l'organisation de l'étude.

Pour cette première journée, on me confie trois élèves d'une classe de cinquième. Après les avoirs salués, je m'installe à mon bureau. Ils font mine d'ignorer ma présence. Nestor se lève, un cahier à la main, et montre fièrement à ses petits camarades la photo d'une croix celtique qu'il a dénichée dans un manuel d'histoire. Une croix qu'il s'empresse de venir dessiner au tableau. Dans les milieux d'extrême droite, la croix celtique est un symbole très répandu[1].

1. La croix celtique a été adoptée par l'extrême droite dès la fin de la Seconde Guerre mondiale. C'est Pierre Sidos qui l'a fait entrer en politique lorsqu'en 1949 il a créé «Jeune Nation» pour s'opposer au général de Gaulle et à sa croix de Lorraine. Depuis, elle est l'un des symboles constants de l'extrême droite à travers le monde. Elle signifie, le plus souvent, «le principe de domination de la race blanche sur toute les autres races».

La craie à la main, Nestor trace un cercle approximatif à l'intérieur duquel il a du mal à enchâsser une croix. Tancrède, plus grand que lui de quelques centimètres, les cheveux ras et le look proche de celui des skinheads, saisit la craie des mains de Nestor et le renvoie, moqueur, à ses études. Maître du tableau, il lui montre comment dessiner rapidement une croix celtique. Nestor, un peu vexé de se faire reprendre, revient au tableau. D'un geste rapide, il trace une croix gammée. Tancrède rigole, le traitant gentiment de « con ». Croisant mon regard, ils effacent rapidement leurs dessins.

– Ben quoi ? J'ai fait une croix scoute ! balance Nestor avant d'aller s'asseoir.

Face à ce qui apparaît comme une provocation, je ne souhaite pas intervenir. Une attitude que je m'efforcerai de garder aussi longtemps que je resterai dans cette école. Pour entendre ce que l'on ne peut jamais entendre, ce qui se passe et se dit à l'intérieur de ce genre d'établissement, je me dois d'être le moins interventionniste possible. D'ailleurs, au vu de l'accueil qui m'est réservé, je comprends immédiatement que les choses viendront à moi sans effort. Dans cet environnement clos, où tous partagent – à peu de choses près – les mêmes convictions, les paroles les plus violentes sont exprimées sans aucune inhibition. L'échange dont je fus témoin dans le couloir entre les deux professeurs et le parent d'élève ainsi que mon arrivée dans la classe m'en ont déjà apporté la conviction.

Je me fixe donc deux règles. Premièrement, à l'inverse de ce que m'avait recommandé le directeur, je ne vais pas être ferme ou intransigeant avec eux, mais plutôt à l'écoute et tolérant pour que le fond de leur pensée fasse plus aisément surface. Deuxièmement, je tiens à faire mon « travail de surveillant » dans les règles. J'ai face à moi des ados censés venir ici pour s'instruire, je ne veux en aucun cas être responsable d'un quelconque retard dans leur éducation, je m'efforcerai donc de répondre à toutes leurs questions, de leur donner les meilleures explications et soutiens possibles, et de leur faire réviser et répéter leurs leçons autant de fois qu'il le faudra. C'est mon engagement moral face à ces mineurs et je m'y tiendrai jusqu'au bout.

À peine a-t-il rejoint sa place que Nestor me lance une première question :

– Vous êtes facho ?

J'hésite, je ne m'attendais pas à une question aussi directe de la part d'un enfant de 12 ans.

– Ce n'est pas une question qu'on pose comme ça.

Nestor insiste :

– Mais si. Moi, je suis facho...

Montrant du doigt ses camarades, il continue :

– Lui, il est facho, il est facho, lui aussi, il est facho. Nous sommes fachos.

Le troisième élève dont je suis responsable cet après-midi est le petit frère d'un des membres de DI. Sa physionomie et son nom de famille me l'ont tout de suite indiqué. Il se prénomme Victor et entre à son tour dans la conversation.

– Quel est votre parti politique ? Vous êtes pour Le Pen ? Vous êtes un facho, vous aussi ?

– Je n'ai pas à vous répondre. Je garde pour moi mes convictions politiques, mais je fréquente les membres de DI. Ça, je veux bien vous le dire.

Victor sourit, rassuré peut-être, il ajoute :

– C'est bien… Vous savez, mon voyage de noces, je le ferai à Auschwitz.

Des gamins qui vont se lancer dans une course au plus provocant. Ils n'ont que 12 ans et face à moi ne parlent pas foot, ni petite copine ou console de jeux, mais croix gammées et camps de concentration. Des propos haineux, racistes, violents et incohérents déferlent. Des préados endoctrinés par leur environnement et qui, pour me tester, vont entamer un chant qui s'amuse des chambres à gaz et n'hésite pas à banaliser un crime contre l'humanité. En voici les paroles :

« Si tu es juif, si tu es radin,
Sache qu'il existe, au sud de Berlin,
Un camp magique appelé Auschwitz.
Tu peux y prendre des douches gratuites.
Voici un camp pour toi, mon petit Youpin… »

Le propos était assez clair, les laisser continuer était inutile. La situation me donne la chair de poule. Je les interromps en leur demandant où ils ont appris cette chanson. Nestor me répond, comme s'il s'agissait d'une évidence :

– Ici.

Avant de se tourner vers Tancrède en lui demandant :

– Chante des chants nazis.

Ce dernier s'exécute et entame en allemand, sans la moindre hésitation dans les paroles, *La Marche des blindés*. Un chant militaire aussi appelé *Marche des Panzers*, composé en 1938, qui glorifie l'honneur de mourir au combat pour la grandeur du Reich.

Je suis effaré et cela doit se lire sur mon visage. Le comportement de ces enfants me déstabilise bien plus que tout ce que j'avais vu et entendu jusqu'ici dans le monde d'adultes qui les entoure. Par leur jeunesse et leur insouciance, ils sont la face la plus ouverte, la moins policée, de la pensée et des fantasmes qui circulent dans leur environnement le plus direct : école, famille, église.

Face à moi, dans la classe, l'école des fans version ultranationaliste continue. Après Auschwitz, après la *Marche des Panzers*, ils décident de me faire partager leur admiration pour un jeune chanteur français qu'ils me définissent comme « blanc, nationaliste, catholique et facho ». Un certain Goldofaf, dont les chansons au titre évocateur, *Génération Faf, La famille contre la décadence, On n'est pas près de se taire*, sont une suite de textes maladroits, vantant les mérites de la jeunesse catholique et nationaliste, seul rempart contre la décadence morale et ethnique de notre société. Les ados assis devant moi en sont les premiers fans. Les paroles de ces chansons, souvent racistes, ils les connaissent par cœur et les déclament en chœur. Un slam qui appelle à militer, à se préparer à la guerre contre le système et les immigrés.

Tancrède mène le bal, son style est le plus travaillé, le plus radical des trois. Avec son crâne rasé sur les côtés et sa petite touffe de cheveux bien peignés sur le dessus, il adopte l'apparence et les codes des militants d'extrême droite les plus caricaturaux. Il s'en vante et se réjouit d'avoir adopté le look de son idole, Goldofaf. Pour cela, il fait l'admiration de ses deux camarades qui ont encore leurs cheveux et le regardent avec envie :

– Ça, c'est un beau gosse ! lance Nestor en attendant une approbation de ma part qui ne viendra pas.

J'en ai entendu assez. Ma tête bourdonne. Le niveau d'endoctrinement de ces enfants dépasse tout ce que j'avais imaginé. De leur côté, ils enchaînent les provocations pour continuer les présentations, décidés à démontrer avec fierté leur engagement dans l'idéologie nationaliste. Tancrède me parle d'un mouvement militant qu'il est en train de créer avec une bande de copains à lui, tous préadolescents. Leur objectif, me dit Tancrède, est d'affirmer la supériorité des catholiques en France et de barrer la route à l'islam. D'ailleurs, leurs seules actions, pour le moment, auraient été de « faire des tags procatholiques et anti-islam ». Victor ne souhaite pas être en reste. Du fond de la classe, il me dit que lui aussi agit pour la cause. Il est fier d'avoir participé à la rénovation de la cave de DI. Nestor qui, visiblement, sur ce terrain-là, n'a pas les armes pour surenchérir, va proposer de lancer un nouveau chant.

Cette fois-ci, il s'agit d'un texte de l'auteur nationaliste et grand nostalgique de l'Algérie française Jean-Pax Méfret. Victor prend le dessus et se met à chanter un nouveau texte radical, *La France bouge*[1].

«Le Juif ayant tout pris, tout raflé dans Paris, dit à la France :

Tu n'appartiens qu'à nous ! Obéissance !
Tout le monde à genoux. (...)
Tant pis, dit le rabbin, je tiens tout dans ma main,
J'ai la police et, pour violer la loi,
une justice de magistrats sans foi (...)
Le Juif est maître, sous les canons prussiens,
Dreyfus le traître pousse vos citoyens. (...)
Les travailleurs ont faim, le Juif dit :
Pas de pain, mais, à rafales,
pour sauver nos écus, voici des balles (...)
Juif insolent, tais-toi ! Voici venir le roi
et notre race court au-devant de lui :
Juif, à ta place ! Notre roi nous conduit.»

J'interromps cette nouvelle initiative musicale :

– L'étude, c'est fait pour étudier. Nous avons fait connaissance, très bien, maintenant au boulot. Certains, je crois, ont des punitions à rédiger ?

Ils sont deux sur les trois à avoir reçu une punition de leur professeur d'histoire. Victor sort un stylo de son plumier aux couleurs du PSG et me dit :

1. Ils n'en chanteront qu'une partie, nous retranscrivons ici le texte dans son intégralité.

– Le prof nous a demandé de recopier la biographie du révolutionnaire Barras, pour bien comprendre qu'il était un pourri.

– C'est ce qu'il vous a dit ?

– Ben, oui...

Ici, Barras est vu avant tout comme un descendant de nobles devenu régicide en votant la mort de Louis XVI : une infamie. Les hautes fonctions qu'il a exercées pendant la Révolution, son engagement pour l'établissement de la démocratie en France, et sa responsabilité dans la chute de Robespierre et la fin de la Terreur sont ici à peine survolées, quand elles ne sont pas tout simplement ignorées.

Alors qu'ils se lancent dans la rédaction de leur surprenante punition, je demande à un des élèves de me prêter son cahier d'histoire pour voir la façon dont cette dernière est enseignée dans l'établissement. Ils travaillent en ce moment sur la Révolution française.

La lecture de leur cours en dit long sur la manière dont, dans cette école, l'histoire doit s'écrire à contre-courant de l'histoire connue et reconnue. Dans ce cahier, je ne peux lire aucune déclaration franchement négationniste qui pourrait faire tomber l'établissement sous les coups de la loi, en cas de contrôle de l'Éducation nationale. Mais l'histoire y est dite de manière fortement orientée, subjectivée, réécrite au service d'une idéologie, sans tentative d'objectivité factuelle validée par les historiens reconnus. L'inverse de ce que s'efforce d'être la « science » historique.

Ainsi, le professeur décrit la monarchie comme une réalité politique « porteuse d'ordre, de prospérité et d'équilibre », alors que, dans le même temps, il parlera de la Révolution française en ne l'abordant qu'à travers une succession de massacres, de pillages et de ruines pour le pays.

Voulant tester rapidement l'effet d'un tel cours sur les élèves, j'interroge Nestor sur les valeurs des lumières, qui sont abordées dans sa leçon. Ce dernier me répond sans la moindre forme de provocation :

– C'est à cause de ça qu'on galère aujourd'hui.

La leçon semble avoir été bien digérée. Les élèves rejettent en bloc les valeurs républicaines nées de la Révolution et font de ce rejet le socle de leur intolérance et de leur haine du monde d'aujourd'hui.

Victor me demande alors de lui faire réciter son catéchisme. La leçon du jour porte sur la confession. Il doit la connaître par cœur, c'est la règle dans l'établissement : les cours de religion doivent être connus au mot près. Victor ânonne « pénitent... relatée l'absolue intégralité de ces pensées de ces paroles et de ces actes à son confesseur... le manquement à la règle est sacrilège... » Tancrède, lui, s'impatiente, la « leçon de confesse », il la connaît par cœur depuis bien longtemps, il a plutôt envie de lancer un concours de blagues et provoque Nestor, qui peine sur sa punition.

– Tu sais pourquoi Hitler s'est suicidé ?... Tu imagines la facture de gaz !

– Qu'est-ce qu'une révolte juive dans un camp de concentration?... La guerre des étoiles!

Tous trois rient de bon cœur et les blagues s'enchaînent, toutes du même tonneau, celui de la haine, du racisme et du mépris. Les Juifs et les camps de concentration, les Noirs bêtes et méchants, les Arabes voleurs, tout y passe sans retenue. L'inconscient révélé d'une culture nauséabonde dans laquelle baignent ces enfants.

Je me sens soudain comme aspiré au loin, projeté en dehors de cette classe, la regardant du haut de mon ciel virtuel: «Nous sommes dans une école, en France, au début du XXIe siècle, moins de soixante-dix ans après la chute du plus grand tyran destructeur qu'ait connu l'Europe occidentale.» Je retombe aussi sec.

J'ai alors envie de prendre contact officiellement avec le responsable de l'établissement pour savoir comment il envisage le rôle de l'enseignement dans son école, comment les programmes sont conçus pour en arriver là. Je confie à un ami journaliste le soin d'organiser une rencontre avec Me Rivière, avocat dans le civil, mais surtout cofondateur et gestionnaire de cet établissement. Le journaliste prétexte être l'auteur d'un reportage sur les écoles hors contrat d'État pour décrocher l'interview. Rendez-vous est pris quelques jours plus tard à l'intérieur de l'école.

19

L'équipe, formée d'un journaliste et d'un caméraman, est attendue par Me Rivière. L'homme est grand, porte bien le costume et les accueille avec courtoisie, mais sans plaisir véritable. Son comportement le leur signifie volontairement.

Me Rivière est fier de cette école, qu'il considère en partie comme étant sa « réussite ». Elle est pour lui un îlot d'efficacité, de rigueur et de morale, dans un monde où il y en a de moins en moins. La preuve qu'il a eu raison de la fonder, il nous la donne face caméra, en quelques chiffres :

– Il y a trois ans, on devait avoir trente-six élèves, l'année suivante cinquante et maintenant quatre-vingt-cinq... Il y a une demande de parents qui veulent une éducation catholique et les profs sont en corrélation avec ça.

Comme il se doit, le gérant présente son établissement sous les angles les plus favorables. Même s'il nous dit ne pas aimer les médias, il n'est pas mécontent de pouvoir apporter un coup de projecteur sur son école. Nous sommes alors rejoints, en pleine interview, par l'abbé qui dirige les lieux, celui qui, depuis quelques jours, est devenu mon « directeur ». Notre journaliste décide alors de les interroger sur les suspicions de racisme et de fascisme qui planent sur l'établissement. À l'énoncé de la question, le directeur et le gérant sursautent de colère et le renvoient immédiatement dans les cordes. C'est Me Rivière, étonnamment tendu et dans un français chaotique, qui se charge de répondre :

– Quand on est arrivés ici, on s'est fait taguer les murs de l'école avec des croix gammées. Je suis allé dans les journaux pour dire : « Ces "connards de nazis", y en a marre », et l'opposition laïcarde ferait bien de se souvenir que les nazis étaient anticatholiques. Je suis profondément catholique, je suis donc antinazi !

« Profondément catholique donc profondément antinazi », une injonction qui vaut aussi pour l'école et qui semble bien éloignée de ce que j'ai pu constater lors de ma première visite en caméra cachée. Notre journaliste va tenter de recueillir maintenant la version officielle sur le deuxième point qui pose problème dans le rôle que joue cet établissement sur l'éducation des enfants qui lui sont confiés. Cette école hors contrat d'État peut adapter les programmes à sa guise, y a-t-il donc un risque de dérives ? Qu'en est-il des professeurs et de leur enseignement ? Me Rivière sourit, moqueur.

Il donne le sentiment de dénigrer, à travers nous, tous ceux qui les accusent de ne pas être à la hauteur de ce qu'est l'enseignement en France aujourd'hui.

– Je connais bien les professeurs. Un des profs, c'est mon ancien prof d'histoire. Quarante ans dans le public. Chez nous, il a moins d'élèves. Alors il enseigne la même chose avec, en plus, la latitude d'améliorer ses programmes et son enseignement.

Notre journaliste le relance :

– Par exemple, on prend l'Holocauste, il y a des débats sur ce point. Il y a ce qu'on appelle le révisionnisme...

Me Rivière puis le directeur l'interrompent aussitôt :

– Oui, ça, c'est pas notre tasse de thé.

– Et cela a existé de tous temps...

– Pour nous, la lecture de l'histoire n'étant pas idéologique, il n'y a pas lieu de faire un focus disproportionné dans le temps et de prendre, par exemple, un trimestre entier pour parler de l'Holocauste en oubliant les soixante ou cent autres années d'un programme d'histoire. On ne fait pas de distorsion, ça va être traité, mais ça va être traité à sa place, sans faire de distorsion...

Pas de révisionnisme mais un traitement équitable et équilibré sur l'ensemble de l'histoire. Des cours qui respectent, dans les grandes lignes, les exigences de l'Éducation nationale. Des vœux pieux auxquels ces hommes ont l'air de croire devant la caméra.

Le lendemain, équipé de ma caméra cachée, je retourne à l'école pour voir ce qu'il en est vraiment. Arrivé dans la cour, je croise Sylvie. Elle a 20 ans. Sylvie est jolie, souriante mais fatiguée. Elle me raconte qu'elle est venue apporter son aide à l'école, il y a deux ans, pour surveiller les études, mais l'abbé lui a rapidement demandé de devenir prof de français.

– Il n'y avait plus personne pour donner les cours de français, il fallait bien que quelqu'un se sacrifie, dit-elle, désabusée.

Au départ, cette situation devait être temporaire mais, l'école ne trouvant personne d'autre pour assurer les cours, Sylvie est restée toute l'année et continue encore d'assurer de nombreux remplacements. Nos profils se ressemblent, je m'enquiers de sa formation.

– Tu as fait un IUFM pour être prof ?

– Que dalle ! (Rire.) Je n'ai aucune formation de prof.

– Et c'est pas un problème ?

– Non, ici, c'est du hors contrat, on fait ce que l'on veut. C'est quand on se retrouve devant les élèves que là, on commence à se poser des questions. On se demande comment faire, ce qu'on doit leur dire, comment se comporter. En fait, on est aussi tétanisé que les élèves mais, petit à petit, on apprend. Le vrai avantage, ici, c'est qu'on leur enseigne ce que l'on pense et pas ce qu'on est obligé d'enseigner avec l'Éducation nationale.

À cet instant, le directeur, dans sa soutane noire, sort du bâtiment. En vue de ma formation pour devenir enseignant dans cette école, je lui demande de pouvoir assister à un cours, de préférence le cours d'histoire. Il accepte. Je me rends dans la classe.

Le professeur d'histoire est bien celui dont avait parlé Me Rivière. Un homme à la retraite de l'Éducation nationale dont il fut salarié pendant quarante ans. Aujourd'hui, son cours porte sur la Seconde Guerre mondiale, plus précisément sur Pétain et la « notion » d'occupation. Alors, « traitement équitable de l'histoire », « pas de parti pris idéologique » ? Assis dans la classe au milieu d'élèves attentifs aux paroles de cet homme à la voix forte et charismatique, je vais vite être fixé.

– C'est vrai que la France est occupée. Mais je vous rappelle qu'en 1919 on va occuper l'Allemagne... Une partie de l'Allemagne, notamment la Rhénanie, pour quinze ans... Donc on ne peut pas reprocher, aujourd'hui, enfin en 1940, l'occupation de la France, puisque les Français eux-mêmes avaient occupé l'Allemagne pendant quinze ans ! Comprenez bien que lorsque vous avez un occupant – qui a gagné la guerre – qui vous impose certaines choses, au risque de choses plus graves, eh bien, vous essayez de le satisfaire sur certains domaines... Donc, ce maréchal Pétain, c'est tout ça, c'est un homme qui a rendu d'énormes services à son pays.

Première constatation, dans ce cours sur la Seconde Guerre mondiale, l'occupation de la France est présentée comme méritée. Les souplesses du maréchal face à l'occupant sont considérées comme normales, salvatrices même, pour la France qui, sans cela, « aurait connu davantage l'horreur ». Rappelons qu'entre autres choses le maréchal Pétain, pour s'attirer les sympathies de l'Allemagne nazie, fit livrer à l'occupant des dizaines de milliers d'hommes, de femmes et d'enfants juifs vivant en France pour qu'ils soient déportés vers les camps de la mort en Pologne. Le professeur continue.

– Vous savez quelle est la condition pour être maréchal de France ?

Un élève lance :

– Faut être français !

– Oui… Pour l'instant…

Le professeur sourit et, faisant référence à Nicolas Sarkozy, il ajoute :

– Quoique, pour être président de la République, aujourd'hui, on peut être hongrois.

Le ton est donné. Pendant quarante-cinq minutes, l'enseignant va minimiser systématiquement la violence de l'occupant nazi, dénigrer de Gaulle et réhabiliter Pétain.

– Il faut savoir que le cas de De Gaulle est assez caractéristique, parce que de Gaulle a quitté le sol national avant l'armistice. Cela veut dire qu'il l'a quitté alors que la France était en guerre, dans le droit militaire ça porte un nom… Cela s'appelle la désertion.

Contrairement à ce que l'on nous avait annoncé, il n'aura pas un mot sur l'Holocauste et les grandes dates de la guerre sont ignorées. En lieu et place, le professeur préfère faire le bilan des morts de 1939-1945. Un bilan là aussi fortement orienté :

– Il faut que vous sachiez que les morts civils pendant la guerre sont surtout le résultat des bombardements anglo-américains. C'est important que vous le sachiez car c'est quelque chose qui est ignoré dans l'enseignement de l'histoire en France. Chez nous, quand on parle de bombardement, les gens pensent aussitôt bombardement allemand. Mais c'est faux ! Par exemple, on entend tout le temps que « les Allemands ont bombardé Londres, faisant de nombreuses victimes »... Eh bien, les morts dans la population civile anglaise représentent 0,03 % de la population totale. C'est-à-dire 30 000 personnes ! Vous m'entendez bien, les Anglais ont perdu 30 000 civils alors que la France en a perdu 350 000. C'est-à-dire qu'on a eu dix fois plus de morts civils que les Anglais, parce que chez nous les bombardements étaient des bombardements anglais et américains. Ce qui est certain, c'est que la guerre a surtout dévasté l'Allemagne et la Russie et qui va en tirer le plus grand profit ?... Les Américains.

Pendant tout le cours, les propos sont orientés. Les forces alliées sont présentées sous leur côté le plus sombre, quant à l'Allemagne nazie, ses crimes sont ignorés ou relativisés. Ce surprenant professeur d'histoire dit vouloir tordre le cou aux idées reçues et, pour conclure sa leçon, il va aller très loin.

– Les SS, avant la guerre, c'était « des forces de police », on dirait aujourd'hui comme des CRS, quoi... Et puis, avec la guerre, ils vont devenir plutôt comme une légion étrangère et l'arme d'élite de l'armée allemande... C'est ça, les SS, c'est l'élite... Voilà.

Sous mes yeux et face à ses jeunes élèves, le professeur valorise les troupes dont la tâche fut, entre autres, d'exécuter la solution finale. Tout son argumentaire repose sur une somme d'arrangements avec l'histoire : les SS, de nombreux documents l'attestent, n'avaient rien d'une armée d'élite. On sait qu'ils recrutaient chez les délinquants, les ivrognes. Ils étaient les tueurs du Reich, responsables des pires besognes criminelles du régime nazi. Ce sont eux qui avaient la responsabilité des camps d'extermination. Sur le plan légal, la démarche du professeur porte un nom : apologie de ceux qui ont commis un crime contre l'humanité. Sur le plan moral, au vu de ce que je viens de relater, chacun jugera.

Ce professeur vient ici un après-midi par semaine enseigner l'histoire, et il le fait bénévolement. C'est sa retraite de l'Éducation nationale qui lui assure ses revenus. La leçon terminée, je m'approche de lui. Alors qu'il rassemble ses affaires, j'entame une conversation.

– Ce que vous venez de dire pendant le cours, ça, dans une école classique on ne peut pas le dire ?

– Ah oui, et encore, je suis obligé, tout de même, à une certaine réserve... Mais j'ai l'obligation de dire ce que je pense être le fait historique... Et non pas de passer des événements sous silence dans un seul but idéologique.

– Du coup, en évoquant les victimes de la guerre, vous n'avez pas du tout parlé des Juifs ?

– Non, je n'en ai pas parlé. Parce que je crois qu'on leur en parle assez comme ça. Ils n'ont pas besoin que je leur en parle. Ramener la Seconde Guerre mondiale à uniquement l'histoire des Juifs, comme on le fait aujourd'hui, c'est... (Il fait une grimace exprimant le rejet autant que le dégoût.) Je ne cède pas à ce genre de choses. Ils en entendent parler partout [des Juifs]. Dans les livres, à la télé, dans tous les médias, je ne veux pas en rajouter. En plus, si je fais un commentaire qui est en deçà de la version officielle, on va me soupçonner de toutes sortes de maux... Alors je préfère ne pas en parler. Ça, on ne me le reprochera jamais. Mais si je venais à dire ce que j'en pense vraiment, alors là...

Là encore, nous sommes très loin de ce que nous déclarait face caméra le responsable de l'établissement. Le professeur d'histoire fait le tri dans son enseignement, assume son révisionnisme et le distille à ses élèves. Il prétend même avoir une méthode pour y parvenir.

– Pour révéler la vérité aux enfants, il faut y aller en douceur et, évidemment, il ne faut pas que cette vérité choque. Tu vois, il ne faut pas faire comme Mgr Williamson. C'est trop frontal, cela passe pour une provocation et, du coup, cela ne sert à rien. En revanche, tu peux dire des choses facilement vérifiables que l'histoire officielle a tendance à oublier. Par exemple, dire que de Gaulle a été condamné à mort pour désertion, ça, tout le monde peut le vérifier. Les enfants sont formatés, il faut les « dé-formater » en douceur, sans les choquer, sans heurter leur conscience. Il faut les faire réfléchir. Leur apporter de nouveaux éléments. Par exemple, mélanger les morts dans les camps de concentration avec ceux des bombardements alliés, les pertes civiles françaises avec les pertes américaines et les pertes allemandes, et ainsi de suite. Il faut faire bouger les lignes de leur pensée petit à petit. Leur dire : « On vous ment, voici la vérité ! » Comme le fait Williamson, cela ne sert à rien. Même s'il a peut-être raison sur le fond, j'ai moi-même quelques doutes en ce qui concerne l'Holocauste, son message est trop frontal, il ne passera pas. Il faut de la finesse, insinuer le doute plutôt que d'affirmer clairement les choses, passer sous silence plutôt que de nier.

Alors que nous parlons, nous arrivons dans la salle des professeurs, un petit local sans fenêtres. Deux autres enseignants y sont assis dans un coin. Nous les saluons. Sur une table, du thé et quelques biscuits, le professeur se sert.

– Tu sais, l'enseignement me manque énormément. J'adore le rapport avec les élèves. Je me souviens des voyages de classe que nous organisions. L'Irlande avait été un des plus réussis. Quel beau pays, l'Irlande, un pays qui est resté fier de ses origines, fier d'être catholique.

Un des enseignants assis à nos côtés intervient :

– L'Irlande, c'est envahi de Noirs maintenant !

Le professeur d'histoire acquiesce le plus naturellement du monde et ajoute :

– Et il y a plein de Jaunes, aussi. C'est sûr mais, au moins, il n'y en a pas autant qu'en France. Chez nous, c'est la catastrophe, il faut aller au moins une fois dans sa vie à Toulouse, place du Capitole. Là-bas, vous vous rendez compte que la France, les Français, tout cela, ça ne veut plus rien dire. Là-bas, vous ne voyez plus de Blancs. (Son visage se tord dans une moue de dégoût.) Il n'y a que des Noirs !

Cette salle des professeurs sera à plusieurs reprises le lieu de mon étonnement et de mon affliction. Il s'y dit des horreurs en toute décontraction et, parfois, des choses plus surprenantes. J'y entends, un jour, une enseignante vanter les mérites de la langue allemande pour imposer sa discipline et faire rentrer les enfants dans le rang.

– Un bon « *Raus !* »[1] ou un bon « *Schnell !* »[2] ça, ils comprennent, et puis on a déjà vu à quel point c'était efficace !

C'est cette même femme qui, une autre fois, salue l'abbé directeur dans la salle des profs d'un bras tendu en l'air, (ils appellent cela le salut romain mais qui, pour tous, depuis la Seconde Guerre mondiale, est devenu le salut hitlérien) en s'exclamant : « *Ave*, monsieur l'abbé ! », sans que cela n'émeuve ni l'abbé ni les autres personnes présentes, enfants compris.

À la fin de ma discussion avec le professeur d'histoire, j'ai une nouvelle heure d'étude à surveiller. Alors que je me rends dans ma classe, je croise les élèves avec qui je venais d'assister au cours. Je décide d'en profiter pour tester l'impact de cette leçon sur ces adolescents.

---

1. Dehors !
2. Rapidement !

– Alors, ce cours d'histoire, ça vous a appris de nouvelles choses ?

– Un peu, ouais. L'année dernière, j'étais dans un autre collège et c'était pas la même version… Parce que l'année dernière, on nous disait que Pétain, c'était un nul, alors que là, on nous dit que Pétain, il est mieux…

– Moi, mes parents me disaient déjà que Pétain était un homme bien, mais je n'avais pas toutes les explications.

– Qu'est-ce qu'ils disent tes parents ?

– Ils disent que Pétain n'a pas collaboré. Et là, dès que le prof explique, on comprend mieux pourquoi.

– Moi, je n'en ai jamais douté, Pétain, c'était un grand homme. Perso, je suis pétainiste, un vrai pétainiste. Je n'ai pas peur de dire que de Gaulle était un connard, un peureux. Il s'est réfugié à Londres pendant qu'il y avait des soldats qui crevaient sur le front.

Je les interroge encore un peu sur les faits historiques qui les font haïr de Gaulle et trouver tant de vertus dans la personne du maréchal. Leurs connaissances historiques sont quasi inexistantes et le plus souvent erronées. La plupart s'en moquent. Pour eux, l'histoire officielle est un tissu de mensonges. Ne pas la connaître est une sagesse, quant aux plus appliqués, ils répètent en boucle ce qui leur a été servi pendant le cours.

– Chez moi, on est pétainiste de père en fils.

– Pétain a empêché la France de sombrer.

– De Gaulle n'est qu'un déserteur à la solde des Anglais et des Américains !

L'endoctrinement me paraît total. Il n'y en a pas un pour s'exprimer autrement. Au loin, j'aperçois Garance, un des leaders de DI. Il vient se joindre au groupe. Lui non plus ne risque pas d'égrener des notes discordantes sur ce chapitre. Il est venu, tout comme moi, assurer une surveillance d'étude.

– C'est une spéciale DI, ce soir. Ils ont de la chance ! me lance-t-il avant de disparaître avec sa classe.

Je rejoins la mienne. Des enfants plus jeunes que ceux avec lesquels je venais de discuter m'y attendent. Ce sont des sixièmes. Au centre d'un petit groupe d'élèves, un garçon d'une autre classe mobilise toutes les attentions. Il a le crâne rasé.

– Je compte sur vous, c'est la semaine prochaine. Soyez tous là !

En me voyant entrer dans la classe, il s'interrompt et me salue. Ce jeune homme, qui ne doit pas avoir 15 ans, m'explique qu'il est en train de convier tous ses camarades à une conférence organisée par le Bloc Identitaire de Bordeaux. Un des groupes les plus importants et les plus structurés de l'extrême droite radicale en France.

– Tu connais bien le Bloc ?

– C'est mon père, le président du Bloc. Il l'a fondé avec son père (me montrant du doigt son voisin). Nous deux, on est aux Jeunesses Identitaires de Bordeaux.

– Qu'est-ce que vous faites avec eux ?

– On a des sorties et on colle principalement des autocollants dans la rue. Pour le moment, c'est tout ce que mon père nous donne à faire.

Je le remercie et lui demande de rejoindre sa classe alors que mes élèves prennent place et sortent leurs cahiers de devoirs. Avant de les laisser commencer, je décide de leur faire part de mon étonnement face à certains aspects du cours d'histoire auquel je viens d'assister. Eux n'ont pas encore abordé cette période en classe. Je veux entendre leurs *a priori*.

– Je viens d'assister au cours d'histoire sur la Seconde Guerre mondiale, et je dois dire que la version que l'on présente du maréchal Pétain m'a un peu surpris.

En guise de réponse, les élèves deviennent immédiatement agressifs...

– Toi, t'es un gaucho ?

– Il a une tête de gaucho !

– Ouais, ça se voit, il est gaucho.

– Tous les gauchistes, faut les saigner.

– Moi, « *I hate* » gauchistes... and « *I hate* » niggers !

– Moi, j'aime pas les Juifs, j'aime pas les Arabes et j'aime pas les Noirs.

Chacun y va de sa surenchère. Un torrent de boue va sortir de la bouche de ces enfants.

– Qui peut dire que les chambres à gaz ont vraiment existé ? Et même s'il y avait des chambres à gaz, il paraît qu'elles servaient à tuer le typhus des habits et non pas à tuer les Juifs, bien que j'aurais préféré qu'on les utilise pour la deuxième raison.

Je le relance :

– Pourquoi tu n'aimes pas les Juifs ?

– Si on m'apprend que les six millions de Juifs sont réellement morts, moi, je dirai : « C'est cool. » Il y en a six millions de moins et je m'en réjouirai. Je dirai : « tant mieux », j'espère même qu'il y aura une troisième guerre mondiale pour finir de les éliminer. Car si, pour la Première Guerre mondiale, il n'y a pas eu de morts juifs, si pour la Seconde Guerre mondiale, il y en a eu six millions, alors, pour la troisième guerre mondiale, il y aura dix-huit millions de Juifs morts. Après ça, même s'il en reste un pour essayer de sauver sa race, eh bien, il n'y arrivera pas. Car tout seul, même un Juif, il ne peut pas se reproduire. Je lui souhaite bien du courage à celui-là...

Le reste de la classe rigole. La démonstration continue.

– Les chambres à gaz n'ont pas existé. Pas nécessaire. Les Juifs, on les a directement cramés.

– Tu n'as pas répondu à ma question, pourquoi tu n'aimes pas les Juifs ?

– Les Juifs ? Relis l'Évangile de dimanche, bordel ! Il y est dit que les Juifs sont des scélérats. Et c'est Jésus-Christ qui dit ça.

– C'est parce que c'est marqué dans la Bible que tu ne les aimes pas ?

– Voilà, c'est ça. Hitler m'a volé mes idées. Il a fait la Seconde Guerre mondiale avant moi... Il m'a privé du plaisir de gazer six millions de Juifs.

– Tu te rends compte de ce que tu dis ? Tu ne peux pas dire des choses pareilles. Où as-tu appris qu'il fallait haïr les Juifs à ce point ?

– T'as vu les Juifs, comment ils sont traités dans l'Évangile ? Attends... C'était il y a pas longtemps... C'était dimanche... T'as entendu l'Évangile de dimanche ?

– Non.

– Les Juifs se font défoncer la gueule par le Christ. Tu m'entends bien ! Ils se font défoncer la gueule par le Christ. Alors moi, je fais quoi ? Je suis l'Évangile. Je défonce la gueule aux Juifs. D'ailleurs, je vais prendre l'Évangile, je vais le lire et je vais publier tous les passages contre les Juifs. Donc, tous les catholiques seront obligés de haïr les Juifs ! Après, je vais le montrer au pape... Je vais lui dire : « Si vous êtes pas d'accord avec ça, vous n'êtes pas d'accord avec l'Évangile, donc vous êtes un hérétique. »

Un élève se lève et va écrire en grand au tableau :

« La soumission, c'est la gloire de l'homme libre envers l'obéissance. »

J'y vois un moyen de faire redescendre la tension ambiante. Je leur demande ce qu'ils pensent de la liberté, ce que cela signifie pour eux...

– La liberté, c'est un choix, mais tous les hommes ne naissent pas tous libres et égaux en droit.

– « Liberté, égalité, fraternité », ça vous dit quoi ?

– La fraternité, c'est nul. L'égalité, tu crois vraiment qu'un Arabe, ça va être égal à moi ? Son égalité, il peut se la mettre au cul. La liberté, oui.

Aucun terrain ne semble échapper à leur haine. L'étude se termine dans un silence relatif. Pour la première fois de ma vie, je suis pris d'une rage de dents.

20

Le lendemain, sur le site Internet de DI, j'apprends qu'une conférence sur «l'identité culturelle de l'Aquitaine» sera donnée dans les jours qui viennent par le professeur d'histoire dont j'avais suivi le cours.

Pour faire les choses en grand, DI a fait de la pub et a distribué des tracts sur le parvis de Saint-Éloi. Pour cette soirée, ils ont loué la salle municipale. Il fait déjà nuit lorsque, vers 20 heures, je me retrouve à suivre un groupe de plusieurs dizaines de crânes rasés, marchant en direction de la salle municipale d'un pas décidé. Je n'en reconnais aucun. Je marche à l'écart du groupe, les suivant de loin. Bien m'en a pris. Arrivés à proximité des lieux, ils sont arrêtés par un cordon de policiers, nerveux. Je tente de contourner le cordon, discrètement. Les policiers me bloquent, l'un d'entre eux me demande de faire demi-tour.

– Il y a de la bagarre par là, vous ne pouvez pas passer.

En me pointant du doigt, un des jeunes au crâne rasé se met à hurler :

– Il n'est pas avec nous ! C'est un de chez eux ! Il faut se le faire ! *Alerta, alerta antifascista* !

Ce sont des redskins, des militants de l'extrême gauche radicale, prêts à faire le coup de poing dès que possible avec leurs ennemis jurés de l'extrême droite. Ce soir, ils ont été appelés en renfort pour en découdre avec DI. Toute la bande se met à crier à mon intention :

– *Alerta, alerta antifascista !*

La situation devient explosive. Les policiers dégainent leurs bombes lacrymogènes et commencent à répandre du gaz dans la direction du groupe. Je suis atteint au visage. Mes yeux et mes poumons vont exploser. Devant moi, les policiers, derrière moi, les redskins qui avancent. Je fais un pas sur le côté. Aveuglé par un rideau de larmes, je parviens à distinguer une brèche pour m'échapper. Je me mets à courir. Policiers et redskins sont maintenant au contact. J'entends le bruit des corps qui se choquent, les cris qui redoublent : « *Antifascista !* » Je passe à travers un nuage de gaz, contourne le cordon policier et me précipite à l'intérieur du bâtiment.

Derrière les portes vitrées, dans le hall d'entrée, les membres de DI s'agitent, attroupés autour de leur chef, Fabrice Sorlin. Il a lui aussi les yeux rouges et emplis de larmes. De ses bras, il balaye l'air dans tous les sens pour chasser les gaz.

– Putain, ça pique !

Sur le visage de certains, je distingue des rougeurs et des boursouflures, sans doute des marques de coups. D'autres arrivent avec des bouteilles d'eau qu'ils vident sur les yeux des plus touchés. L'ambiance est survoltée, mais le pire est passé. En fait, tout a commencé il y a une demi-heure. Un petit groupe de redskins s'était présenté devant la porte de la salle municipale. Les plus costauds parmi les membres de DI assuraient un filtrage à l'entrée et les choses ont basculé.

– Trois gauchistes ont voulu entrer. Je me suis mis devant la porte pour les empêcher de passer. Je leur ai dit qu'ils n'étaient pas les bienvenus. L'un d'entre eux a fait son fier, il s'est approché de moi et m'a dit : « Comment ça, on n'est pas les bienvenus ? » Je ne lui ai pas répondu et bim ! je lui ai foutu un gros coup de pied dans les burnes. Direct ! Mais putain, j'ai rien vu venir et c'est moi qui me suis retrouvé à terre, j'ai pris un coup de genou dans la tête, un dans les côtes, un sur les épaules. Là, j'ai pu en choper un par les couilles. Il a hurlé, il s'est barré, mais un autre est arrivé et m'a défoncé le dos. Il a tapé comme un ours. J'ai senti un truc qui a pété, ça fait super mal.

Au moment de la bagarre, attirés par le bruit, des membres de DI, affairés à préparer la salle de conférences, avaient accouru. Quelques coups avaient été échangés et les redskins, en sous nombre, s'étaient enfuis rapidement. Chacun avait appelé du renfort. DI avait contacté la police et les redskins, leurs copains qui étaient arrivés par dizaines, quelques secondes après la police. Le pire avait été évité.

Désormais, plus aucun bruit ne nous parvient de l'extérieur. Les choses semblent s'être apaisées. Fabrice Sorlin nous demande de ne pas rester dans le hall et d'aller prendre place dans la salle de conférences située à l'étage. Mais l'expérience ne semble pas l'avoir calmé.

– On n'a pas été assez prudents. Il faut que ça nous serve de leçon. La prochaine fois, on mettra en place un service d'ordre et on leur défoncera le cul.

Dans la salle, une cinquantaine de personnes ont fait le déplacement, l'entrée est payante, 5 euros. Pour tenter de remplir les caisses du mouvement, ils vendent aussi des autocollants au sigle de DI. La nouvelle de la bagarre contre ceux qu'ils appellent ici « les crasseux » se répand à toute allure. Chacun y va de son petit commentaire sur la manière dont ils les ont fait partir. Certains n'hésitent pas à en rajouter. Fabrice, le chef, semble devoir en faire plus que les autres. Galvanisé par la bagarre, il raconte à chaque nouvel arrivant ses exploits « pour empêcher les rouges d'entrer ». Dans le milieu de l'extrême droite, le combat de rue est magnifié. On ne peut pas prétendre être un vrai militant si l'on n'a pas quelques anecdotes de castagne à raconter. Le combat que narre Fabrice s'amplifie et devient de plus en plus spectaculaire au fur et à mesure qu'il le répète à ses auditeurs successifs. L'histoire est encore chaude, mais il est déjà temps d'écrire la légende, et Fabrice de conclure :

– Bravo à vous d'avoir repoussé vaillamment une horde gauchiste.

Seul notre professeur d'histoire et conférencier du jour reste impassible, assis derrière sa table, concentré sans doute sur ce qui va suivre. Il est introduit en grande pompe par un cadre de DI qui en profite pour souligner l'apport de son mouvement à la culture locale et promet de nombreuses conférences dans le genre de celle qui démarre à l'instant.

> « Ce soir, cet ancien professeur d'histoire, qui fut aussi élu local d'une petite ville girondine, va nous parler de nos racines, plus exactement de leurs origines. Le thème que nous avons choisi pour cette première conférence publique de DI : "l'identité culturelle de l'Aquitaine". »

Dans un costume élimé, mal ajusté et porté sur un pull à col en V qui n'est pas loin d'avoir son âge, le professeur retraité se lève et choisit d'ouvrir sa conférence sur une improvisation que lui inspire l'actualité. Cette semaine-là, quatre cents historiens ont signé une pétition visant à annuler la loi Gayssot[1]. L'orateur s'en réjouit, il applaudit ceux qui ont eu le courage de s'élever contre « cette loi liberticide ». Annuler cette loi, voilà ce dont rêve une grande partie de l'extrême droite. Sans la loi Gayssot, ils pourront dire, sans risque

1. La loi Gayssot tend à réprimer tout acte raciste, antisémite ou xénophobe. Elle qualifie de délit la contestation de l'existence des crimes contre l'humanité tels que définis dans le statut du Tribunal militaire international de Nuremberg.

de condamnation, leur certitude sur le mensonge que constitue selon eux l'Holocauste. Un rêve qui tourne parfois à l'obsession, au point d'y consacrer les cinq premières minutes d'une conférence qui n'a rien à voir avec ce sujet.

Après la mort souhaitée de la loi Gayssot, cet homme qui, il y a peu, glorifiait les SS devant des enfants, va transformer une conférence publique sur l'identité culturelle de l'Aquitaine en une charge contre la république et la démocratie, une charge qui prend racine au XVIIIe siècle.

> « Au XVIIIe siècle, on voit apparaître une nouvelle religion, sortie de nulle part. Une religion qui nous dit soudainement que les hommes naissent libres ! Ah bon ? (Il lève théâtralement les mains au ciel, sa voix se fait ironique.) Cela a été ré-vé-lé à nos philosophes, Voltaire, Montesquieu… Et de cette "révélation", tout s'enchaîne : comme les hommes sont libres, ensemble, ils forment une volonté commune qu'on appelle "la souveraineté nationale", et une entité qu'on appelle "la nation". Mais moi, je ne l'ai jamais vue, la "nation française". C'est une abstraction. Alors, pour concrétiser cette abstraction, on va lui donner une bible : "les droits de l'homme", on va lui donner une justice qui s'appuie sur "des tribunaux de l'Inquisition". Des tribunaux qui n'ont qu'une fonction : empêcher et faire condamner quiconque serait tenté de lire l'histoire autrement, de la revisiter. Car l'histoire, elle aussi, est dorénavant fixée par le

législateur. Tout cela avec comme objectif de broyer les cultures et les langues pour créer une seule culture, "la culture des droits de l'homme". On va créer l'école laïque et obligatoire, qui devient le rouleau compresseur de toutes les libertés, une machine à unifier les pensées. D'ailleurs, au XIXe siècle, la république sera faite d'une seule pensée. La république, c'est la pensée unique, grâce à l'école laïque et aux médias qui ont pris le relais de l'Éducation nationale, pour nous livrer de la pensée prémâchée directement à la maison, tranquillement, sans que personne, ou presque, ne s'en rende compte. »

À cette charge sans nuance contre la république liberticide, il va en ajouter une seconde contre les francs-maçons, responsables de la mise à mort progressive de la chrétienté. Tout un programme pour une conférence sur l'identité culturelle de l'Aquitaine.

C'est sur cette charge, assise sur un refus des valeurs héritées des lumières, que se terminera cette conférence. Dans la salle, tout le monde applaudit chaleureusement. Les responsables de DI prennent la parole pour remercier le conférencier et demander à chacun d'éviter de partir seul « afin d'éviter d'être attaqué par les gauchistes ». Le conférencier intervient en souriant : « Bien sûr, ce sont les partisans de la liberté. » La salle est parcourue d'un rire collectif et des applaudissements nourris viennent rendre hommage à ce dernier trait d'esprit.

Avant de nous quitter, nous nous donnons rendez-vous à la messe le dimanche suivant. Une formalité pour ces jeunes qui se retrouvent obligatoirement à la messe, *a minima* tous les dimanches.

Le jour dit, je me rends à l'église Saint-Éloi. Les fidèles sont déjà là. Le ciel est bleu, il règne une atmosphère de kermesse où se croisent toutes les générations. Des scouts vendent des tickets de tombola pour la paroisse, l'abbé Laguérie fait des apparitions pour saluer l'assistance, un groupe de militants du Bloc Identitaire distribuent des tracts pour une conférence qu'ils organisent pour la semaine suivante : celle dont un des élèves de Saint-Projet faisait la promotion, quelques jours plus tôt. En tournant la tête, j'aperçois des enfants de chœur partis rejoindre la sacristie et, parmi eux, des élèves de l'école.

Un groupe se forme avec les membres de DI, le chef du Bloc Identitaire et deux abbés. La bagarre de l'avant-veille est sur toutes les lèvres. Pierre, vêtu de son pull noir à capuche marqué du sigle de DI, exhibe sa main qui s'est fracturée sur le crâne d'un « gaucho », dit-il.

– C'était trop bon ! Franchement, une bonne baston, ça redonne la pêche. Du coup, le lendemain, je me suis fracassé un négro dans la rue. Comme ma main est cassée, je lui ai mis un coup de tête.

– Et pourquoi, qu'est-ce qui s'est passé, il t'a fait quelque chose ?

– Ben rien ! Je lui en ai mis un parce qu'il est noir.

Fabrice Sorlin n'est pas en reste. Il a profité de ces quelques jours pour peaufiner le récit de ses exploits.

– Les crasseux, on les a dégommés sans pitié. D'ailleurs, à la fin, il y avait des traces de sang partout sur le sol et je peux vous assurer que ce n'était pas du sang de chez nous.

Impossible de savoir véritablement combien il y a eu de blessés le soir de cette bagarre. Le bilan varie selon qui raconte l'événement.

Les deux abbés suivent attentivement les récits du combat. Dans leur regard, pas de reproche, plutôt de la bienveillance et la flamme de l'envie, celle d'avoir raté ce moment de bravoure. Des enfants se sont joints à la conversation, et Pierre en rajoute :

– Il y en a un qui était à moitié K.-O. Quand il est tombé, je lui ai pris la tête et je la lui ai éclatée sur le sol.

– Vous avez quand même tapé comme des sourds, finit par dire l'un des abbés, qui ponctuera sa remarque d'un large sourire approbateur.

– Dites, les jeunes, elle a eu lieu quand, cette conférence ?

– C'était jeudi à l'Athénée municipale, monsieur l'abbé.

– Je n'en étais même pas informé. Qui organisait ça ?

– DI.

– Ah ! c'est dommage, si vous m'aviez prévenu, on aurait pu faire une annonce en chaire. On vous aurait fait de la pub. Vous auriez eu plus de monde. En attendant, j'ai une ordination le 28 mars, j'ai besoin de volontaires. René, j'aurais vraiment besoin de toi. Qui peut se rendre disponible ?

21

Le lundi, à l'école, c'est le jour des confessions. Tous les enfants y passent. À genoux, dans le bureau du directeur, dans le couloir, ou dans certaines salles de classe réquisitionnées pour l'occasion, la tête basse et les mains jointes, ils confessent leurs fautes à l'oreille de l'abbé ou de ses assistants. Le procédé est redoutable : le directeur étant le principal confesseur et ses assistants étant des professeurs dans l'établissement, il n'y a aucun espace de liberté pour ces enfants. Au regard de ses fautes, chacun devra faire pénitence et réciter un ensemble de prières avant de retourner dans sa classe pour reprendre le cours de ses études.

Dans la classe que je surveille aujourd'hui, il n'y a qu'un seul enfant qui soit déjà revenu de confesse, c'est Victor. Ce jeune ado de 12 ans qui souhaitait une troisième guerre mondiale pour pouvoir se débarrasser définitivement de tous les Juifs. Victor, comme ses frères, milite au sein de DI.

– À la conférence, jeudi, il y avait Nestor et Tancrède, mais toi, je ne t'ai pas vu…

– Non, c'est en semaine, mes parents ne me laissent pas sortir.

– Ils ont raison et d'ailleurs tu es un peu jeune pour militer politiquement, tu ne crois pas ?

– Non, le pays est dans la merde, il faut s'engager. À gauche, il y a un tas de gauchos et à droite, il n'y a plus rien. Alors il faut se battre pour nos valeurs. Au départ, j'étais pour Le Pen, mais il n'est pas assez impliqué dans les combats du catholicisme. Moi, je suis d'abord chrétien, avant d'être nationaliste. Regarde…

Il me montre un agenda posé sur une des tables. Il est recouvert du sigle de DI, d'un autocollant à la gloire de la monarchie et d'un autre commémorant le massacre des Vendéens.

– C'est la classe, non ?

Nous rejoignent alors trois autres élèves, eux aussi de retour de confesse. Allégés dans leur conscience, revigorés dans leur foi, leurs valeurs et leurs âmes, ils disent apprécier ces lundis de confesse. Ils ne craignent pas de tout dire aux abbés, car ceux-ci leur ont dit qu'ils possédaient un don de Dieu, une sorte de super-pouvoir, celui d'oublier tout ce qu'ils entendent en confession. Ces enfants n'en doutent pas. La confession les soulage et leur permet de distinguer le bien du mal, de rester des hommes justes, bons, porteurs de valeurs saines. D'ailleurs, Tancrède, l'un des enfants qui nous a rejoints, va en faire la démonstration immédiate.

– J'ai repensé à un truc pendant confesse. Vous savez qu'il y a un nouveau bar de pédés qui s'est ouvert près de Saint-Éloi ?

– Tu veux dire un bar de sales putes !

– Ouais, c'est un bar où t'as plein de mecs qui s'enculent. On peut pas laisser faire ça.

J'interromps la conversation et ordonne aux enfants de rejoindre leur place. L'homophobie, comme le racisme et l'antisémitisme, est si présente dans leur vie, qu'elle a atteint un niveau de normalité indiscutable. À leurs yeux, leurs propos ne sont ni choquants ni condamnables. C'est ma réaction qui, dès lors, le devient.

– Ben quoi ? Je suis fier d'être facho...

Effronté, en jeune ado qu'il est, Tancrède, tout en s'asseyant à sa table, continue de marmonner :

– Fier, fier, fier d'être un facho...

Sa déclaration est sincère. La grande majorité des enfants avec lesquels j'ai pu m'entretenir dans cet établissement considèrent avec fierté et enthousiasme leur appartenance à cet amalgame radical qu'ils appellent « fascisme ». Pour eux, le fascisme, c'est « fun ».

– ... D'ailleurs, demain, j'irai me couper les cheveux. Ils sont trop longs. Je vais même me les raser, à la lame, pour ressembler à un vrai skin...

C'est la première fois que je marque mon autorité dans la classe. J'avais refusé de le faire pour laisser libre cours à leur pensée, mais aussi par opposition aux méthodes parfois violentes qui sont employées dans cet établissement. Après tout, ils ne sont que des enfants et je ressens une profonde pitié pour eux. Pitié de voir dans quelle machine à laver le cerveau ils sont tombés, pitié de voir ce qu'ils sont en train de devenir malgré eux, pitié de voir le traitement qu'on leur fait subir dans cet établissement, notamment de la part d'un abbé que j'appelle ici François et dont les méthodes pédagogiques me glacent.

L'abbé François est grand et sec. Sa longue robe noire, son visage creusé par l'angoisse et son teint de cire le font paraître dur, presque inhumain, sorti d'un roman de Dickens ou du musée Grévin. Sentant mon manque d'autorité, en ce début de deuxième semaine, il me demande de garder la porte de ma classe ouverte pour vérifier ce qui s'y passe. Pour l'instant, il s'y passait ce qui se passe le plus souvent entre deux lignes de devoirs : les enfants échangeaient des blagues racistes.

– Quel est l'hôtel le plus luxueux au monde ?

– ??

– Auschwitz ! Six millions d'étoiles.

La classe part d'un éclat de rire. L'abbé François fait irruption dans la pièce, comme une furie, en hurlant :

– Il y en a un qui parle, il est collé samedi !

Sur la table de Tancrède, il aperçoit une feuille recouverte de jeux du prisonnier. L'abbé saisit une règle et tape sèchement sur les doigts de Tancrède. Victor rigole, ce qui lui vaut un coup de livre sur la tête. Puis, sans autre forme d'explication, l'abbé quitte la classe.

Je le retrouverai à plusieurs reprises dans ce genre de posture pédagogique. L'abbé refuse le dialogue avec les élèves, les punitions et la violence sont les deux axes de la discipline qu'il souhaite faire régner. Dans sa classe, il surveille les copies par-dessus l'épaule de chacun. L'abbé tient à la main des ciseaux. À chaque fois qu'il estime que la présentation sur la feuille n'est pas assez propre ou rigoureuse, il frappe de la pointe des ciseaux sur le sommet du crâne du mauvais élève.

– Qu'est-ce que c'est que ce torchon ! crie-t-il en arrachant des mains d'un élève le cahier sur lequel il travaille.

– Vous allez vous appliquer davantage, ou j'arrache chacune de vos pages.

J'observe, prostré, cet abbé enseignant saisir maintenant le cahier d'un autre élève, qu'il va placer en équilibre au sommet d'une étagère, trop haut pour que cet enfant de petite taille puisse l'attraper.

– Vous essayerez de le reprendre à la fin du cours. Ça vous apprendra à écrire aussi mal !

L'abbé s'apprête à quitter la salle. Dans sa main, il tient toujours une paire de ciseaux. Sur le pas de la porte, il est interpellé par un élève qui les lui réclame. L'abbé le regarde et, sans dire un mot, va jeter les ciseaux dans une poubelle avant de s'éclipser, un léger sourire au coin de ses lèvres pincées. Il se dirige vers une autre salle, y repère un grand nombre de cahiers et de stylos étalés sur une table. Là encore, sans dire un mot, il les saisit et les jette, un à un, d'un geste las et méprisant, par-dessus la tête d'un élève en train de travailler. Un de ses camarades prend sa défense, accusant l'abbé de commettre un acte injuste. Il se fait exclure de la classe, poussé dans le dos par l'abbé qui le met dans le couloir, le temps de réciter une prière, le front appuyé sur le mur et les mains dans le dos. Agacé d'être injustement puni, il expédie sa prière et revient s'asseoir au bout d'un bref instant. L'abbé François refait immédiatement irruption dans la classe. Il éructe : « La punition n'est pas levée ! » L'abbé jette à la poubelle l'ensemble des affaires restées sur la table, confisque le cartable et met un « -1 » sur la copie de l'élève puni, le saisit par le pull et le traîne en dehors de la classe dans un geste si violent que l'élève manque, à deux reprises, de tomber. Face à la déconvenue de son camarade, un certain Paul-Henri sourit et lance tout fort :

– Oh la tapette !

L'abbé se retourne, saisit une règle et en assène un coup violent sur le crâne d'Hervé, le voisin de Paul-Henri.

– C'est bien vous que j'ai entendu ? crie l'abbé, ayant, comme c'est souvent le cas, tapé par principe sans trop connaître le coupable. Hervé se lève, au bord des larmes.

– Vous me frappez alors que je n'ai rien fait.

– Alors qui a dit « tapette » ?

– C'est lui qui a dit « tapette ».

Hervé, ayant de plus en plus de mal à retenir ses larmes, tente de quitter la classe. L'abbé l'en empêche, l'empoignant fermement par le bras et le forçant à se rasseoir. D'un geste ample du bras, saisissant une règle, l'abbé menace de frapper à nouveau Hervé et hurle à travers la classe :

– C'est scandaleux, vous êtes en examen et il y en a qui parlent !

Le brouhaha de la classe s'amplifie. Un élève puni dans le couloir se met à pousser des cris rauques en levant ses bras au ciel. L'abbé, comme à son habitude, se rapproche pour lui asséner un coup de règle, l'élève apeuré recule d'un geste brusque et se cogne contre un montant de porte. La classe entière se met à rire. L'abbé perd pied. Il avance en distribuant à tout-va des coups de règle et lance des menaces de punitions sans discernement. Incapable de ramener le calme, il finit par crier : « Sortez tous ! », avant de quitter lui-même la classe pour la laisser à elle-même. C'est la gabegie la plus totale.

L'abbé François m'avait souvent été cité comme modèle à suivre par l'abbé directeur, pour comprendre comment tenir les élèves et s'imposer avec autorité.

Je m'approche de Victor, avec qui, grâce à DI, j'ai pu tisser un lien privilégié. Je m'enquiers de l'état de sa tête, ayant, lui aussi, reçu un coup de la part de l'abbé.

– Ça va ?

– Oui.

– Ça vous arrive souvent ?

– Très.

– Et vous ne vous plaignez jamais ?

– Pourquoi ? C'est normal.

– Frapper un élève, ce n'est pas très réglementaire.

– Non, ça ne pose pas de problème, ce sont nos parents qui ont donné l'autorisation aux profs de le faire.

Une jeune étudiante, qui est souvent enseignante dans l'établissement, me confirmera en effet que la grande majorité des parents ont donné l'autorisation de taper leurs enfants si nécessaire. Elle trouve, elle aussi, cela normal.

– La discipline est une tâche rude et le laxisme règne tout autour de nous, ajoute-t-elle avant de continuer, même dans nos établissements, la discipline est loin d'être assurée. L'année dernière, il y a un abbé qui a failli se faire buter par un élève dans une des écoles de la tradition.

Je la regarde, étonné.

– Oui, même ici, l'abbé directeur a eu les chocottes. On n'en a parlé à personne, mais question discipline, dans nos milieux non plus, il n'y a pas de quoi pavoiser. Alors heureusement que les parents nous laissent corriger leurs enfants.

Vérifications faites auprès de l'Éducation nationale, même si les agents du ministère sont en droit de contrôler ce qui se passe dans ce genre d'établissements, aucun ne le fait tant qu'un parent d'élève n'a pas déposé une plainte. Il n'y a que de très rares exceptions à cette règle.

22

Ce dimanche-là, je retrouve les élèves dans un cadre différent. Ils sont presque tous réunis sur le parvis de l'église Saint-Éloi, qui ressemble à une fourmilière. Chacun piétine, s'agite, en ce jour de pèlerinage. Des familles entières y croisent des scouts en série, portant drapeaux, banderoles et fanions, des prêtres qui vont d'un groupe de fidèles à un autre pour passer des consignes, et des nouveaux arrivants un peu perdus qui ne savent pas à qui confier leurs affaires, ni par où commencer. Bon nombre des membres de DI sont présents. René et Garance ont revêtu leur tenue de chefs scouts. L'ensemble des enseignants de Saint-Éloi est là. L'abbé François, le rude pédagogue, salue à tout-va. Car, comme chaque année, la paroisse organise ce jour-là le pèlerinage de Verdelais. Un rendez-vous majeur de la mouvance traditionaliste dans la région. Deux jours de marche, de prières et de chants, partant de l'église Saint-Éloi, jusqu'à la basilique Notre-Dame de

Verdelais, située à plus de cinquante kilomètres au sud, au beau milieu de la campagne girondine.

L'organisateur et chef d'orchestre de cette longue procession est un ancien cadre du Front national, qui, aujourd'hui, se bat au sein du Bloc Identitaire pour en faire un acteur incontournable de la vie politique locale. Comme il est de coutume au sein des familles fidèles à la tradition, il porte un prénom issu du Moyen Âge. On l'appellera ici Gaudebert. Il place en première ligne les scouts et leurs fanions, de grands drapeaux français, frappés pour les uns d'un Sacré-Cœur, pour les autres d'une croix, d'une fleur de lys ou du roi Saint Louis en prière avec, à ses côtés, une colombe et l'inscription « Roi des Francs ».

Les enfants sont mis en avant, c'est une constante. Ils sont la vitrine douce et innocente d'un mouvement qui ne l'est pas. Symbole de la famille, ils véhiculent une image de pureté, de vitalité et d'avenir assuré pour l'ensemble de ce groupe. Derrière eux, l'ensemble des pèlerins s'organisent selon leur chapelle. Des petits livres de chants sont distribués à chacun d'entre eux. Pendant toute la procession, ils devront chanter et prier, pour exprimer leur foi et se faire remarquer, afficher leur fierté et espérer séduire.

– Chantez le plus fort possible tant que nous sommes en ville ! ordonne Gaudebert, qui lance le premier chant alors que la procession s'ébranle.

– Je suis chrétien, telle est ma gloire...

Cette grappe humaine chantante, piquetée de drapeaux et de croix, surprend les badauds qui nous regardent, étonnés. Les plus anciens esquissent des sourires aimables et des signes de la main pour saluer les passants. Le chant est monotone, pour le moment, toujours le même, répété en boucle :

– Je suis chrétien, telle est ma gloire...

Un changement s'opère lorsque le cortège passe à la hauteur d'une personne visiblement d'origine étrangère. À chaque fois que cela se produit, le volume sonore de l'ensemble du cortège monte d'un cran. Les scouts, devant moi, redoublent de vigueur, leur ton se fait agressif, militaire. Le paroxysme sera atteint quand nous croiserons une femme voilée. Les pèlerins, petits et grands, se mettent à hurler, toujours les mêmes paroles, de plus en plus fort, tout en la dévisageant.

Au sortir de la ville, l'ambiance s'adoucit et les chants varient. À l'aide d'un mégaphone, les meneurs successifs donnent le ton. Chants religieux, chants nationalistes et prières se succèdent, créant un mélange étonnant. Dans la foulée, les pèlerins ont entamé des prières implorant le pardon de la Vierge Marie, des chants pour soutenir les Russes blancs, d'autres pour glorifier le Liban chrétien, le temps regretté des colonies, les Vendéens et le roi. Parmi les chants nationalistes, il y en a un qui reviendra, sans gêne et à plusieurs reprises, dans la bouche de chacun : le chant des *Lansquenets*. Un chant belliqueux qui fut l'hymne de certains mouvements de l'extrême droite radicale un peu partout en

Europe. Dès les premiers mots, la procession reprend avec fierté les trois premiers couplets d'un chant qui en compte pourtant quatre :

« Ce monde vétuste et sans joie,
Croulera demain devant notre foi.
Et nos marches guerrières
Feront frémir la terre.
Au rythme des hauts tambours des lansquenets.
Que nous font insultes et horions,
Le jour viendra où les traîtres paieront.
Qu'ils freinent donc, s'ils l'osent,
Notre ascension grandiose.
Que rythment les hauts tambours des lansquenets.
Nous luttons pour notre idéal,
Pour un ordre nouveau et national,
Et à notre heure dernière, nous quitterons la terre
Au rythme des hauts tambours des lansquenets. »

À ce moment, un pèlerin dans la foule élevant le ton demande : « On ne chante pas le dernier couplet ? » Autour de lui s'élèvent les rires complices des marcheurs. Puis les rires s'estompent et le quatrième couplet retentit :

« Demain nous irons au combat.
La croix celtique guidera nos pas.
Que crèvent les marxistes,
Les Juifs capitalistes.
Au rythme des hauts tambours des lansquenets. »

Après cela, un silence s'installe. Un silence de courte durée. Gaudebert prend le mégaphone. Pour lui est venue l'heure du premier discours. Un discours éminemment politique dans un pèlerinage qui se dit religieux.

> « Nous vivons dans une société décadente, rongée par la déchéance de nos mœurs et le matérialisme. Face à cette société qui a tourné le dos à Dieu, nous devons nous tenir prêts. Prêts à nous sacrifier pour lancer une reconquête de nos valeurs, de nos droits, de notre pays. »

La guerre civile, là encore. Ce non-dit permanent, ce fantasme du dernier et inévitable recours qui mettra fin à la société dans laquelle nous vivions. Le discours est accueilli chaleureusement. À peine Gaudebert a-t-il posé le mégaphone que, dans la foule, s'élèvent des « *deo gratias* », des « merci » et des « bravo ».

Après environ trente kilomètres de marche, nous parvenons à l'immense bâtisse, magnifiquement plantée au milieu des vignes, qui abritera les pèlerins pour la nuit.

Dans la cour, des voitures attendent. Elles sont venues déposer les paquetages des marcheurs et vont ramener sur Bordeaux ceux qui, trop fatigués, ne souhaitent pas continuer ou ne souhaitent pas passer la nuit ici. Le bâtiment ne comprenant qu'une grande salle commune, l'idée de dormir hommes et femmes mélangés, sans séparation, en révulse quelques-uns et quelques-unes, qui choisiront donc de faire demitour. Toutefois, la plupart de ceux qui prennent place dans les voitures direction Bordeaux sont des victimes de crampes, de cloques ou d'une trop grande fatigue musculaire pour envisager de recommencer la même chose le lendemain.

Gaudebert, deux abbés de la paroisse, parmi lesquels se trouve l'abbé François, notre violent pédagogue de l'école Saint-Projet, et quelques paroissiens se moquent avec dureté de ces pèlerins qui abandonnent à mi-chemin.

– Ils confondent pèlerinage et petite promenade de santé où, après la marche, on rentre gentiment à la maison. La seule chose que je puisse comprendre et que je pardonne, ce sont ceux qui nous quittent par peur de la mixité pendant la nuit. Certes, entre les hommes et les femmes nous créerons une séparation faite de tables et de chaises, mais cela ne remplace pas un mur. C'est évident.

Dans une des voitures qui passe devant nous, l'abbé François aperçoit l'abbé bedonnant qui me donne des cours de catéchisme. Les deux abbés qui m'entourent traitent leur collègue de déserteur. Un premier abbé tendant son poing avec le pouce pointé vers le bas, en direction de la voiture qui s'éloigne. L'abbé François enfonce le clou :

– C'est pas avec ça qu'on va refaire la France !

Chacun se dirige alors à l'intérieur du bâtiment. Dans la salle commune, certains ronflent déjà alors que d'autres se sont attablés en attendant le dîner.

L'abbé Vellachi est un homme discret mais son rôle est important au sein de la paroisse. C'est à lui que revient la charge de former les prêtres de Saint-Éloi. Il discute avec un adolescent que je ne connais pas.

– Vous enseignez quoi, exactement ?

– La théologie de l'Église, et l'histoire de l'Église, mais aussi les langues anciennes. C'est très important les langues, le latin, le grec, l'araméen. Avec les jeunes séminaristes, je me dois de leur apprendre le latin. La plupart d'entre eux ne le connaissent pas, d'ailleurs. Tu sais, c'est un coup de maître des modernistes d'avoir supprimé le latin. Sans latin, vous êtes coupé de toute la théologie d'origine, celle d'avant 1960, d'avant Vatican II. Toute la nouvelle génération de prêtres est incapable de revenir aux textes d'autrefois, c'est pour eux insurmontable. Mon projet éducatif, c'est avant tout de leur donner les clefs pour retrouver la lecture et la compréhension des textes d'origine. Il faut relire tout ce que les modernistes ont jeté à la poubelle.

– C'est vrai, et les gens qui se disent catholiques ne savent rien. Plus personne ne connaît vraiment son catéchisme.

– Parce qu'on leur enseigne tout, sauf l'essentiel. On passe plus de temps à leur parler des autres religions. Ils s'épanchent pendant des mois sur les différentes variables des sectes protestantes. Ils relativisent leur rejet de la chrétienté. Ils trouvent même du bon dans ce qu'ils font et ils tentent d'intégrer leur mode de fonctionnement à notre Église. Ils font des mélanges et, les mélanges, ça tue.

– Du coup, les postures post-soixante-huitardes de l'Église sonnent faux. Elles sont datées, elles ont perdu de leur universalité.

– Tu as raison. Les curés ont perdu de leur universalité. Ils se veulent à la mode, mais ils sont ringards. Ils parlent comme des soixante-huitards, mais les jeunes ne sont plus soixante-huitards. Ils veulent de l'éternel. Voilà pourquoi les églises se vident.

S'ils sont inquiets pour l'Église actuelle, ils sont très optimistes pour l'évolution du camp traditionaliste, et ils misent sur Benoît XVI. Ils voient ce dernier comme un catalyseur du retour en force de la tradition dans l'Église. La réintégration du courant lefebvriste en est pour eux la meilleure preuve.

– Regardez la dernière lettre du pape aux évêques. Le pape demande à toutes les congrégations romaines de s'occuper des problèmes théologiques posés par le concile. Le simple fait que notre Saint-Père relance les discussions sur le « super-dogme » de Vatican II est un pas de géant dans le sens de la tradition.

– Vous pensez que le pape a ouvert une brèche ? Que, dans vingt-cinq ans, l'Église réunira à nouveaux ses pairs pour faire la synthèse de tous les combats depuis Vatican II ? Pour revenir dans la tradition ?

– Non, je pense qu'on ne s'en tirera pas comme ça. On ne sortira pas dans la douceur de cette situation. Je ne suis pas prophète, mais les modernistes ne laisseront aucun pape travailler dans ce sens. Je pense qu'il y aura quelque chose de plus violent.

– Plus violent comment ?

– La gangrène est tellement avancée, autant dans l'Église que dans la société. On n'en sortira pas en douceur, il y aura des bouleversements plus violents que ce que l'on croit.

– Vous pensez à une guerre civile ?

– Ce n'est pas impossible. Nous devons nous attendre à redevenir martyrs pour Dieu, comme au premier siècle.

Mais l'abbé instructeur refuse de se laisser aller à la passivité. Dans son combat contre la modernité, il a mis au point une méthode dont il est fier. Il fait le tour des églises pour y voler tout ce qui détourne les fidèles de la foi originelle.

– J'ai pris toutes les revues modernistes qui étaient sur le présentoir de l'église, *La Vie*, *Témoignage chrétien*... Toutes contenaient des articles qui se livraient à des attaques frontales contre le pape. Moralement, je suis cautionné par Dieu et par les textes. Il est dit que l'on peut enlever des choses nuisibles ou contraires à la religion. Les textes nous donnent l'accord de les enlever, alors moi, je le fais.

Il n'y a pas de petites victoires, il n'y a que des victoires. Le jeune homme, ravi, repart avec la certitude de devoir s'imprégner de cette sagesse. Pour l'heure, le dîner va être servi. Ce sont les femmes, et uniquement elles, qui nous servent. De la viande, des tartes et du vin à la table des abbés, des nouilles trempées dans du bouillon et servies à la louche, dans des gobelets en plastique, pour le reste des fidèles. Personne ne bronche, hormis Jean, un jeune homme atteint de cécité mentale et qui fréquente assidûment la paroisse. Alors qu'il s'approche du plat de viande, il sera violemment rabroué par l'un des abbés.

– Tu n'y touches pas. Ça, c'est le plat des abbés.

Puis, se tournant vers le reste de la salle, il ajoute :

– Faites attention de ne pas casser les gobelets, parce qu'il n'y en a qu'un par personne et qu'ils resserviront demain pour le petit déjeuner. Les filles se chargeront de les laver. Récitons maintenant le bénédicité.

Le verre de soupe aux nouilles est englouti en quelques secondes. Pendant que les abbés finissent tranquillement leur repas, les scouts préparent la salle pour la nuit de veillée. Ils ont été chargés de l'animation. Au programme, des prières, bien sûr, mais aussi des sketches, des chants patriotiques et quelques courtes improvisations théâtrales, pour apporter une touche ludique à l'ensemble. La pièce de ce soir a été écrite par les jeunes pour l'occasion. L'histoire d'une petite statue sainte qui est à l'origine de la construction de l'église Notre-Dame de Verdelais. Malgré les innombrables « ennemis de l'Église » qui ont tenté de la détruire, la statue a pu traverser le temps, jusqu'à aujourd'hui. Les ennemis sont nommés : « ignobles huguenots », « impies sanguinaires », « révolutionnaires de tous bords ». Décrits comme d'infâmes profanateurs et assassins, ils sont tous affublés d'un déguisement leur donnant l'apparence de terroristes islamistes. La chute est triomphante : de courageux moines sauvent la statuette et la mettent définitivement à l'abri dans une église conciliaire de la région.

La salle ravie est encline à continuer. Mais il se fait tard. La consigne est donnée : « Une prière et au lit. »

Me déshabiller dans une salle commune, alors que, sous mes vêtements, mon corps est sanglé de câbles, de batteries, d'un micro et d'un objectif, est un exercice impossible. Je me plonge donc tout habillé dans mon sac de couchage, posé à même le sol. Mon voisin qui, lui, prend grand soin de retirer et de plier tous ses vêtements, me regarde avec étonnement.

– Tu ne te déshabilles pas ?

– Il y a des femmes. La pudeur.

Il rougit et s'enfonce rapidement dans son sac. Autour de moi, le silence s'habille de ronflements. Il faudra du temps avant que le sommeil m'emporte, pour quelques instants.

– Debout tout le monde !!

La nuit a été courte, un clignement de paupières. L'appel de l'aube est relayé bruyamment par les abbés et René, très impliqué dans son rôle de chef scout. Il fait le tour de ses troupes, secoue tout le monde et nous donne trente secondes pour nous mettre à genoux et entamer la première des prières quotidiennes. Puis c'est l'heure de la gym dans la cour. Il y fait froid et humide. Certains abbés y fument une cigarette. Devant eux, René se pose en chef autoritaire, un dur qui tient avec poigne les enfants dont il a la garde et qu'il pousse dans le droit chemin.

– Allez, en ligne, et plus vite que ça ! On commence par des échauffements.

René vocifère contre des enfants qui n'ont guère plus de 10 ans :

– Paul, tu bouges tes mains ! On n'est pas ici pour planter des haricots. Faut vous sortir les doigts du cul. Jean, tu enlèves ton pull ! On n'est pas des tafioles.

Chaque signe de faiblesse, chaque petite erreur d'un de ces scouts donne lieu à une remontrance acerbe. Alignés dans la cour, ils ont ordre de réaliser quinze appuis faciaux.

– Quinze pompes pour tous, ça va vous faire du bien !

Pas un enfant ne peut y arriver. Ils poussent sur leurs bras en grimaçant. Leurs corps ondulent dans tous les sens. René et les abbés se regardent et sourient.

– Écarte les bras !... Tu ne fais rien de bien, là. On dirait une vague. C'est mou !

Le plus chétif de la troupe est à la peine. Rene se moque de lui, l'humilie. Il dit ne pas comprendre qu'il soit incapable de faire des pompes à son âge. Puis il annonce la fin de l'entraînement. Les enfants peuvent se rendre au petit déjeuner. Tous, sauf le jeune ayant échoué à réaliser ses exercices. Lui a ordre de les refaire.

Un café et un croissant rapidement avalés, et René va recruter pour DI tous les jeunes présents sur ce pèlerinage. En VRP de sa cause, il passe de l'un à l'autre, serre des mains et avance ses arguments.

– Vous connaissez DI ? C'est un mouvement politique proche de notre tendance. Un parti qui ne fait pas de politique politicienne. On travaille sur le social, le culturel, l'associatif. On fait avancer nos valeurs...

Il vante les mérites de son local, des cours de krav maga, de la salle de musculation et du terrain d'entraînement militaire en préparation. La plupart des jeunes sont séduits et promettent de rejoindre le mouvement. Les seuls qui résistent sont ceux déjà engagés politiquement, soit au Bloc Identitaire, soit au Front national.

La marche reprend, vingt-cinq kilomètres avant l'arrivée à Notre-Dame. Les scouts s'amusent à marcher au pas, je me joins à la bande.

– C'est quoi, vos différences avec les autres scouts ?

– Nous, on est traditionalistes. On est des fachos ! me lance un des gamins, provoquant l'hilarité du groupe. Celui qui en rit le plus, c'est Garance, l'autre responsable de DI qui est aussi chef des scouts aux côtés de René. Il acquiesce à cette réponse qu'il tient tout de même à compléter.

– C'est sur le plan religieux que se basent nos différences. Pour nous, la messe se fait de manière traditionnelle, en latin. Eux, c'est en français. Chez eux, l'esprit scout a disparu. C'est un peu le Club Med, ils portent des jeans à la place des uniformes, tout le monde se mélange. Ils ne ressemblent plus à rien.

« Une remarque de bon sens », me signifie Garance, et qui en appelle une autre de la part d'un jeune scout :

– Moi, ces mélanges, je ne pourrais pas les supporter. Pour moi, un Arabe, c'est pire qu'une merde.

La phrase, prononcée suffisamment fort pour que tout le monde en profite, ne provoque aucune émotion. Elle résonne comme une phrase banale, insérée dans le flux régulier d'une conversation anodine. Ici, malgré les horreurs souvent proférées, la vie continue sa route, l'air de rien. La haine change de dimension et son expression n'impose pas aux temps de faire une pause.

Cette haine et ce mépris de l'autre, même de ceux qui leur sont les plus proches, trouvent leurs ancrages partout. Comme pour appuyer et donner crédit à mes pensées, la voix d'un abbé surgit du mégaphone. Il scande le pas des marcheurs en lisant un texte de saint Bernard. Un texte écrit au Moyen Âge mais toujours autant d'actualité, selon l'abbé, qui a sélectionné les passages les plus emblématiques. Le créneau de saint Bernard : « L'Église est un corps malade, car entièrement corrompu. »

> « Le mal a envahi le corps de l'Église tout entier. Il n'y a pas laissé une place intacte, de la tête jusqu'aux pieds (...). Il a pris naissance parmi vos vicaires sur la Terre, ceux-là même qui sont censés régir votre peuple. (...) De nos jours, les ordres sacrés sont un moyen de faire des gains honteux. On spécule sur la piété. (...) Hélas, Seigneur, les premiers à vous persécuter sont précisément ceux qui recherchent avec amour les premières places dans votre église et y tiennent le premier rang. Ils se sont emparés de la citadelle de Sion et de tous ses remparts. Maintenant, ils s'y promènent

librement et comme il leur plaît, incendient la cité tout entière. Leur genre de vie est misérable. »

Le texte est pourtant clair, mais l'abbé ressent le besoin d'insister.

> « Vous entendez ce texte de saint Bernard. Sa condamnation est sans appel. "Ce qu'il y a de plus grave, c'est que ce sont ceux qui ont reçu du Christ le nom de chrétiens qui le persécutent aujourd'hui", dit saint Bernard. Un texte écrit au Moyen Âge. Mais écoutez bien ses paroles, elles peuvent aussi s'appliquer à nous aujourd'hui. »

Celui qui, aujourd'hui, sera le plus virulent contre ces « chrétiens qui défigurent la chrétienté » sera l'abbé Laguérie. En fin de procession, arrivé dans l'antre de Notre-Dame de Verdelais, montant en chaire, l'abbé survolté va pourfendre ses frères chrétiens et glorifier le seul qui, au sommet de l'Église, mérite d'être sauvé, Benoît XVI.

– Il y a, d'un côté, le camp de l'honnêteté, de la justice, de la pureté, de la fidélité, et puis de l'autre côté, il y a la racaille. La racaille ! Je n'ai rien contre la racaille si elle vient nous rejoindre. On lui pardonnera ses péchés, nous sommes là pour ça.

« Racaille », voilà comment l'abbé Laguérie traite ses coreligionnaires qui n'ont pas la même lecture que lui de la tradition. Seule exception à sa colère, le pape, un Benoît XVI qui, depuis sa décision de lever l'excommunication des évêques de la fraternité Saint-Pie X, reçoit des louanges de l'abbé à chaque homélie ou presque.

Un pape qui, selon Laguérie, ne passe plus une semaine sans faire un signe positif en faveur du courant traditionaliste de l'Église.

D'ailleurs, juste avant d'entrer dans la basilique, c'est un autre abbé qui avait vanté, lui aussi, les mérites de ce pape si bon avec eux, et avait demandé à l'ensemble des pèlerins d'entonner un chant pour que la vie du pape soit prolongée. Un chant écrit à la hâte, maladroit, enfantin, mais un chant interprété avec une telle ferveur, qu'il résonne encore à mes oreilles.

> « À Benoît XVI, nous offrons nos souffrances et toutes nos intentions. Son combat est très rude à mener. Les forces du Mal sont déchaînées contre lui. Quand on prêche Jésus-Christ, un dieu crucifié, on est l'ennemi du monde. Que Notre Seigneur lui envoie toutes les grâces dont il a besoin pour continuer de restaurer l'Église catholique dans la foi et la morale. Le chemin est long et il n'est pas encore parfait, mais, au moins, le travail est commencé. Prions pour qu'il garde le bon cap. Qu'il vive longtemps. »

– Amen.

23

Des scouts, il en est question encore, ce matin, alors que je me rends une nouvelle fois sur le terrain d'entraînement militaire en préparation. Les travaux ont bien avancé. Plus de la moitié des agrès sont en place. Perché sur son tracteur, actionnant une pelleteuse, le propriétaire du terrain creuse des trous larges et profonds pour y couler le béton qui accueillera d'immenses poteaux.

– Ceux-là, ils devront s'accrocher pour les passer, dit Ludo, toujours aussi convaincu de l'importance de son terrain pour la cohésion du groupe et la préparation physique des membres de DI. Seule solution pour faire face aux « inévitables violences civiles qui nous attendent ».

– René passera avec ses scouts ce week-end. Il leur fera défricher le reste du terrain. Ils vont dormir ici, sous tentes, en deux jours, ils devraient avoir tout nettoyé.

René utilise régulièrement les scouts de la paroisse comme une main-d'œuvre bénévole au service de DI. Ce sont eux qui avaient sorti de la cave en travaux l'imposante quantité de gravats, de meubles défoncés et d'objets inutiles pour faire place nette au « local ». Un travail fastidieux, pénible physiquement.

Depuis quelque temps, Ludo me demande avec insistance de faire des efforts pour améliorer ma condition physique et devenir un militant modèle. Faire de la musculation, participer au krav maga, aller courir régulièrement. Ludo a une idée derrière la tête, une idée des plus secrètes qu'il me confie, alors que nous sommes seuls un instant, en signe de confiance absolue.

– Ce que je vais te dire, je t'en parle maintenant et je ne t'en parlerai plus jamais. Tu feras comme si tu n'avais rien entendu. Je suis en train de monter un groupe dans le groupe, une sorte de commando d'élite au sein de DI. Un groupe de civils encadrés par des militaires. Que des mecs qui en veulent. Les militaires qui les formeront sont des membres des commandos parachutistes dont certains font partie du COS, l'élite chez les paras. En ce qui concerne l'entraînement, je ne peux pas encore en parler, mais il y aura des marches de nuit, des entraînements spéciaux de toutes sortes et, notamment, des techniques de combat avec exercices en nocturne sur ce terrain. Là, je t'en ai déjà beaucoup dit, parce que tu es un mec bien, mais je te préviens, si tu parles, je te tranche la gorge.

À l'instant où je dis à Ludo ma motivation et ma volonté de faire tous les sacrifices nécessaires pour intégrer son groupe, le propriétaire du terrain nous rejoint. Ludo baisse les yeux, mal à l'aise, il gratte le sol avec son pied et marmonne :

– Je ne t'ai rien dit, OK ?

La présence du propriétaire l'indispose. Je marmonne à mon tour :

– Je n'en parlerai à personne. Mais je veux que tu saches que je suis très motivé. J'aimerais vraiment intégrer ton commando.

Il m'agrippe fermement par le bras et m'entraîne à l'écart.

– N'utilise pas de mots comme ça devant quelqu'un ! Tu sais ce que l'on risque rien qu'en en parlant ? Là, on risque jusqu'à soixante-dix ans de taule, pour constitution illicite de groupe armé.

– OK, je serai discret, mais ça m'intéresse.

– Tu sais comment ils font, à la DGSE ?

– ?

– Ils recrutent par cooptation. Ça limite les risques. C'est inutile de demander à y entrer. Ça ne marche pas comme ça. C'est eux qui viennent te chercher quand ils estiment avoir besoin de toi. Pour nous, c'est pareil. Quand j'estimerai que tu es prêt, mentalement et physiquement, je viendrai te chercher. En attendant, tu la boucles. Je ne t'ai jamais parlé de tout cela.

Le propriétaire nous hèle au loin :

– Alors les amis, ça complote ? Je croyais qu'on était en famille...

Ludo lui répond en souriant :

– Excuse-nous. On avait un petit désaccord. On parlait politique. Ce pays est une honte. Nos politiciens n'ont aucune vision. Dès qu'il y a un problème, ils créent une loi.

– Malheureusement pas toujours ! Regarde les ratons[1]. C'est un gros problème et il n'y a pas de loi contre eux.

Le téléphone de Ludo sonne. C'est Fabrice Sorlin qui vient aux nouvelles. Le terrain doit être prêt, le parcours terminé, avant la fin du mois. Des invitations ont été lancées pour la grande journée d'inauguration. Un jour de fête, de sport et de formation militante, devant propulser DI sur le devant de la scène des groupuscules d'extrême droite. Sorlin a beaucoup misé sur cette journée, il ne doit pas la rater. Ludo le rassure et lui dit que le terrain avance bien, que les scouts seront là le week-end pour tout déblayer, mais que la tâche accomplie, comme celle qui reste à accomplir, est immense. Pour la première fois, Ludo, fatigué, se fissure. Il se plaint d'enchaîner les tâches ingrates, seul sur ce chantier. D'ailleurs, il avoue que pour tenir, depuis plusieurs semaines, il prend des médicaments. Ludo croit en sa révolution mais plus aux personnes qui doivent la faire avec lui.

– Je n'en peux plus ! Je n'en peux plus de tous ces bourgeois de DI qui veulent « reprendre la France » mais qui sont incapables de se bouger pour venir bâtir un parcours. Ils discourent, ils pavoisent, mais il

1. Insulte pour dire « Arabes ».

n'y en a pas un pour se lever de son canapé et venir m'aider.

Ludo va vider son sac pendant de longues minutes, déplorant le manque d'enthousiasme des membres de DI, le manque d'argent qui l'oblige, lui, Ludo, à payer de sa poche tout le matériel de construction qui permettra de faire exister ce parcours. Sorlin, en chef attentif qu'il sait être, va trouver les mots pour rassurer Ludo. Ils parlent argent, planification, organisation. Ludo retrouvera du cœur à l'ouvrage. La pelleteuse se remettra à vibrer et nous passerons l'après-midi à charrier des rondins.

L'effort physique, la souffrance partagée, tout cela a tendance à mettre Ludo en verve. Il me confie à son tour que Sorlin s'est inspiré des *Hordes* pour imaginer la structure de DI, pour façonner plus précisément ses objectifs et la manière dont, avec DI, il devait organiser le maillage de la société française. Lui et Sorlin ont beaucoup pensé à cela, ils ont passé des nuits entières à en discuter, à rêver de ces cellules de résistance prêtes à se mettre en guerre contre la république, contre la démocratie. En plus des *Hordes*, ce livre interdit, ils se sont appliqués à suivre un autre modèle beaucoup plus surprenant.

– Aujourd'hui, une des organisations les plus efficaces en terme de structure, c'est celle des talibans… Les islamistes utilisent un système de maillage qui allie la gestion transversale entre les différentes cellules de combat et leur autonomie. Si bien que, si un combattant ou un groupe tombe, il sera immédiatement remplacé et l'ensemble du système ne sera pas déstabilisé. L'information qui circule chez les talibans est si bien cloisonnée que, même si un gars se fait prendre, même s'il parle, il ne pourra jamais faire tomber tout un réseau. Les islamistes sont motivés, bien organisés, bien structurés. Tu vois, c'est sur ces mecs-là que nous devons prendre exemple.

En continuant de discourir, Ludo laisse poindre un complexe d'infériorité vis-à-vis des talibans. Il les regarde avec envie, avec respect. Ils sont donc un modèle d'organisation à copier, à reproduire en France, au nom, cette fois-ci, de la chrétienté. La difficulté, c'est que l'extrême droite a une tradition de structure pyramidale. C'est l'ADN de leurs organigrammes politiques. Un chef fort et des vassaux qui font redescendre les ordres. Créer une structure horizontale, en réseaux autonomes, c'est un des paris de Sorlin et de ses amis pour inventer l'extrême droite militante et combattante de demain. Avec comme modèle – et ça, personne n'est censé le savoir en dehors des cadres d'origine – les talibans.

Le soir tombé, nous repartons ensemble dans la voiture de Ludo. Avant d'allumer le moteur, il jette un coup d'œil à son téléphone portable.

– Je dois toujours le garder allumé et m'assurer qu'il y a du réseau. Je suis d'alerte MASA.

– D'alerte quoi ?

– MASA, « mesure active de sûreté aérienne ». Je peux être rappelé à la base à tout moment en cas de violation de la sécurité de notre espace aérien. En tant que tireur d'élite à bord d'hélicoptère, c'est mon lot quotidien. Tu sais, l'armée m'a appris beaucoup de choses. C'est une bonne école de la vie et je peux m'en servir pour DI. Par exemple, la torture. Si c'est nécessaire, je n'hésiterai pas à l'utiliser. À l'armée, on m'a appris à faire parler les gens... Tu veux de la musique pour la route ?

Ludo saute du coq à l'âne, enfonce un CD dans le lecteur de sa voiture et démarre sans autre forme de procès. Une musique violente et peu mélodieuse retentit :

> « À la fin de la deuxième guerre, sur les plages de Normandie, lesdits Alliés débarquèrent sur notre terre afin de terrasser ce qu'on leur disait être l'ennemi. Une jeune unité allemande y a laissé la vie. Honneur à toi, soldat de l'Allemagne, souvenir effacé au nom d'autres idées. Honneur à toi, soldat de l'Allemagne. N'oublions pas les soldats de l'ordre nouveau. Honneur à toi, soldat de l'Allemagne. »

Le son que crachent les enceintes m'arrache les oreilles.

– C'est du RAC[1]. Ça te plaît ?

– Dis, c'est pas un peu interdit, ce genre de musique ?

1. Le RAC ou rock anticommuniste est un mouvement musical issu de la culture skinhead néonazie. Les paroles prônent la domination de la « race blanche », la haine des étrangers et souvent la glorification de la violence.

Il rigole :

– Ça, c'est nazi ! C'est même un peu beaucoup interdit ! J'en ai cinq gigas à la maison. J'adore.

Je bascule en arrière. Mon crâne bourdonnant vient se caler contre l'appuie-tête. Je ferme les yeux. Rideau.

24

Des militaires de carrière ou d'autres qui en ont rêvé, il y en a beaucoup autour de DI. Firmin est l'un de ceux-là. Cadre dans l'immobilier, il est l'un des militants les plus actifs du mouvement et fut jadis un engagé dans la marine nationale. Une passion qui le dévorait depuis l'enfance. Dès qu'il a eu l'âge requis, il s'est porté volontaire et a intégré la marine. Mais pour Firmin, la réalité a bien vite terrassé le fantasme. Lui qui rêvait d'esprit militaire, de camaraderie et de grandes batailles a aussitôt déchanté. Pour lui, l'armée est devenue un espace propice à la décadence, peu fiable, dangereux. La preuve de tous ces maux, il la voit comme une évidence: «Trop d'Arabes dans les rangs.»

– L'esprit militaire d'avant est mort, c'est un esprit fonctionnaire à tous les niveaux. La plupart des bonshommes qui y entrent sont des bougnoules qui ne sont pas là parce qu'ils aiment la France. Ils sont juste là parce qu'ils ont 20 ans et qu'il faut avoir 25 ans pour toucher le RMI. Alors ils viennent se planquer dans les rangs de l'armée, en attendant. Je ne les supporte pas, ce sont tous des traîtres potentiels. Dès qu'il faudra se battre, ils seront les premiers à nous tirer dans le dos. Si j'avais le pouvoir, j'aurais collé une balle dans la tronche à un tiers de mon régiment !

Sa phrase terminée, il soulève vers moi son verre rempli de sirop pour trinquer.

– À la race ! s'écrie-t-il.

En ce jour de mai, il fait beau et chaud, c'est un bon jour pour trinquer. C'est le jour tellement attendu de l'inauguration du terrain. Le jour où Sorlin et ses copains doivent marquer l'extrême droite de leur empreinte en lui offrant le premier terrain d'entraînement militaire privé, rien que pour des militants motivés. Il faut dire que Ludo a bien travaillé, son parcours du combattant est achevé, et il est impressionnant. Pour l'occasion, ils sont plus de cent à avoir répondu présent, tous obnubilés par l'imminence d'une guerre civile en France, ce qui leur permettra de rêver encore davantage à cette phrase de Maurras qu'il aime répéter à qui veut l'entendre : « Nous prendrons le pouvoir par tous les moyens, même légaux. » Firmin, lui, est moins prosaïque, il voit dans ce parcours un des moyens pour « se débarrasser une fois pour toutes de la racaille, éliminer tous les indésirables et ainsi sauver la race blanche ! »

C'est mon dernier jour d'infiltration parmi eux. Ce soir, je range ma veste, mon micro et ma caméra. Aux militants de DI, ceux qui depuis près de six mois m'appellent « camarade », je dis que j'ai trouvé un travail dans une maison d'hôtes en Alsace. L'effet est immédiat, ils deviennent instantanément distants et fuyants. Quitter les rangs, c'est, en quelque sorte, rompre le pacte. La camaraderie tant vantée au sein du mouvement n'est qu'un outil de cohésion lié à l'intérêt que vous représentez pour « la cause ». Je ne leur servirai plus à rien, inutile désormais d'investir sur moi leur part d'amitié feinte.

Je me promène, un peu seul donc, entre les participants. Je croise plusieurs enseignants de l'école Saint-Projet et de nombreux visages inconnus.

Au signal, Sorlin rassemble toute la bande pour exposer le programme de cette journée particulière.

– Je vous donne deux ou trois instructions avant le début des hostilités. Tout d'abord, pour le respect de votre vie privée, sachez qu'il n'y a que deux personnes autorisées à prendre des photos : il y a Garance et Philippe. Vous pouvez leur faire confiance. Je tiens à rassurer tout le monde : aucune photo où l'on verra des visages ne passera sur Internet, comme ça, vous êtes tranquilles ! Deuxième point : nous avons divisé la journée en quatre activités majeures. Première activité, le terrain, ce parcours que vous allez découvrir et tester, bien sûr. Puis, une deuxième activité vous permettra de vous initier aux techniques de *self-defence*, grâce à un entraînement de krav maga. Une troisième activité portera sur les techniques de survie en milieu hostile et, enfin, il y aura un atelier que je dirigerai, sur les doctrines politiques. Évidemment, vous pensez bien qu'on n'est pas là uniquement pour rigoler. Derrière, il y a toujours une finalité politique.

Solennel, muni d'une paire de ciseaux, Sorlin va alors procéder à l'inauguration du parcours du combattant. Il coupe une rue-balise sous les applaudissements des participants, fait acclamer le propriétaire du terrain ainsi que Ludo, le maître d'œuvre qui, soudain, rougit et semble avoir oublié souffrances et médicaments. La journée peut véritablement démarrer.

– Vous allez vous diviser en petits groupes, chacun de ces groupes pourra suivre un atelier différent successivement. Pour le parcours, il y a Ludo qui est là pour vous aider. Vous le savez tous, Ludo est militaire, ça devrait donc bien se passer. Si, toutefois, il y en a qui, pour une raison ou une autre, ne souhaitent pas faire le parcours, libre à eux... Mais sachez que vous serez la risée de tous.

Déjà mis sur la touche, il ne me reste plus qu'à devenir la risée de ce groupe fanatisé. Bien entendu, harnaché du matériel électronique caché sous ma veste, le parcours m'est interdit. Je ressors ma vieille excuse du mal de dos mais, cette fois-ci, personne ne s'en émeut. Le temps de la compassion à toutes fins utiles est révolu.

Un premier groupe s'apprête à s'élancer. Ils sont quatre, frêles, le teint pâle, plus habitués aux bancs de messe qu'aux exercices en plein air. Aucun n'a 20 ans. André, le plus chétif d'entre eux, s'inquiète en regardant le mur de cordes, le tapis de barbelés, les poutres flottantes et autres tuyaux vous forçant à ramper dans l'eau. Ludo se fait lyrique en promettant « du sang, de la sueur et des larmes », avec l'élan d'un troufion, non celui d'un Churchill. Les candidats s'élancent. André trébuche dès le premier obstacle. Maladroit, confus, ne sachant comment se sortir des pièges que Ludo a tendus.

– Allez, les gars, on pousse. On est là pour la bonne cause.

Dès le troisième agrès, les vêtements sont maculés de boue, les mains s'écorchent et le sang promis finit par arriver au passage des barbelés. André est de plus en plus en difficulté. Ses camarades le soutiennent.

– On s'accroche ! On finit le parcours. Je m'en fous si tu dois gerber. On pousse tous jusqu'à gerber !

Encadrés par trois militaires professionnels, les apprentis combattants sont à la peine, mais leur motivation est totale. Pour la bonne cause, ils sont prêts à suer sang et eau... Vingt minutes, un dernier mur de pneus s'élevant à plus de trois mètres, et le parcours s'achève. Épuisés mais heureux, les candidats se félicitent. Ludo, déçu de leur piteuse performance, ne voit pas encore en eux l'homme nouveau capable de prendre le contrôle du pays par la force. Malgré tout, dans son rôle d'instructeur, il se montre philosophe.

– Bien joué, les gars. Vous avez atteint l'objectif : prouver que, tous ensemble, on peut arriver à ses fins même quand cela paraît impossible. Avec la foi et la force du groupe, tout devient possible.

Je passe d'un atelier à l'autre avec un sentiment inquiétant, celui de voir une évolution, une structuration et une organisation de plus en plus cohérentes de ce petit groupe qui, depuis presque six mois que je le suis, ne cesse de se développer. Maladroits, désorganisés, naïfs, ils ont appris, se sont recentrés, structurés pour parvenir notamment à ce que je découvre aujourd'hui. Les ateliers mis les uns à côté des autres forment un tout parfaitement en accord avec leur volonté : se préparer à la guerre civile. L'endurance physique, la cohésion de groupe et l'esprit combatif s'obtiennent grâce aux parcours. Les techniques de combat grâce aux cours de krav maga, cours dans lesquels je vois aujourd'hui adultes et enfants se faire enseigner les meilleurs moyens de se débarrasser d'un ennemi qui vous tient à terre. La survie en milieu hostile est un atelier paranoïaque où l'on vous apprend à fabriquer un bunker, à choisir les bonnes choses – armes, aliments, médicaments – à y stocker, à vivre isolé et traqué comme une bête. L'ensemble de ces enseignements trouvent leur aboutissement dans le cours de réflexion politique, un plagiat des *Carnets de Turner*. Un atelier pendant lequel Fabrice Sorlin et ses lieutenants rappellent à tout-va leur haine de la démocratie, la nécessité pour eux de créer des groupes de résistance autonomes, répartis sur tout le territoire et faisant un travail d'entrisme sur le plan local. L'importance de se préparer physiquement et mentalement au « grand soir, celui qui ramènera l'idéal fasciste et national-socialiste au pouvoir ». Aujourd'hui, et pour la première fois, je vais entendre Sorlin parler d'une alliance stratégique avec l'étranger.

– En Europe, la Russie de Poutine et de Medvedev est le seul pays qui a compris quels étaient les desseins de Washington et qui lutte efficacement contre. Regardez ce qu'ils ont fait en Géorgie ou en Tchétchénie. Je ne suis pas en train de vous dire que Poutine va venir sauver la France, mais pourquoi ne pas essayer de creuser la piste de leur soutien ? Nous avons donc monté une association, « Alliance Europe Russie ». Nous partons avec une petite délégation de DI en Russie, en septembre, nous avons obtenu un rendez-vous avec la nièce de Poutine à qui l'on va présenter nos projets. Nous avons déjà un allié de DI parmi les dignitaires russes. Il s'agit d'un diplomate. Il est consul honoraire de Russie en France et ancien premier conseiller de l'ambassadeur de Russie. Nous sommes allés le voir à l'ambassade de Russie à Paris. Nous lui avons présenté nos projets. Je ne dis pas que ça va aboutir, on garde l'esprit un peu serein, mais une piste s'est ouverte.

Plus tard, j'apprendrai de la bouche de Fabrice que DI reçoit un soutien financier de la part de l'ambassade de Russie. Une information que je n'ai pas pu vérifier. La Russie est un pays qui fait consensus au sein de la mouvance d'extrême droite, autant au FN qu'au sein de DI. Elle est vue comme un modèle. Outre le fait qu'elle ne s'aligne pas sur Washington, de la Russie, on apprécie la bienveillance vis-à-vis des mouvements extrémistes sur son sol, ainsi que le renouveau de l'Église orthodoxe. Pour les cadres de DI, la Russie est un démenti à ceux qui pensent qu'il est impossible d'avoir un pouvoir fort sans se couper politiquement de la communauté internationale.

Je reprends ma marche. Tout autour, l'assemblée s'est mouchetée de têtes inconnues. Des militants radicaux ayant fait le voyage de plusieurs coins de France pour prendre part à cette « journée particulière ». Affalés dans l'herbe haute, mordillant des brindilles, un petit groupe de trois hommes attend son tour pour tenter de réussir le parcours du combattant. Ils devisent sur DI et la religion. Ils sont venus de l'Aude pour voir de près ce nouveau mouvement qui les intrigue et les fascine un peu. Après des présentations polies, je me joins à eux. Ce sont des lefebvristes, tous membres actifs de la fraternité Saint-Pie X. Ils s'expriment le plus souvent à l'aide de citations bibliques et de sentences divines qu'ils assaisonnent d'expressions latines. Ils semblent avoir toute leur raison mais disent sincèrement prétendre au titre de chevalier. Des chevaliers en croisade contre la décadence de notre société. C'est à ce titre qu'ils sont venus ici, voir ce que DI a de novateur à leur apporter, en terme d'idées et d'organisation.

Leur combat de « chevaliers lefebvristes » est un chemin de croix exemplaire pour toute la mouvance traditionaliste. Lorsqu'ils ont tourné le dos à l'Église conciliaire, les intégristes ne pouvaient plus compter sur personne. Le Vatican leur avait fermé ses portes et ils n'avaient nulle part où se réunir. Mais, très vite, ils se sont structurés, ont retrouvé une chapelle. Puis ce sera au tour de deux écoles d'être montées. Deux écoles non mixtes « séparées de dix kilomètres », me précise le plus jeune.

– On n'est jamais trop prudent, dix kilomètres, c'est une bonne distance pour éviter les contacts entre les deux sexes...

Des écoles qui feront tache d'huile, se multiplieront et vont inspirer directement le cours Saint-Projet de l'Institut du Bon Pasteur, que je connais maintenant de près.

– Dans ces écoles, nous pouvons fièrement revendiquer nos attaques sur les idées des lumières. Ça fait des enfants sains. Tenez, regardez, ajoute-t-il en me montrant son fils de 22 ans qui s'approche, en voilà un, de fruit sain. Il est certifié d'origine chrétienne, non contaminé !

« Un fruit sain » qui a effectué toute sa scolarité sur les bancs de la fraternité jusqu'à devoir rejoindre le service public en classe de terminale.

– J'ai passé ma terminale à Paul-Sabatier à Carcassonne. J'y suis retourné trois ans après pour aller chercher mon diplôme : la population avait changé. C'est hallucinant, quand j'y étais, il n'y avait que quelques crouilles[1]. Quand j'y suis retourné pour aller chercher mon diplôme, j'avais l'impression qu'il n'y avait plus que quelques Blancs et, tout le reste, c'était des crouilles.

Son père, le sourire aux lèvres et le regard fièrement planté dans celui de son fils, ajoute :

1. Insulte signifiant : « Arabes ».

– C'est normal, entre-temps, il y a eu la canicule. Tout le monde a bronzé.

Ces militants qui disent représenter ici leurs chapelles se retrouvent en DI sur bien des points. Idéologiquement, on l'aura bien sûr compris, mais aussi tactiquement. Ils ont, eux aussi, l'obsession de l'inéluctabilité d'une guerre civile et ils sont, eux aussi, en train de mettre en place les structures pour s'y préparer.

– Notre positionnement stratégique est très intéressant parce que nous sommes dans une région au climat tempéré qui regorge d'eau et de soleil. Nous avons les Pyrénées contre lesquels nous adosser en cas d'attaque. Les Pyrénées ont toujours été un refuge des catholiques face aux Maures et donc, on est en train de refaire l'histoire en formant des groupes traditionalistes comme ceux-là, un peu partout dans la région. Bientôt, on fera une «*Reconquista*», comme les Espagnols.

Une reconquête région par région, portée par des petits groupes organisés, tout comme DI, et guidés par la croix, le fanatisme est total.

– Pour que ça fonctionne, il faut au moins que les cadres soient catholiques, sinon ce n'est pas la peine. Si on commence à tout mélanger, c'est foutu.

– Si nous ne suivons pas le chemin de la croix, nous n'avons aucune chance. L'ennemi est trop puissant. On ne peut le battre qu'avec l'aide de la croix.

– Dieu montrera bientôt sa toute-puissance. Mais pour le moment, il laisse encore pourrir la situation.

– Parce qu'on n'est pas encore tombé assez bas et surtout parce qu'on n'a pas assez agi pour qu'il daigne intervenir.

– C'est vrai, on n'a pas demandé assez fort, on ne souffre pas assez, on est encore beaucoup trop gras.

– Aujourd'hui, la décadence est telle qu'il y a de quoi rester optimiste. Nous avons monté des écoles, des chapelles, il y a une jeunesse qui arrive et des mouvements comme ça (DI) peuvent générer des miracles. Il faut que ces jeunes soient ensemble, qu'ils pensent pareil et qu'ils se marient entre eux, pour la gloire et l'avènement de Dieu. On prépare nos enfants et les temps vont changer. J'ai déjà huit enfants.

– Moi, cinq.

– Moi aussi, cinq. L'autre jour, ma fille a appris à l'école que la moyenne était de 6,8 enfants par famille, dans nos milieux. Elle m'a disputé parce qu'on faisait baisser la moyenne.

Ludo les appelle. Le parcours du combattant est libre, le précédent groupe a terminé. Les trois religieux se lèvent mollement. Lourds et bedonnants, ils n'ont rien de sportif, bien que l'entraînement physique fasse déjà partie de leur formation. Un entraînement qu'ils ne prennent pas comme un moyen de s'améliorer physiquement, mais comme un vecteur supplémentaire pour s'attirer les grâces de Dieu.

– Le bon Dieu cesse de regarder ceux qui ne sont pas en état de grâce. Il n'y a pas besoin d'armée ou de groupuscule pour les battre. Ceux-là, ils mourront sur place.

C'est écrit dans les textes saints : « Ils meurent par la puanteur qu'ils dégagent. » En nous manifestant physiquement, Dieu voit notre envie que tout ce monde change, donc c'est là qu'il va intervenir.

Ils s'élancent sur le terrain, sans force mais avec entrain. De loin, je les entends prier.

Firmin s'approche de moi.

– Alors, comme ça, il paraît que tu nous quittes ?

– Ouais.

Il n'en dira pas plus. Il reste immobile à mes côtés, mâchant un sandwich au jambon, son regard planté sur l'agrès numéro quatre.

– Il paraît qu'ils viennent de l'Aude, ces trois-là ? Ils ne sont pas très adroits.

– Ouais.

– C'est bien qu'ils soient venus jusqu'ici. J'ai croisé un autre groupe, des anciens du Bloc Identitaire, ils viennent de Charente. Le but, c'est de leur donner envie de monter ça chez eux, qu'ils voient ce qu'on peut faire avec peu de moyens, peu de temps, juste en se sortant les doigts du cul à une quinzaine de potes. Ils m'ont dit qu'ils voulaient créer un groupe comme le nôtre, mais ils s'écharpent sur le nom. Le seul sur lequel ils arrivent à tomber d'accord, c'est NSDAP[1]. Je leur ai dit que c'était peut-être pas une bonne idée.

1. Le NSDAP (*Nationalsozialistische Deutsche Arbeiterpartei*) est le Parti national-socialiste des travailleurs allemands, fondé par Hitler en 1920. Il est communément appelé Parti nazi, abréviation de national-socialiste.

– Fabrice disait que l'objectif était de monter des petites structures comme la nôtre dans chaque ville de France ?

– Oui, bien sûr, pour être prêts... L'histoire a été faite très souvent par des gens qui ont su sentir et saisir l'occasion du moment. Regarde entre les deux guerres, toutes les tentatives de prise de pouvoir qui ont échoué. C'est parce que ces groupes, bien que nationalistes et motivés, n'étaient pas prêts. Résultat, quand ils ont eu l'occasion de s'emparer du pouvoir, ils se sont plantés. Nous, pour le moment, on n'a aucune chance de prendre le pouvoir, si petite soit elle. Mais l'histoire s'accélère et tout peut arriver très vite. Ce jour-là, nous serons prêts.

Puis il lève les yeux au ciel. La fin de la journée approche et l'horizon sans nuages se teinte de rose et de pourpre doré.

– La météo avait prévu un temps abominable. Mon père m'a dit hier : « Firmin, la météo des hommes annonce la pluie. Nous verrons demain si Dieu approuve ou désapprouve votre mouvement »... Apparemment, il l'approuve.

Épilogue

L'ombre des peupliers commence à s'allonger sur le sol lorsque je prends la décision de partir. En regagnant ma voiture, je jette un dernier regard sur ce groupe de militants en train de trinquer à la fin d'une bonne journée d'entraînement et de formation.

La première fois que j'avais approché un membre actif de l'extrême droite française, c'était il y a plus de dix ans. Personne ne m'y avait invité, je l'avais fait volontairement, en me rendant derrière les bâches des stands qui occupent les fêtes BBR. Les fêtes Bleu Blanc Rouge, organisées chaque année de 1981 à 2001 par le Front national sur la pelouse de Reuilly, à l'entrée du bois de Vincennes. C'est ici qu'à l'époque on pouvait trouver la pire engeance de l'extrême droite néonazie, nostalgique du IIIe Reich, de sa grandeur mais surtout de sa politique, de toutes ses politiques, sans exception.

Alors jeune étudiant, j'étais venu à leur rencontre pour la raison la plus élémentaire qui soit : je voulais comprendre. Je voulais comprendre comment l'un des pires régimes que l'humanité ait inventés pouvait encore fasciner des milliers de personnes, au point qu'elles veuillent le faire revivre. Comprendre ce qui se tramait dans la tête de ceux qui fondaient leur engagement militant sur la haine de l'autre.

J'avais lu d'innombrables ouvrages sur le sujet, suivi un cursus universitaire incluant l'étude du IIIe Reich en philosophie politique. Ma famille et nombre de mes amis, parmi les plus chers, portaient un héritage douloureux et, pour certains, toujours traumatisant du régime nazi. J'en avais beaucoup parlé avec eux. Les zones d'ombre restaient nombreuses pour nous tous. J'allais donc me convaincre, au fil des ans, que le seul moyen de vraiment comprendre ces militants radicaux était de vivre parmi eux.

Aujourd'hui, ma connaissance de leurs pensées, de leurs aspirations, de leurs fonctionnements est grande, mais les comprendre reste une tâche ardue. Je crois, après plus de dix ans, ne toujours pas y être parvenu. À défaut, je voulais donc révéler cette parole, leurs paroles, à travers des documents filmés et écrits. En dix ans, j'ai vu cette parole évoluer, passer des caves aux salons et, plus récemment, des salons à la rue. Un cheminement qui, moins de soixante-dix ans après les horreurs d'une guerre qui a ravagé l'Europe et bouleversé à jamais l'équilibre du monde, laisse craindre le pire et justifie tous les niveaux d'alerte et tous les moyens permettant de savoir et de révéler ce qu'ils sont vraiment.

D'aussi loin qu'il m'en souvienne, j'ai toujours considéré qu'il n'était nul besoin d'appartenir à un groupe de victimes pour ressentir dans sa chair l'horreur et la barbarie qui les a frappées. Je dis cela car, souvent, la question m'est posée : « Faut-il être juif, homosexuel, tzigane, handicapé physique ou mental, pour vouloir comprendre et compatir durablement ? » Non. La réponse est évidente, mais le fait que la question puisse se poser doit nous alerter.

Il paraît opportun de répéter encore et encore que, lorsque la destruction s'abat sur un groupe du fait de ses origines ou de son appartenance, c'est à l'humanité tout entière de s'interroger, de faire son travail de mémoire et de se protéger de tout ce qui pourrait un jour faire resurgir la haine au nom d'une idéologie.

C'est au nom de cette conception que j'étais à la fois juif, homosexuel, tzigane et handicapé à chacune de mes infiltrations. Ils se voulaient les héritiers des bourreaux, je me faisais l'héritier des victimes.

Et c'est aussi au nom de cette conception que je les avais amadoués, j'étais devenu leur intime sans aucune difficulté, si ce n'est celle de surmonter ma peur. Ils ne m'avaient pas débusqué et, ce faisant, je pouvais mettre au grand jour le fond de leur pensée politique.

J'allais maintenant m'enfermer dans une salle de montage pour agencer et donner corps à ces six mois d'infiltration. Prendre des notes et retranscrire les centaines d'heures d'enregistrement audio et vidéo que j'avais faits en leur compagnie. Un échantillon très représentatif de ce qu'est véritablement la pensée intégriste et fascisante d'aujourd'hui.

Pour des raisons de sécurité, nous avions décidé d'attendre une année avant de diffuser le film de cette infiltration sur une grande chaîne nationale. À sa sortie, le film fut un choc. La presse unanime en a fait les louanges. On a parlé « du film qui redonne ses lettres de noblesse à la notion d'infiltration à la télévision ». Le conseil municipal de la ville de Bordeaux était en ébullition. Pendant plus de trois mois, DI, mais surtout l'Institut du Bon Pasteur et l'église Saint-Éloi ont été à l'ordre du jour de chaque réunion du conseil municipal. L'école, chose exceptionnelle, a reçu la visite de quatre inspecteurs d'académie. Au terme de deux longues visites pendant lesquelles les inspecteurs ont assisté aux cours, examiné les cahiers des élèves et les textes qui leur étaient distribués pour compléter leur éducation, ils ont conclu :

> « Les éléments recueillis nous ont permis de constater une quasi-absence d'enseignement des sciences et notamment des sciences de la vie. (...) En ce qui concerne l'enseignement de l'histoire, aucune part n'est laissée à l'esprit critique. On a le sentiment que l'histoire est passée au travers d'un prisme religieux, essentiellement catholique. En conclusion, dans cet établissement, les élèves ne sont pas en mesure d'acquérir les connaissances de base. Nous avons observé des carences graves dans le domaine de la formation scientifique et de l'enseignement de l'histoire. »

Et pourtant, les inspecteurs n'avaient eu accès qu'au matériel pédagogique écrit. Ils n'avaient rien entendu, cela va de soi, des horreurs qui se disaient le plus souvent dans les couloirs et de ce qui se transmettait oralement pendant les cours. Malgré cela, le rectorat avait envoyé une mise en demeure à la direction de l'établissement. Elle avait dû fournir la liste de tous les élèves inscrits pour que ceux-ci soient scolarisés dans un autre établissement dès la rentrée suivante, sous peine de poursuites judiciaires. Une mise en demeure qui équivalait à une fermeture pure et simple. En fait, il n'y a que le collège qui a finalement été fermé ; l'école, s'étant conformée aux exigences du rectorat, existe toujours, et c'est l'abbé François, celui pour qui la violence envers les enfants faisait souvent office de pédagogie, qui en est désormais le directeur.

Pour défendre l'établissement scolaire, des membres de l'Institut du Bon Pasteur, ainsi que quelques militants de DI, nous ont attaqués dans leurs médias et devant la justice. Des dizaines de plaintes conjointes ont été déposées. Des juges trancheront de leur pertinence dès l'année prochaine.

Fabrice Sorlin a reçu une visite de la police à son domicile. Aucune arme n'y a été trouvée. Il n'a donc pas été inquiété par la justice. Il vit et travaille toujours dans la région de Bordeaux.

DI est au point mort. La dernière activité que nous avons pu recenser est un colloque d'« Alliance France-Europe Russie » qui s'est tenu en février 2013 au centre

Saint-Paul… Un lieu qui appartient à l'Institut du Bon Pasteur.

Quant à l'abbé qui dirigeait l'école Saint-Projet, il a décidé de créer une communauté de prêtres enseignants et d'ouvrir un nouvel établissement scolaire, l'institution l'Angélus, située dans le Cher. Une école et un internat qui dépendent de l'Institut du Bon Pasteur. L'établissement comprend une église et un lieu de retraite. Pour l'instant, l'Angélus accueille des élèves du CP à la quatrième, mais ils ont prévu d'y ouvrir prochainement des classes jusqu'à la terminale.

Dans quelques années, les enfants pourront y suivre toute leur scolarité, probablement calquée sur ce que j'ai observé à Saint-Projet au cours de cette infiltration.

MIXTE
Papier issu de sources responsables
FSC® C003309

Les papiers utilisés dans cet ouvrage
sont issus de forêts responsablement gérées.

Mis en pages par DV Arts Graphiques à La Rochelle
Imprimé en France par CPI Firmin Didot
Dépôt légal : octobre 2013
N° d'édition : 3167 – N° d'impression : 119484
ISBN 978-2-7491-3167-2